乡村旅游行业管理

XIANGCUN LÜYOU HANGYE GUANLI

 北京市旅游业培训考试中心 ◎编

北京·旅游教育出版社

北京旅游业培训系列教材·京郊旅游

主　　任：宋　宇
副 主 任：李艳萍　于德斌　曹鹏程　王　粤　安金明
　　　　　方泽华　邹伟南　赵广朝　李宝春　侯欣苗
执行主任：安金明
委　　员：于迎军　于临溏　王　阳　兰学军　乔剑平
　　　　　朱仕生　刘　权　刘　达　刘　斌　刘金堂
　　　　　刘贵清　许宏隽　孙　健　杨　真　李　辉
　　　　　邹统钎　张小艳　张双锁　陈梦慧　陈美龙
　　　　　周　为　南洪江　姜宇红　袁丽民　徐　也
　　　　　黄亦红　郭生海　商广清　颜淑敏

《乡村旅游行业管理》

主　编：邹统钎
副主编：陈奕捷　邹兆莎　龚　丽
编　者：邹统钎　陈奕捷　邹兆莎　龚　丽
　　　　蔡　锐　郝玉兰

序　言

新时期北京建设"四个中心、一个之都"的目标，离不开旅游业的深化改革与品质提升，旅游业要成为"推动北京国际一流和谐宜居之都建设功能性产业"。北京市旅游发展委员会积极统筹旅游资源、推进全面深化改革，并将创新旅游人才培养体系作为重要工作抓手，努力将北京打造成为面向全国的旅游教育培训基地，推动实现北京旅游发展总体目标。

为构建旅游教育培训体系，北京市旅游业培训考试中心积极开展相关教材研发。针对"'百千万'京郊旅游教育培训工程"，中心组织众多业内专家、管理者、实践者，精心编写出一套理论结合实践的培训教材，已出版6本，具体包括：《乡村旅游发展基本原理》《北京京郊旅游发展实践》《北京京郊旅游专题研究》《京郊旅游案例——民俗旅游村精品汇》《京郊旅游案例——乡村旅游新业态及乡村旅游节庆精品汇》《京郊旅游案例——京郊景区及京郊度假区精品汇》。此套教材出版以来，得到了参加京郊旅游培训的学员及管理者、从业者的一致好评，并在全国乡村旅游领域引发广泛关注。

2014年，京郊旅游培训向着精细化、深度化发展，着力于全面提升京郊旅游管理者的综合素养，北京市旅游业培训考试中心为此组织专家编写培训后续教材，从行业管理角度给予京郊旅游各层次的管理者以更广阔的视野、更前沿的理论及更贴合发展实际的策略及建议,进一步丰富京郊旅游培训教材体系。

随着京郊旅游培训教材体系的不断成熟和完善,北京市旅游业人才培养工作定会再创佳绩,为首都旅游发展作出更大的贡献。

2014 年 7 月

目录

第一章 乡村旅游行业管理概论 ………………………………… 1
  第一节 乡村旅游行业管理综述 ………………………………… 2
    一、概念界定 …………………………………………………… 3
    二、乡村旅游行业管理的内容 ………………………………… 4
    三、乡村旅游行业管理的作用 ………………………………… 11
  第二节 乡村旅游行业管理的相关理论 ………………………… 13
    一、公共产品理论 ……………………………………………… 13
    二、公共管理相关理论 ………………………………………… 14
    三、乡村旅游可持续发展理论 ………………………………… 15
    四、旅游扶贫理论 ……………………………………………… 15
    五、社区理论 …………………………………………………… 17
  第三节 基于利益相关者理论的乡村旅游行业管理分工 …………………………………………………………… 19
    一、利益相关者理论 …………………………………………… 19
    二、乡村旅游行业管理分工 …………………………………… 20
  第四节 乡村旅游行业管理的发展历程 ………………………… 25
    一、20世纪80年代至20世纪90年代中期:鼓励阶段 …………………………………………………………… 25
    二、20世纪90年代中期至21世纪初:规范阶段 ……… 27

三、20世纪初至今:升级阶段 ………………………… 29
四、发展趋势:创新阶段 …………………………… 33

第二章 国内外乡村旅游行业管理经验借鉴 …………… 37
第一节 国外乡村旅游行业管理经验 ………………… 38
一、英国 …………………………………………… 38
二、法国 …………………………………………… 47
三、美国 …………………………………………… 54
四、日本 …………………………………………… 62
五、西班牙 ………………………………………… 69
六、奥地利 ………………………………………… 73

第二节 台湾地区乡村旅游行业管理经验 …………… 74
一、发展概况 ……………………………………… 75
二、产品形式 ……………………………………… 77
三、发展模式 ……………………………………… 78
四、经验借鉴 ……………………………………… 82

第三节 国内乡村旅游行业管理经验 ………………… 89
一、成都 …………………………………………… 90
二、贵州 …………………………………………… 102
三、浙江 …………………………………………… 106

第四节 国内外乡村旅游行业管理模式对比 ………… 112
一、国内外乡村旅游发展模式比较 ……………… 112
二、国内外乡村旅游发展重点比较 ……………… 114
三、境外乡村旅游经验的启示 …………………… 115

第三章 乡村旅游发展规划 ……………………………… 117
第一节 休闲农业园规划 ………………………………… 118

一、休闲农业园发展概况 …………………………… 118
　二、休闲农业园的特征和类型 ……………………… 119
　三、休闲农业园规划策略 …………………………… 124
　四、休闲农业园发展规划内容 ……………………… 127
　五、休闲农业园现代技术的应用趋势 ……………… 136
第二节　古村落旅游规划 ………………………………… 138
　一、古村落旅游资源构成 …………………………… 138
　二、古村落景观意象、标志及保护内容 …………… 140
　三、古村落旅游规划原则 …………………………… 145
　四、古村落规划基本思路与内容 …………………… 147
第三节　乡村旅游带与沟域经济整合 …………………… 152
　一、乡村旅游带状发展的理论支撑 ………………… 152
　二、乡村旅游带的基本特征 ………………………… 153
　三、中国乡村旅游带发展模式 ……………………… 154
　四、乡村旅游带整合发展的关键要素 ……………… 156
第四节　乡村旅游体验设计 ……………………………… 157
　一、体验经济时代的乡村旅游客需求 ……………… 157
　二、乡村旅游产品的体验规划 ……………………… 160
第五节　发展乡村旅游推进"美丽乡村"建设 ………… 165
　一、发展乡村旅游对建设"美丽乡村"的推动作用 …… 165
　二、发展乡村旅游推进"美丽乡村"建设中存在
　　　的问题 ……………………………………………… 166
　三、发展乡村旅游推动"美丽乡村"建设的政府
　　　对策 ………………………………………………… 167

第四章　乡村旅游基础建设 …………………………… 169
第一节　公共基础设施建设 ……………………………… 170

一、乡村旅游公路建设 ·················· 170
　二、道路设施建设 ····················· 177
　三、民居立面改造 ····················· 178
　四、文化墙建设 ······················ 181
　五、给排水设施建设 ··················· 183
　六、垃圾收运设施建设 ·················· 185
第二节　乡村旅游土地利用 ·················· 188
　一、乡村旅游与土地利用的关系 ············· 188
　二、乡村旅游用地的特点 ················· 188
　三、乡村旅游产业化发展中土地流转的模式选择 ····· 189
第三节　智慧乡村旅游 ···················· 194
　一、智慧旅游的概念与内涵 ················ 194
　二、智慧乡村旅游的主要内容 ·············· 196

第五章　乡村旅游公共服务 ·················· 199
第一节　乡村旅游政府规制 ·················· 200
　一、政府规制的概念 ··················· 200
　二、乡村旅游政府规制 ·················· 200
　三、加强乡村旅游市场规制的对策 ············ 202
第二节　乡村旅游专业合作社建设 ·············· 207
　一、充分认识农民专业合作社对乡村旅游发展的重要
　　　意义 ························ 208
　二、发展乡村旅游合作社的工作原则 ··········· 209
　三、发展乡村旅游合作社的工作重点 ··········· 209
第三节　乡村旅游培训 ···················· 216
　一、培训目标 ······················ 216
　二、培训形式 ······················ 216

三、培训内容 ································ 217
四、培训合作伙伴的选择 ···················· 219
第四节 乡村遗产保护 ························ 219
一、生态博物馆 ···························· 220
二、农业文化遗产保护 ······················ 222
三、农业非物质文化遗产 ···················· 224
第五节 政府激励政策 ························ 226
一、完善融资政策 ·························· 227
二、完善落实税费优惠政策 ·················· 227
三、完善财政投入政策 ······················ 227
四、完善人才培养政策 ······················ 228

第六章 乡村旅游营销 ·························· 235
第一节 乡村旅游市场分析 ···················· 236
一、乡村旅游的客源市场定位与目标市场选择 ······ 236
二、乡村旅游市场开发 ······················ 237
第二节 乡村旅游营销策略组合 ················ 238
一、乡村旅游营销的分工与合作 ·············· 238
二、乡村旅游营销策略组合 ·················· 240
第三节 乡村旅游目的地品牌建设 ·············· 258
一、乡村旅游目的地品牌认知 ················ 258
二、乡村旅游目的地品牌打造 ················ 260
三、乡村旅游目的地品牌传播 ················ 262
四、乡村旅游目的地品牌管理 ················ 264

第七章 乡村旅游标准化管理 ···················· 273
第一节 我国乡村旅游标准化历程 ·············· 274

第二节 北京市乡村旅游标准发展现状 ·············· 278
  一、相关标准领全国之先 ·············· 278
  二、通过标准化促转型,突出特色和差异化发展 ······ 281
第三节 乡村旅游标准化特征 ·············· 282
  一、类型划分 ·············· 282
  二、规范内容 ·············· 283
  三、实施主体 ·············· 284
第四节 乡村旅游标准化的内容 ·············· 284
  一、乡村旅游服务基础标准化 ·············· 284
  二、乡村旅游服务管理标准化 ·············· 285
  三、乡村旅游服务质量标准化 ·············· 286
  四、乡村旅游服务资质标准化 ·············· 287
  五、乡村旅游服务设施标准化 ·············· 288
  六、乡村旅游服务卫生安全标准化 ·············· 288
  七、乡村旅游消费者权益的保护标准 ·············· 290

附件 北京市乡村民俗旅游村等级划分与评定标准（修订版） ·············· 291
参考文献 ·············· 315
后　记 ·············· 321

第一章
乡村旅游行业管理概论

第一节　乡村旅游行业管理综述
第二节　乡村旅游行业管理的相关理论
第三节　基于利益相关者理论的乡村旅游行业管理分工
第四节　乡村旅游行业管理的发展历程

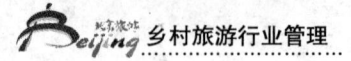

第一节 乡村旅游行业管理综述

城乡统筹是以实行城、乡发展双赢为目的的发展格局,是科学发展观的重要内容。社会经济发展到一定阶段后,工业反哺农业,城乡经济一体化发展已成为我国发展的当务之急。工业反哺农业、城市带动农村的关键是发展农村经济,对农村地区的产业发展进行结构优化和产品调整。旅游业作为高附加值的经济产业,能够充分利用当地的农业资源与民俗文化,已经成为农村经济的新增长点,受到各级政府的重视。

在国家、地方政府的推动下,各地区的乡村旅游资源得到开发、从事旅游经营活动的农民数量增加,乡村旅游短时间内有了迅速的发展。然而,乡村旅游飞速发展过程中的一些矛盾也逐渐突显,主要表现在领导与管理权的交叉、旅游发展与资源保护的矛盾、旅游发展的高速度与低效益的反差以及软硬件服务设施不相适应等问题,阻碍了乡村旅游发展的良好势头。与此同时,旅游产品多样化的发展使中国的旅游市场逐步转为买方市场,并面临着国际旅游市场的冲击,乡村旅游要想从众多旅游产品中脱颖而出,就要与其他旅游产品进行竞争,不断提升产品品质。在此背景下,乡村旅游业迫切需要找到一条可持续的发展道路。

乡村旅游的科学发展,不仅依靠丰富的乡村旅游资源,而且需要旅游行业管理能力的不断提升。提升行业管理水平是乡村旅游品质提升、积极参与市场竞争的需要。然而,乡村旅游发展中所面临的为以农民为主体的旅游经营者为追求个人利益而采取不正当竞争手段,并侵害旅游者权益和影响旅游地声誉的种种问题无疑与乡村旅游的发展要求相悖。乡村旅游行业管理旨在通过制度化的约束,解决乡村旅游发展中的不规范经营、服务质量不高、旅游设施确实等问题,以提升旅游者的旅游体验,促进乡村旅游的可持续发展。

一、概念界定

(一)乡村旅游

欧盟和世界经济合作与发展组织(1994)将乡村旅游(Rural tourism)定义为"发生在乡村的旅游活动",并认为"乡村性(Rurality)"乃乡村旅游整体推销的核心;Gibber 和 Tung 定义乡村旅游为农户为旅游者提供住宿条件,使其在农场、牧场等典型的乡村环境中从事各种休闲活动。中国乡村旅游标准将乡村旅游界定为主要发生在乡村地区的,以乡村空间环境为依托,以独特的乡村田园风光、乡村居所、民俗风情、乡土文化及农业生产方式与乡村生活形态为旅游吸引物,以乡村特色为卖点,集乡村观光、休闲、度假和体验于一身的一种旅游形式。

(二)行业管理

狭义的行业管理指的是行业行政管理部门对所属行业进行行政规范的行为。广义上则主要指为促进行业发展,从而建立与之相适应的社会化大生产和市场经济需要的社会经济管理总和(周刚,2013)。行业管理是处于宏观经济管理与企业微观经济管理之间的管理层次,是适应社会化生产和市场经济需要的社会经济管理形式,是市场经济体制的有机组成部分。行业管理的主体一般为政府、行业协会以及相关企业。

(三)旅游行业管理

旅游行业管理就是指政府职能部门为提高旅游经济效益和社会效益,运用行政的、经济的、法律的手段对所辖区域旅游企事业单位实行归口统一管理,这种管理是一个逐步推进、不断深化的过程,在此过程中作为管理主体的旅游职能部门始终起着主要的决定作用(向才德,1989)。随着旅游业的不断发展、市场问题的不断复杂化,单靠政府管理部门已不足以维护旅游行业的顺利运行,旅游行业协会、旅游市场的主体作用愈加重要。

(四) 乡村旅游行业管理

乡村旅游行业管理就是旅游行业管理在乡村旅游中的推广与应用,指各级政府及乡村旅游行业组织,以乡村旅游目的地的"吃住行游购娱"等相关要素为管理对象,通过运用行政、法律及经济手段,建立市场规则,协调、监督和维护市场秩序,规范经营者行为,以达到提高乡村旅游服务质量、增强经济效益及实现乡村旅游可持续发展的目的(白四座,2006)。

二、乡村旅游行业管理的内容

中央和地方的共同推动是中国乡村旅游发展的原动力,以各级政府和各部门为主导,行业协会和社区联合协作的乡村旅游行业管理体系保证了乡村旅游的有序发展。乡村旅游行业管理的内容主要有以下几个方面:

(一) 政策支持

国家政策为乡村旅游的发展指明了方向,地方政策为乡村旅游的成长提供了制度保障。

2007年,国家旅游局和农业部联合发布《关于大力推进全国乡村旅游发展的通知》,提出充分利用"三农"资源,通过实施"百千万工程",在全国建成具有乡村旅游示范意义的100个县(市)、1000个乡(镇)、10 000个村(庄),进一步推动乡村旅游的发展。同年,国家旅游局将我国旅游主题定位"中国和谐城乡游",并提出"美丽乡村、活力城市、和谐中国"的口号。

2009年,《国务院关于促进休闲农业和乡村旅游发展的意见》中指出:"发展休闲农业对拓展农业功能、调整农村产业结构、建设现代农业具有重要作用,对培育新型农民、促进农村富余劳动力就地转移、增加农民收入具有重要的意义。"将乡村旅游产业上升为国家战略,作为破解"三农"问题的战略支撑点和建设新农村以及小康社会的有效载体。当年,国家旅游局组织相关人员编制了《全国乡村旅游发展纲要(2009—2015年)(征求意见稿)》。

2010年,中央一号文件明确提出积极发展休闲农业和乡村旅游,并把它们作为加快改善农村民生、缩小城乡公共事业发展差距的重要举措。农业部、国家旅游局在全国范围内开展乡村旅游示范县和休闲农业示范点的创建活动。

2012年,党的十八大胜利召开,十八大首次提出经济建设、政治建设、文化建设、社会建设和生态文明建设"五位一体"的总体布局,并将其作为深入贯彻落实科学发展观,建设中国特色社会主义的基本内容,将统筹城乡发展作为经济建设的重要环节。

2014年,中央一号文件中将乡村旅游发展作为农村产业结构调整的重要形式,强调乡村地区的环境污染整治和生态文明建设,以提高乡村旅游的吸引力。农村集体土地权的将能逐步入市,必会吸引和激励对乡村旅游的中长期投资。

地方性的政策涉及内容广泛而具体,主要包括乡村旅游市场准入制度、农家乐餐饮和住宿的硬件设施标准、农家乐等级评定标准、乡村旅游服务规范、乡村旅游合作社制度、各种奖励和补贴政策等内容,其目的在于引导和促进乡村旅游产业的分类、分级和标准化管理,建设良好的乡村旅游市场环境和健康的行业成长环境。例如成都的农家乐最初由当地农户自发兴起,在相关政策出台之前,经历了"野蛮生长"的时期。为引导行业的健康发展,成都各区、县(市)旅游局和有关部门审时度势,及时实行"三证"管理和收费标准监管,同时出台各种优惠政策,为农家乐办理营业执照、卫生防疫证等相关手续给予便利,指导农家乐增设旅游项目并开展各类技能培训(如厨艺、接待礼仪、客房整理等),保证了整个行业在规模扩张的同时实现了规范化和升级换代。

(二)管理体系

根据乡村旅游行业管理的主体进行划分,乡村旅游已经形成以各级政府和各部门为主导,行业协会和社区联合协作的乡村旅游行业管理体系。

1. 政府管理

由于旅游的综合性,乡村旅游的行业问题往往由多个政府部门共同管理。乡村旅游的政府主管部门为农业和旅游部门,一般观光农业旅游由农业部门管理,旅游部门配合;乡村民俗文化旅游由旅游部门管理,农业部门配合;农业部门负责把关现代农业发展和新农村建设整体布局,扶持和培育主导产业;旅游部门负责行业指导和宣传营销,争取国内外客源和行业管理规范的制定。其他相关管理部门如财税部门、交通运输部门等也均参与到乡村旅游行业管理中,具体见下表:

表1-1 政府管理部门职责分工

管理部门	职责分工
财税部门	旅游扶持与贷款
交通运输部门	农村公路建设、客运线路管理
住房城乡建设部门	特色村庄和接待户建设、基础设施和公共服务设施建设

续表

管理部门	职责分工
林业和环保部门	生态景观建设、环境保护治理
民政部门	扶贫项目和资金管理
文化部门	旅游演艺产品管理
工商部门	合同示范文本审核、旅游市场秩序维护
卫生、食品监督部门	食品安全监管
水利、电力、通信、广电部门	饮用水、供电、通讯设施建设
公安、消防部门	公共消防设施、经营场所安全设施建设和治安状况维护

如上表所示,政府各管理部门已形成了较为明确的分工体系。然而,在实际操作中由于乡村旅游涉及部门多,乡村旅游的行业管理往往出现多头管理的困境,最终损害乡村旅游经营者的利益,打击农民积极性,影响乡村旅游的健康发展。乡村旅游的综合性这一特点也决定了乡村旅游行业管理必须形成部门联合、协调合作的管理体系。

2. 乡村旅游行业协会管理

乡村旅游行业管理的主体由政府部门和非政府部门组成,非政府部门多指各类旅游行业协会。旅游行业协会是由旅游企业或个人自愿参加,为保护和增进内部成员共同利益,协调与其他相关利益团体关系的自律性行业管理组织,具有非政府性和非营利性的特点。中国旅游协会休闲农业和乡村分会于2009年成立,主要负责开展景区规划、开发建设、经营管理等方面的经验交流活动,组织乡村旅游企业的星级评定,开展行业监督等活动,在乡村旅游的行业管理中发挥了积极作用。

3. 社区参与管理

社区作为乡村旅游的经营活动主体,是行业管理中的重要力量。社区可以通过各种组织和自律条例,对乡村旅游的发展实施自我管理,即社区自律。乡村旅游的社区自律包括参与制定和遵守各种公约,如北京市制定的《北京市乡村旅游景观保护公约》,以及参与相关决策与管理活动。

根据乡村旅游的行业特点,可以将乡村旅游行业管理划分为发展规划、基础建设、公共服务、营销推广与标准化管理等内容,并以此作为本书的结构框架。

(1) 乡村旅游发展规划。乡村旅游发展规划以村落、郊野、田园等环境为依托,通过对资源的分析、对比,使当地形成一种具有特色的发展方向,往往与新农村建设联系在一起。作为旅游规划的分支,乡村旅游发展规划主要依托乡村的特有资源体现差异。根据乡村的资源类型,乡村旅游发展规划通常包括休闲农业园规划、古村落旅游规划、遗产保护与发展规划等。乡村旅游想要提升品质,必须注重产品的体验性设计,并与当地的经济发展有机整合,从而推进新农村的建设。

(2) 乡村旅游基础建设。顾名思义,乡村旅游的基础建设是发展的最基本环节,保障旅游活动的顺利运行,包括基础设施建设、土地利用以及智慧旅游等内容。旅游基础设施是指为适应旅游者在旅行游览中的需要而建设的各项物质设施的总和,主要包括旅游饭店、旅游交通以及各种文化娱乐、体育、疗养等物质设备;乡村土地的景观资源及其孕育出的乡土文化是乡村旅游的资源基础,因此,乡村土地的开发利用也是乡村旅游产生和发展的基础;信息化与互联网发展很大程度上改变了旅游者的出游方式以及企业的经营行为,为旅游业带来了深远的影响,以智慧旅游为代表的旅游信息化发展也逐渐成为乡村旅游建设的基础环节。

(3) 乡村旅游公共服务。旅游公共服务,是指政府及其公共部门运用公共权力和资源,为了满足旅游者的共同需求,并基于目的地公共利益而向旅游者提供的不以营利为主要目标的服务。政府可以采取多种机制和方式提供旅游公共服务,从而提高服务效率。旅游公共服务介于一般公共服务和旅游服务之间的交叉领域,不以营利为主要目的,而以满足公众的旅游需求为首要目的,具有社会效益优先于经济效益的公益性特征。主要包括旅游基础设施类、旅游目的地市场推广类与旅游权益维护类服务。

(4) 乡村旅游营销。旅游营销是指根据旅游目标市场需求、设计使顾客满意的产品,制定顾客认可的价格,通过广告、人员推销、严格控制产品质量等手段以树立良好形象和扩大市场占有率的一系列对外经营活动。同样,乡村旅游营销的最终目标就是增加旅游市场销售额,拓展新的市场,发展新的游客,培养和强化游客的忠诚度,扩大旅游产品的价值,提高公众的兴趣,创建良好的旅游形象。主要包括乡村旅游市场分析,乡村旅游营销策略组合,乡村旅游的营销分工与合作以及乡村旅游目的地品牌建设等环节。

(5) 乡村旅游的标准化管理。乡村旅游标准是旅游标准的分支,是乡村旅游发展的重要技术职称,旨在提高旅游产品和服务质量,规范旅游市场秩序,强化行业监督管理并推动旅游产业的转型升级。依据制定单位的不同,乡村旅游标准初步形成了国家和行业标准、地方标准、企业标准共同组成的乡村旅游标准体系。乡村旅游的标准主要涉及基础设施、服务质量、安全卫生、生态环境消费者权益等方面。需要注意的是,在注重体验化

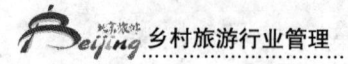

设计的乡村旅游发展阶段中,标准化管理并非倡导同质化,并不否认个性化,而是在保障基本环节的基础上,强调个性化与差异化的发展。

(三)资金扶持

资金扶持是指乡村旅游的行业管理者以资金作为直接投入或通过减免税收等,进行基础设施和服务设施的改造提升、扶持重点的乡村旅游经营户等。乡村旅游有益于我国"三农"问题,符合新农村建设的发展战略,得到了大量的财政资金和优惠政策的支持。如福建地方政府和当地银行通过一系列的金融政策扶持,培育发展农家乐示范村。鼓励农村劳动力加入经营农家乐的行列,推动乡村旅游的发展。截至2011年年底,福建全省的国家级、省级工农业旅游示范点分别有24个、43个,国家级乡村旅游示范县(点)7个、三星级以上乡村旅游经营单位40家、水乡渔村42个、森林人家330个,初步形成了多样化的乡村旅游产品体系。

(四)法律规范与制度保障

各级政府纷纷牵头编制的各类乡村旅游发展规范,给当地的乡村旅游发展营造了良好的制度环境,如农业部组织制定了《农业观光休闲农庄建设标准》、北京市制定了《北京市乡村民俗旅游户等级划分及评定标准》、浙江省出台了《浙江省省级农佳乐特色村认定办法》等规章制度。这些规范制度均是在乡村旅游不断发展的基础上制定形成的,并进一步规范、指导各地区乡村旅游的进一步发展。

(五)人员培训教育

由于乡村旅游的发生地是我国发展相对于城市较为滞后的广大农村地区,且经营人员多为农民,缺乏技能知识、素质水平不高,成为限制乡村旅游发展的瓶颈。乡村旅游培训旨在提高农民经营者的旅游服务意识与技能,促进乡村旅游的健康发展,成为行业管理的重要内容。农业部以及各级、各地旅游部门纷纷组织开展了针对乡村旅游人员的培训与教育活动。

三、乡村旅游行业管理的作用

乡村旅游的行业管理促进了乡村旅游的硬件改善、服务质量提升以及行业结构优化,整体上提升了乡村旅游的发展水平。自 2006 年后,各地政府出台了众多乡村旅游行业管理条例和行业标准,使我国乡村旅游的发展水平大大提升,改变了之前初级低下的发展状况。

通过提升乡村旅游的发展水平、建设规范的市场环境,乡村旅游经营者能够在规章制度的指导下有序经营,并有着明确的发展目标。健康的旅游市场环境以及良好的农业旅游资源,使得乡村旅游行业管理能够吸引更多的乡村旅游投资与经营者,间接促进乡村旅游规模的扩大。

乡村旅游行业管理保证了乡村旅游的可持续发展。乡土性由当地的民俗文化与农业资源特质组成,是乡村旅游可持续发展的基础。各地将乡村环境的保护和乡土景观的营造置于发展的首要位置,如制定《北京市乡村旅游特色业态标准及评定》《北京市乡村旅游景观保护公约》《四川省农家乐/乡村酒店旅游服务质量》等文件,分别从村落景观保护、田园景观保护、生态环境保护以及文化景观保护 4 个方面提出了全面、切实可行的管理方案,以对乡村旅游的环境优化以及民俗文化保护等加以保障。

乡村旅游行业管理的作用主要有以下几点。

(一)规范作用

乡村旅游行业管理能够规范当地旅游的开发与经营行为。

乡村旅游在发展初期,由于经济发展水平不高、农民经营者服务意识与技能的不足,不可避免会出现盲目开发旅游资源、重复建设旅游景点、破坏生态环境、市场竞争秩序紊乱等问题。政府及行业协会通过乡村旅游行业管理,建立乡村旅游服务标准和制定经营规章制度,查处违法经营问题、制止无序竞争等行为,进而规范企业行为,为乡村旅游发展营造健康有序的市场环境。

(二)指导作用

乡村旅游行业管理能够指导当地旅游健康发展。乡村旅游的经营主体是农民,服务意识与服务技能欠缺,在信息获取、经营观念、知识水平方面处于弱势地位,限制了更好地旅游经营,制约乡村旅游的发展。通过政府部门制定引导性发展政策以及行业协会对乡村旅游从业人员进行培训等内容,乡村旅游行业管理能够引导旅游企业的发展并提供改进意见,促进产业结构的优化升级,向乡村旅游经营人员推广成功的管理经验,并帮助农民提高经营管理的能力和素质。

(三)服务作用

乡村旅游行业管理重在为以当地农民为主的经营主体提供扶持与服务。当地农民作为乡村旅游的经营主体,因文化水平有限导致的旅游服务意识与技能不足使其在乡村旅游的经营活动中处于弱势地位。再加上乡村旅游资源的复杂性,决定了乡村旅游的行业管理重在扶持与服务。服务作用具体表现为针对农民经营者开辟绿色通道,简化经营审批的手续流程,方便社区居民转业乡村旅游;加大导向性资金的投入力度,引导旅游企业开展特定类型的经营活动,合理配置乡村旅游的产业构成;不断完善乡村旅游基础设施的改造、升级以及服务设施的建设,为旅游活动营造良好的外部环境;对旅游从业人员进行相关培训,提高旅游服务意识与服务技能;信息服务表现在对游客提供乡村旅游的景区与节庆等资讯,对经营者提供旅游市场信息;旅游营销服务起到"引进来,走出去"的作用,将乡村旅游的优秀产品推广出来,开拓和维护客源市场。

(四) 调控作用

乡村旅游行业管理能够宏观地调控产业要素构成,优化产业结构。乡村旅游各产业要素联系紧密,彼此依赖性强。任何环节的缺失或不完善都将直接影响到乡村旅游的综合接待能力,影响农村地区的可持续发展。因此,乡村旅游的行业管理主体要全面把握各要素的发展情况,主要采取行政、税收以及法律等手段确保各产业要素的全面发展,适度抑制过快行业、加快滞后行业的发展速度,合理配置资源,使乡村旅游的各个经营环节协调发展、整体提升。

(五) 监督作用

乡村旅游行业管理能够监督旅游市场的经营活动。在不同的发展阶段中,乡村旅游可能会出现经营秩序紊乱、不正当竞争以及经营行为不合法等问题,将影响旅游者的体验,阻碍乡村旅游发展。乡村旅游行业管理主要有旅游市场检查、服务质量监督、纠纷投诉处理等监督手段,通过查处违章经营、非法经营行为,乡村旅游行业管理者可以确保旅游经营者守法经营,帮助旅游企业改进服务质量,增强乡村旅游的竞争力,提高乡村旅游的吸引力。

第二节 乡村旅游行业管理的相关理论

一、公共产品理论

公共产品是指在消费或使用上同时具有非排他性与非竞争

性的产品。萨缪尔森于1954年归纳出公共产品在消费中的非排他性与非竞争性两个本质特征,并形成公共产品的经典定义。与公共产品相对应的则是私人产品,由市场决定。

根据产品的非排他性与非竞争性的程度,由高到低依次可划分为纯公共产品—混合产品(准公共产品)—纯私人产品。纯公共产品是指那些用来为整个社会共同消费的产品,一个人对该产品的消费不会减少或影响别人对它进行同样消费的物品与劳务。在旅游业中,旅游公共产品是指具有公共产品特点的旅游产品,包括基础设施、旅游服务设施、公共服务、教育培训等内容。其中,公共服务属纯公共产品,包括生态保护、资源保护、环境卫生、信息服务、规划项目、营销推广、市场监督、安全管理等。

二、公共管理相关理论

(一)公共管理

公共管理(Public Management)的主体一般为政府,主张将新思路、新理念和新技术运用实践于公共领域中,也就是在政府的施政中将科学管理理念、功能、组织、手段运用于公共事务。

(二)新公共管理

新公共管理(New Public Management,NPM)是20世纪80年代以来兴盛于英、美等西方国家的一种新的公共行政理论和管理模式,也是近年来西方规模空前的行政改革的主体指导思想之一。该理论认为政府的职责是规范与引导者,应发挥市场经济与行业协会的功能,推行公共服务社会化。主张政府以及行业协会在公共管理中吸取私营部门成功的管理方法和经验,以顾客为中心,提高工作效率与服务质量。其主要特征为:政府应重新定位自身角色,应将主要职能由公共服务的承担者转为引导者;政府应合理划分自身职能,区分决策机构和执行机构,决策机构应注重资源的合理配置,执行机构应致力于提供优质的服务。

在市场化经济与乡村旅游快速发展的今天,政府管理者应转变行业管理职能,处理好政府与市场、企业与社会的关系,构建良好的乡村旅游行业发展局面。

三、乡村旅游可持续发展理论

可持续发展(Sustainable Development)的定义源于1987年世界环境与发展委员会题为《我们共同的未来》的报告:"既能满足我们现今的需求,又不损害子孙后代未来需求的发展模式。乡村旅游可持续发展的本质是本地化(Localization),即开发的目的是依托当地的自然资源和民俗文化,通过运用当地原材料以及劳动力,开发本土化的乡村旅游产品,满足本地居民的发展需要,并确保旅游收益最大限度地回馈本地,其原则是:

(1)符合乡村地区的发展需求,能够提高社区居民的生活质量与满意度。

(2)对旅游者以及旅游客源地有持续的吸引力,维系经济的可持续性。

(3)旅游开发的同时需要保护乡村旅游赖以生存的生态资源与环境、当地民俗文化等,以维持未来的旅游发展。

四、旅游扶贫理论

旅游扶贫,是指在旅游资源条件较好的贫困地区通过扶持旅游发展带动地区经济发展,进而脱贫致富的一种区域经济发展模式。旅游扶贫以发展旅游作为途径和手段,发挥旅游业对区域经济的带动作用,扶助贫困地区与弱势群体,以促进当地经济和社会的发展。旅游扶贫的思路是通过转变发展思路,改变生产方式与产业结构,重点在寻求更大范围、更高层次上的自我发展。贫困地区在经济基础、人力资源以及信息获取上的弱势地位也决定了旅游扶贫同样需要得到外部的有效支持。

乡村地区的资源禀赋是发展旅游的基础,没有资源就没有旅游扶贫。由于经济发展程度较低,大多旅游资源未经开发,贫困地区往往保持着良好的生态原貌,这也为旅游发展创造了极好的条件。同时,乡村旅游本身也强调以本土特色作为主要的吸引力,反对过分雕琢,追求原生态的生活体验。因此,旅游扶贫具有旅游投入少而成本回收快、经济社会综合效益高以及居民返贫率低等特点。

旅游扶贫致力于推动贫困地区的发展,主要体现在以下方面:

(1)统筹城乡发展,促进跨省、市地区的城市与乡村交流。

(2)推动产业合作,通过旅游的开发,带动贫困地区尤其是农村的养殖业、种植业以及食品加工业的发展,扶持贫困地区工、农企业,将旅游培育为当地的新增长点,甚至是地区主导产业,优化贫困地区的产业结构。

(3)改变信息获取方式与生活方式,增强贫困地区的市场经济意识,提高社区的旅游经营与服务意识,培训旅游服务技能,为贫困地区奠定发展的思想基础、技能基础与人才基础。

(4)转变贫困地区的就业观念,吸纳农村剩余劳动力从事旅游经营活动,减少农村劳动力大规模向城市流动的趋势,关注孤寡老人、留守儿童的问题,消除经济社会发展中的不安定因素。

(5)改善贫困地区的投资环境,吸引发达地区的企业到当地投资置业,促进城市带动乡村发展,促进经济进步。

(6)保护生态环境与自然资源,转变粗放型开发方式,阻止不计后果的资源掠夺行为,扭转环境资源日益恶化的局面,实现可持续发展。

旅游扶贫的原则:一、社区参与。旅游扶贫的目的是带动社区发展,使旅游收益最大程度回报当地,鼓励社区居民采取多种方式参与当地旅游发展,如旅游就业、经营土特产以及旅游纪念品、参与旅游发展的决策与管理工作等;二、因地制宜、旅游扶贫并非机械化发展模式,其应用也不是简单地照搬复制。扶贫旅游应立足当地自然资源与民俗文化,开发具有当地特色的旅游产品,以实现带动地方经济发展、增加当地居民就业、改善生态环境、优化产业机构的目的,避免重复开发、盲目建造人造景点的行为;三、可持续发展。旅游扶贫的目的是为贫困地区找到新的发展方式,是一项长期、系统的过程。因此扶贫开发地区应实现旅游业的可持续发展,使当地居民脱贫致富。在旅游资源的开发上,应注意环境保护与产品开发相统一、环境利用和改造相统一,并针对市场需求开发顺应市场趋势的旅游产品。

五、社区理论

(一)社区参与

社区参与是一种公众的参与,指社区居民自觉自愿地参加社区各种活动或事务的过程。社区居民对社区发展的各种决策以及贯彻执行,实行民主管理,共享当地发展的利益。在旅游研究中,社区参与多与旅游可持续发展及旅游扶贫的概念结合在一起。墨菲(1985)在《旅游业:社区方法》中首次将社区参与的概念引入旅游研究领域,由此开始了社区参与在旅游业中的研究。

旅游的开发会给当地经济、社会与文化的发展带来双重影响,这些影响最直接的感受者即为社区居民。同时,社区居民的生活方式以及文化特征也是旅游地发展的资源依托,是重要的旅游吸引力。然而,在旅游开发的过程中,当地社区居民往往不是主动者,而是被动接受旅游发展的各种变化。依托于当地资源的旅游收益并未留在本地、回馈社区,而是流向旅游开发者,导致社区居民与旅游活动的矛盾,最终影响旅游发展。在此背景下,1997年由世界旅游组织(World Tourism Organization)、世界旅游业理事会(The World Travel & Tourism Council)联合制定的《关于旅游业21世纪议程》中提出了关于旅游业可持续发展的口号。实现旅游可持续发展,必须保证当代及后代的社区成员都能够享受到旅游发展带来的益处,鼓励社区居民参与从事旅游经营活动、参与旅游的管理与决策。

(二)社区主导开发(CBD)模式

政府在乡村旅游的发展过程中发挥了极其重要的作用。然而,随着乡村旅游的不断发展,政府主导发展中的一些缺位、错位问题也逐渐显现出来,阻碍了乡村旅游的健康发展。主要表现为宏观经济快速发展和交通、城市规模不断变化带来旅游基础环境的巨大变革,而政府的公共决策跟不上发展环境的变化,规划目标往往不合时宜;多重领导、职能交叉的管理弊端导致旅游行业管理的效率低下,旅游管理部门制约过多、权威不足,难以发挥统一协调的功能;长官意识在旅游发展中长期占据主导地位,加上领导任期的变化以及主观意识的多变性,导致旅游决策往往决定于领导的思维水平和决策能力,影响行业发展;对短期利益与地方政绩的追求,使得乡村旅游发展中多见重效益而轻管理、重数量而轻质量的现象,涉及乡村旅游发展如住宿设施、餐饮饭店、安全保障、从业资格等方面的规章制度不健全,行业管理随意性大,导致乡村旅游问题频出。

针对乡村旅游发展中尚未解决的问题,社区主导开发理念应运而生。该理论认为,乡村与城市的差异是乡村旅游的核心吸引力与发展动力。乡村旅游的可持续发展就是要突显乡村旅游的差异性,进行本地化开发。社区主导开发,就是发挥社区在乡村旅游发展中的主导作用,强调社区居民参与乡村旅游的决策与管理、建立本地化产业链、挖掘当地社区文化,发展本土化乡村旅游。政府应改变主导者角色,为乡村旅游提供公共服务,如为社区经营者提供小额贷款、建设基础设施与旅游服务设施、补贴培训乡村旅游从业者、扶持旅游协会建设等,来协调社会各方面的力量建设乡村旅游,将乡村旅游的发展利益留在当地。

第三节 基于利益相关者理论的乡村旅游行业管理分工

一、利益相关者理论

利益相关者(stakeholder)理论最初来源于管理学,是指组织外部环境中受组织决策和行动影响的任何相关者,涉及股东、管理人员、雇员、银行、政府部门、行业协会、媒体、分销商、供应商、客户、社区公众等。传统企业奉行"股东至上"的管理思想,不关注企业经营活动对股东之外的相关团体和个人造成的影响,在20世纪70年代左右开始遇到来自企业社会责任、环境保护等方面的问题。在此背景下,"利益相关者"强调企业的经营管理活动要综合平衡各个利益相关者的要求,重视社会与环境效益。

20世纪80年代中后期,随着旅游发展中平等参与、民主决策、环境保护等问题的日益凸显,不少旅游研究者与经营者开始关注"利益相关者"理论,以期解决以上困惑。1999 年 10 月 1 日世界旅游组织大会在其第 13 届会议通过的《全球旅游伦理规范》中明确使用了"利益相关者"一词,"旅游利益相关者"理论正式进入旅游发展领域。"旅游利益相关者"主要应用于旅游业中的规划与管理、环境保护、可持续发展与社区参与旅游等领域。

乡村旅游的利益相关者,是指那些影响乡村旅游地或旅游社区旅游业发展或受到旅游业发展影响的群体或个人。根据与乡村旅游联系的紧密程度,可以将旅游利益相关者划分为包括外来投资者、旅游企业、旅游者、政府、旅游行业协会、社区居民、媒体、一般工种、旅游业从业人员等在内的 16 种类别。结合乡村旅游与行业管理的特点,选取重要程度最高的 4 类利益相关者——政府、旅游企业、旅游行业协会和社区居民,为后文的乡村旅游行业管理分工做好理论基础。

二、乡村旅游行业管理分工

在乡村旅游发展的不同阶段,制度体系的健全程度、行业市场成熟度、产业要素的完善程度、旅游经营者的经营服务意识与旅游从业人员的技能水平各有不同,所遇到的行业发展问题也就各有差异。因此,乡村旅游的各利益相关者在不同阶段的行业管理分工也各有不同。

乡村旅游的建设与发展阶段,主要表现为少量独特的自然与文化资源的无意识开发,少数村民自发开展旅游经营活动,旅游市场基本没有形成。在旅游企业很不正规、旅游行业协会尚未出现、社区居民旅游服务意识不足的情况下,政府充分利用行政体制动员所掌握的经济资源,承担了乡村旅游行业管理的大部分职责。如贯彻执行国家对旅游业的发展方针和政策法规,起草地方性规范文件;制定乡村旅游景区规划、市场开发规划;规范市场秩序、旅游企业和从业人员的经营和服务行为,监督管理旅游服务质量,维护旅游者和经营者的合法权益;组织拟订旅游区、旅游设施、旅游服务、旅游产品等方面的标准并组织实施;负责旅游安全的综合协调和监督管理,指导应急救援工作;承担旅游交通标志标牌的设立和维护工作;承担乡村旅游的宣传推广工作;组织实施乡村旅游人才规划,指导旅游从业人员的培训工作等。

随着乡村旅游形成了一定的市场规模,相关服务设施得到完善,乡村旅游收入开始增加,进入成长阶段后,政府在行业管理中主要扮演了规范者的角色。主要体现在:一、加强乡村旅游法律制度建设,使乡村旅游经营运作有法可依、有章可循,营造乡村旅游市场的法制环境。如《北京市郊区民俗旅游户服务质量划分与评定标准》《上海市乡村旅游促进和管理办法》《江苏省乡村旅游点质量等级划分规范标准》的制定,均促进了当地乡村旅游的规范化管理;二、借鉴一些地方乡村旅游的成功经验,通过政策性的引导、信息引导、布局或规划项目引导等促进乡村旅游健康成长,此举也考虑并试图避免农民为追逐个人利益可能会出现的低水平、破坏性的乡村旅游开发。

事实上,乡村旅游的成熟发展阶段有着健全的产业构成与完善的市场体系,并对业态与产品的创新性发展提出了较高的要求。单靠政府承担乡村旅游的行业管理工作不足以满足、也会遏制乡村旅游的健康发展。因此,乡村旅游的利益相关者应协同合作,共同承担起行业管理工作,构建合理、有序的乡村旅游行业管理体系。

(一)政府

政府在乡村旅游行业管理中的作用主要是解决行业发展中

的瓶颈问题,如建立完善的乡村旅游体系、规范旅游市场经营行为、制定行业标准等。在乡村旅游的成熟发展阶段,政府应逐渐改变先行者与主导者的角色,不能事事躬亲,应从微观的行业管理工作中抽身,并正确定位自身角色,承担行业发展的保障者、引导者的角色。政府管理者应适度分权给乡村旅游行业协会,转移行业管理的部分职权,实现政府与市场的合理分工。政府在行业管理中应主要承担宏观调控、社会服务和公共管理工作,并协调社会各方面力量,用各种方法鼓励企业发展,改善乡村旅游大环境,保护旅游者的合法权益。具体的职责包括:一、建立行政服务系统。协调旅游、财政、建设、交通、文物、林业等部门,理顺行业管理分工,联合解决综合性强的行业发展问题;二、培育行业协会。通过协会沟通政府与乡村旅游企业,降低政府管理成本,更高效地为乡村旅游行业发展服务;三、发挥社会监督作用。建立举报制度,强化新闻监督,发现、查处行业中违规、非法经营行为。

[案例]

北京市旅游发展委员会的行业管理职责

北京市旅游发展委员会下设的政策法规处、产业发展促进处、行业监督管理处等均涉及旅游行业管理工作。职责包括:负责本市旅游行业服务质量的监督管理,组织开展旅游者满意度评估,协调处理旅游投诉体例负责住宿业行业管理;协调推进旅游标准化工作,拟订旅游服务标准并组织实施;协调重要会议及活动的旅游服务接待工作;指导和协调都市旅游、乡村旅游、红色旅游的推进与管理;指导旅游行业精神文明建设和诚信体系建设。

资料来源:北京市旅游发展委员会机构职能 http://www.bjta.gov.cn

（二）乡村旅游行业协会

乡村旅游行业协会是乡村旅游经营实体和从业人员基于乡村旅游发展这一共同利益的需要而实行联合的组织，对外沟通政府与乡村旅游经营者的联系，向政府提出具体建议，以更加有效地保护本行业的共同利益，并在政府制定政策时及时地向政府反馈本行业的信息。在发达国家，乡村旅游的市场推广工作主要也是依靠乡村旅游的行业协会进行宣传、促销，如西班牙坎塔布利亚乡村旅游协会。协会对内主要是沟通信息、规范乡村旅游从业者行为；加强培训，增强旅游经营者与从业人员法律意识和民主观念，提高组织领导水平和协调能力。乡村旅游行业协会的定位是成为政府、经营者和市场之间进行联系的纽带和桥梁。

旅游业往往出现多种经济成分并存、多种经济方式并行、多个部门管理交错的格局，表现出旧有的管理体制与新的旅游经济基础的矛盾，严重阻碍旅游生产力的发展。旅游行业协会具有跨行政区域界线、市场化的特点，往往是由于行业、企业的需要产生的。作为市场体系的重要组成与成熟与否的重要标志，乡村旅游行业协会参与管理是实行行业管理的重要方式。乡村旅游行业协会可以吸收跨部门、跨所有制的旅游参与者成为会员，在行业协会这个跨区域性的平台上沟通协调各方利益，理顺市场矛盾与关系，谋求乡村旅游的可持续发展。

乡村旅游行业协会在行业管理中的职能主要体现在以下几个方面。

1. 沟通协调

建立旅游企业与政府部门的沟通渠道，协调政府与企业、企业与企业的关系，协调政府职能部门加强对乡村旅游的行业管理。

2. 监督检查

通过政府赋权,行业协会可以承担对乡村旅游市场的监督检查工作,减轻政府在市场微观层面上的行业管理压力。

3. 科学研究

行业协会可以组织旅游业的行家、专家、学者,进行理论研究,吸引专家对旅游战略、旅游开发、旅游服务等提出真知灼见,探索旅游发展道路,为旅游管理部门制定决策的民主化与科学化提供支持。

4. 信息服务

为旅游企业提供行业的信息服务,并向外界传递乡村旅游的信息资讯。

(三) 行业自律

传统观念中社区居民与旅游企业往往是乡村旅游行业管理的被动接受者,服从政府的行业管理。行业自律是指社区居民(主要指参与旅游经营活动的)和旅游企业提升诚信意识,主动参与行业管理的行为。旅游经营者的行业自律行为能够从根源上起到规范乡村旅游市场、减少违规交易行为、提升产品服务质量的效果,提升旅游者满意度,促进乡村旅游可持续发展的作用。行业自律是旅游经营者与社区旅游经营与服务意识成熟的体现,尤其需要政府管理部门加以培育、引导。乡村旅游行业自律通常需要由政府部门构建旅游诚信体系以及健全完善的社会监督体系加以保障。

[案例]

海南推进行业自律发展

为应对旅游市场频现的纠纷矛盾,海南发出在全省范围内开展旅游行业自律的倡议书。倡议书中倡导旅游行业需坚决抵制高回扣、不正当竞争,杜绝违背旅游者意愿的自费消费项目和强加的购物行为。对于自觉加入旅游行业协会的商家,需参与海南旅游诚信体系建设,签订诚信经营公约,接受行业自律的同时接受游客和社会各界的监督。

倡议书还要求实行明码标价,不欺客、不宰客,引导旅游者理性消费和参与质量监督。在倡导"阳光成本"方面,努力推出"阳光产品",积极打造"阳光品牌"。保障游客的知情权和选择权,自觉执行《海南常规旅游线路团队地接价的参考标准》向组团社合理报价及收取团费,确保旅游接待质量。

在推行诚信旅游方面,增强服务质量意识和社会责任感,以"文明、敬业、诚信"为准则,提供优质服务,努力创造安全、便利、规范、有序的海南旅游消费环境,共同维护让游客"放心"而来、"顺心"而游、"称心"而归的海南旅游整体环境。

资料来源:海口晚报.诚信经营打造"阳光品牌"http://szb.hkwb.net/szb/html/2013-04/09/content_19013.htm

第四节 乡村旅游行业管理的发展历程

乡村旅游行业管理伴随着乡村旅游发展的各个阶段。政府主导了我国乡村旅游的发展,并承担了乡村旅游行业管理的大部分环节。下面从对乡村旅游发展的各个阶段的行业管理状况进行介绍。

一、20世纪80年代至20世纪90年代中期:鼓励阶段

20世纪80年代至20世纪90年代中期为乡村旅游的起步发展阶段,主要由政府牵头,通过颁布各种优惠政策鼓励当地开

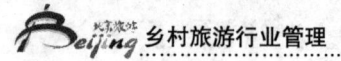

展乡村旅游经营活动,这一阶段的行业管理相关工作也主要由政府部门承担。该阶段行业管理的主要工作有:涉及税收监管以及审批权的政策调整,政府为鼓励乡村旅游发展,弱化了对景点等旅游建设项目以及旅游饭店等经营企业的审批权,甚至放松了对旅游企业的税收监管。具体有:

(1)制定旅游战略,规划发展方向。通过制定中长期发展战略,指导乡村旅游的发展方向;通过旅游资源开发利用政策、招商引资政策、环境保护政策以及从业资格规范等政策规范的建设与完善,为乡村旅游营造良好的发展环境。

(2)完善管理方法,强化行政权威。在乡村旅游发展初期,因体制规范不完善、服务意识不足而导致的经营市场混乱、服务质量欠缺以及经济效益低下等众多问题频现。行业管理手段与方法因此不断完善,行政权力不断加强,以对旅游市场实施有效的行业管理。

(3)运用经济手段,刺激行业发展。行业管理者通过经济指标鼓励外来投资与当地社区从事旅游经营活动,并通过经济手段规范已有旅游企业的经营行为。

(4)依法治理旅游,巩固行业发展。在贯彻落实国家乡村旅游发展政策的同时,地方政府也随之出台发展方针与旅游管理办法,完善乡村旅游的制度建设。如北京于1987年发布了32项地方性旅游管理规定,涉及企业体制改革、市场监督管理、旅游价格规范、规划资格审定和服务质量要求等方面,以规范旅游行业的发展。

[案例]

西递宏村的乡村旅游演变历程

西递宏村位于安徽黟县境内,从1986年起步,经过30年的发展,已具有一定的规模,良好的市场影响力和品牌效应,成为当地的支柱产业。在20世纪80年代中期,当时还是农业小县的黟县,就以其深厚的旅游资源逐渐受到外界瞩目,当时的县委、县政府就试图把旅游业作为一项经济事业来抓,决定同时开发本县境内的古村落西递和宏村,成立由县委书记和县长挂帅的黟县旅游资源开发利用领导组,多方筹措资金对西递部分典型古民居、古祠堂进行修缮,开始在西递村进行旅游的艰难创业。起初几年,西递村旅游经营状况不太好,直到1989年情况才有所转机,当年村民开始有了旅游收入的分红。同时期,宏村的旅游发展主要由黟县旅游局进行经营,1986年黟县旅游局提供资金8万元开始筹备,利用这一资金买下宏村内重要景点——"承志堂"并对外开放,标志着宏村旅游业的真正起步。1987年1月1日开始收门票,当年门票收入1000多元,仅维持两个导游的工资收入。在这一阶段,政府作为企业主体代表全体人民行使所有权,委派官员担任经营者,政府对其代理人的管理行为进行监督与制约。宏村旅游门票收入、旅游总收入整体呈增长趋势,但增长缓慢。

资料来源:蒋海萍,王燕华.基于社区参与的古村落型遗产地旅游开发模式研究[J].华东经济管理:2009(8).

二、20世纪90年代中期至21世纪初:规范阶段

乡村旅游行业管理在20世纪90年代中后期进入了比较系统和完整的阶段,管理的深度和广度进一步拓展。政府在此过程中出台了较多的规章制度,从乡村旅游的开拓者角色逐渐向规制者转变,并已主导构建了较为完整的制度体系。

(1)市场准入制度。通过颁布政策法规、实行管理办法,建

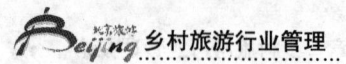

立市场准入制度,保证旅游经营者和从业者的基本素质,提高服务质量,包括旅游经营许可制度、旅游商店的定点制度、从业人员资格证制度以及旅游规划资质制度等。

(2)市场监管制度。对已有的旅游经营者和从业人员的旅游经营行为进行监督与管理,规范旅游市场,包括投诉受理制度、旅行社质量保证金制度、年检年审制度、对不符要求企业人员的复核制度,定期开展旅游秩序的专项整治活动。

(3)市场引导制度。除了强制性的行政手段外,乡村旅游行业管理形成了针对旅游企业行为和市场主体的服务与引导制度,包括旅游规范与标准、各级旅游规划、旅游市场营销和旅游信息服务等。

此阶段乡村旅游行业管理的任务主要是通过制定规章制度规范旅游经营活动,培育良好的乡村旅游市场,改善基础设施并进行生态整治工作。如2002年起,北京市农委同北京市旅游局联合出台了系列民俗旅游接待户、民俗旅游村的服务规范和建设标准,为民俗旅游的发展进行了规范;2003年8月,四川省成都近郊的郫县在全国率先制定《农家乐基本条件与星级评定规范》《郫县旅游乡村酒店星级划分评定标准》,打造了"五朵金花"的知名品牌;2004年11月,上海市发布了《农家乐旅游服务质量等级划分》;河北、江西、浙江等省旅游部门,安徽、昆明、黄山和成都等市旅游部门也相继出台有关规范和管理办法,对经营"农家乐"和发展乡村旅游等提出了明确的经营管理和服务质量要求,颁布了乡村旅游经营与管理的地方标准。

[案例]

成都"五朵金花"的规范整治

经过了"先发展再规范"的快速发展期后,成都乡村旅游发展已初具规模。在此背景下,成都市于2000年规划"五朵金花"建设时,提出了"农房改造景观化、基础设施城市化、配套设施现代化、景观打造生态化、土地开发集约化"的规划思路。其思路一是推进城乡一体化协调发展,力图给城乡居民提供室外休闲娱乐场所,并有利于当地农民就地转市民;二是有利于保护城市环境,建设成都市郊区靓丽风景线;三是有利于形成"一村一品一业"产业特色,为失地农民就地安置提供就业支持。对于确定的规划方案,政府、企业和农户一张蓝图坚持到底,从而打造了"五朵金花"的知名品牌。而对于那些并不作为旅游区的乡村地区,则按照一般小城镇的模式实施整体改造和发展。在具体的建设过程中,对那些介入乡村地区参与乡村旅游发展的投资商,要求他们一定按照政府的规划和政策开展工作,不能随意进行改变乡村风貌的所谓旅游项目。此外,政府设法多渠道筹措资金,帮助乡村旅游提高质量,政府要对重点的点、片区进行适度投资改造,加大导向性资金投入力度。同时,营造舆论氛围,吸引人们走进农村,扩大乡村旅游市场。

资料来源:成都"五朵金花"启示录 http://www.crr.gov.cn

三、20世纪初至今:升级阶段

随着中国市场经济体制的不断建立和完善,旅游者的消费观念日益成熟,旅游企业和从业人员的经营服务意识不断提高,已有一定的行业自律行为,形成较为稳定的行业局面,乡村旅游稳步发展。在此阶段,乡村旅游的产品与市场已成熟发展,并且形成了稳定的旅游需求,客源市场稳定。然而,由于产品差异不明显、土地政策制约、管理体制不顺、投融资渠道不完善等原因,乡村旅游尚处于粗放型开发阶段,内涵单一,乡村游简单化为在

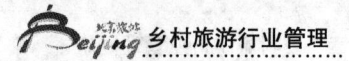

农村过周末、玩牌、用餐。尽管在一段时间内，城镇居民对"农家乐"式的休闲方式仍会有较大需求，市场仍会继续发展。但在不久的将来，随着中国游客的不断成熟，旅游需求的多元化发展将会挑战旅游供给，迫使乡村旅游产品升级换代。

乡村旅游的优化升级，目的在于保证旅游业的发展与市场需求和生产力发展相适应，进而更加有效地配置资源，表现在服务质量的提高、乡村旅游业态的丰富以及产品的多样化等方面，保证经济增长和旅游业可持续发展。升级方向包括规模升级、生态升级、文化升级、科技升级。乡村旅游行业管理的作用就是协调产业发展，促进产品的升级换代。作为乡村旅游行业管理的主体，行业协会的作用将发挥更为重要的作用。一般来说，一个地区的经济市场化程度越高，政府在行业管理中的作用便越小，行业协会的作用则更加突出，法律规范、社会监督以及市场自律等方面联合发挥作用。乡村旅游行业协会的行业管理职能与重要性不断加大将是未来的发展趋势。在现阶段，我国各级的旅游协会如旅游饭店协会、旅行社协会、旅游车船协会等主要由政府推动发展，领导职位多由政府管理部门领导担任或兼任，并无独立地位。协会对行业管理的职能与作用由政府决定，主要承担辅助职能，包括对相关行业政策进行宣传、行业市场调研以及履行政府与企业间的沟通与联系。相比而言，西方旅游行业协会的主要职能是行业自律与服务，主要为企业会员争取利益，并提供信息咨询与培训服务，对企业的吸引力较大。

在乡村旅游发展的升级阶段，行业管理者尤其是政府管理部门已更多地转向协调者角色，使用宏观调控与间接引导的手段，积极推进乡村旅游的产业升级。2012年7月，《国家旅游局关于推进旅游行业协会改革发展的指导意见》中提出，深化旅游管理体制改革，加快政府职能转变，充分发挥旅游行业协会作用,加强和改善行业管理,建立和完善符合社会主义市场经济体制要求的新兴行业管理体制,推动我国旅游业持续健康快速发展。政府行业主管部门将加快转变职能,将协会应承担的职能如导游人员等级评定、饭店景区的星级评定、规划单位资质认定等具体工作职能转移到协会,并充分发挥协会在行业自律、交流与合作方面的功能优势。

[案例]

浙江乡村旅游的升级换代

浙江省是我国最早开展乡村旅游的省份之一,现已成为全国乡村旅游产业发展的富集区和示范区。乡村旅游的发展,实实在在增加了农民收入、改善了乡村风貌、拉动了县域经济、促进了城乡交流。这是如何实现的呢?

"走一条组织化、规模化、特色化、品质化、生态化和低碳化的发展道路。把乡镇当作特色小镇来建设,把村当作景点来设计,把农家当作小品来改造。"浙江省旅游局副局长方敬华如是指出。

1. 因地制宜,乡村旅游发展模式百花齐放

经营公司管理模式:即依托当地的土地和资源,通过引进外来资本、农民参股的方式,成立专业化的旅游开发经营公司进行开发。如富阳的龙门古镇、萧山的新桃源观光休闲阁、余姚的天下玉苑等。

行业协会管理模式:通过成立行业协会对旅游经营户或点进行统一经营管理。如余杭的山沟沟、临安的太湖源镇白沙村、临安西天目乡天目村等。

村镇集体经营管理模式:以村镇集体土地为依托,在村镇带头人的领导下,坚持村民自愿原则,组建乡村旅游公司和旅游合

作社,对村镇的集体土地统一进行旅游开发和经营,将整个村镇打造成了一个旅游综合体。如杭州的龙坞茶村、奉化市的滕头村等。

农户个体经营管理模式:农户利用自家宅基地或租用他人的土地进行乡村旅游开发的模式。如富阳的白鹤乡村俱乐部、慈溪的清水潭农庄、浦江的圆月农家等。

外资经营管理模式:国外友人租用当地居民的土地进行休闲到后来演化为专门的旅游开发的一种经营模式,其坚持低碳经营理念,就地取材、变废为宝,设计个性但保留"乡村味"。如德清"洋家乐"等。

2. 特色纷呈,乡村旅游业态发展强劲

浙江省各地依托丰富的海、陆、山、水等自然资源,重点挖掘传统农耕文化、高效生态现代农业体验、乡村自然生态、高山植物景观、森林生态环境、乡村田野风情、乡村文化民俗、滨海岛屿和中医药材种植基地等旅游资源,加快旅游业与农、林、牧、渔、水等相关产业的融合互通,因地制宜发展多种形式的休闲农业和乡村旅游。

浙江省旅游局副局长方敬华表示,目前初步形成了以农(渔)家乐休闲旅游和休闲观光农业为主体,古镇古村文化休闲旅游和新农村特色旅游为两翼,乡村生态度假养生旅游为补充的休闲农业和乡村旅游供给体系。形成了杭州农夫乐园、建德市红裙高科技草莓园、瑞安市金潮港观光农场、乐清市四都清平乐休闲观光农业示范园区、吴兴区浙江绿叶生态园等44家省级休闲农业示范园为代表的休闲观光农业基地;以杭州梅家坞、桐乡乌镇、楠溪江等为代表的古镇古村文化休闲旅游基地;以奉化滕头、长兴顾渚村、安吉百草原、遂昌茶树坪村等为代表的农家乐休闲旅游和生态度假养生旅游基地;以德清三九坞等为代表的"洋家乐"基地;以余杭琵琶湾、南浔荻港、舟山白沙岛等为代表的渔家乐基地……构成了浙江省各具特色、业态各异的休闲农业和乡村旅游精品。

资料来源:浙江样板——乡村旅游发展模式百花齐放,带动农民致富 http://fujian.people.com.cn/n/2014/0106/c181466-20317840.html

四、发展趋势:创新阶段

随着规模化发展与业态升级提升,乡村旅游对创新的要求将越来越高,将在未来进入游憩地规模大、综合服务功能强大的大庄园阶段。通过对国内外乡村旅游发展的多个案例的分析总结可以看出,乡村旅游发展有三个阶段,即依托吃食、住宿和采摘的农家乐阶段,强调文化与生态的新业态阶段,以及大庄园阶段(邹统钎,2013)。未来的乡村旅游发展的代表是创意农园和大庄园,是文化创意与乡村旅游的结合。农场与庄园将建立在大都市旅游圈的远郊旅游带,环境优良,乡村气息浓厚,主打远离都市压力的乡村休闲体验。国外成功庄园的打造多注意体现当地的文化气息,如美国牧场体现"西部牛仔"的文化,欧洲庄园体现贵族生活文化,亚洲庄园体现农耕文化……在乡村旅游的创新发展阶段,行业管理的作用是引导与保障,引导乡村旅游的创新发展,保障乡村旅游的创新发展。

[案例]

发展庄园经济,打开乡村旅游的金钥匙

1.庄园经济进驻农业,备受资本青睐

我国历来是一个农业大国,农村人口占全国总人数的一半以上，广袤的农村有着丰富的自然人文资源，70%的旅游资源"生长"在这里。然而，长期以来，农业发展缺乏资本投入，乡村旅游发展也存在着这样的问题，虽然近些年来，收到了国家的帮扶，而我国农村大部分地区仍然未摆脱"积贫积弱"的现象。"要发展乡村旅游，首先要让农业成为一种有利可图的产业，吸引资本进入。"一位山庄的总经理凭借自己多年的从商经验，认为"仅凭政府支农和补农的方式，愿望很好，但不够长远"。农业发展还得靠社会上的各种资本。庄园经济如一把"金钥匙"，打开了乡村旅游发展面临的瓶颈，与普通的农家乐相比，庄园是利用田园景观、自然生态及环境资源，结合农业生产、经营以及农村文化为一体的休闲旅游的场所。简单讲，它是城区与郊区、农业和旅游及一、二、三产业结合的新型产业。生态庄园是实体经济，具备企业所有的特征，也就有了吸引资本的条件。

2. 变废为宝——庄园经济显神通

榆次区东赵乡地处山区丘陵，绿树掩映下的村庄一派田园秀色，但世代在这里生活的农民却并不富裕。随着年轻人外出务工经商，各村出现了不少弃田废地，本就收益不高的农业，愈发萧条。然而，这些闲置土地给庄园经济发展带来一次难得的机遇。废弃村庄、荒山荒坡等闲置土地，通过转包、入股、合作、租赁等方式流转到经营者手上，农民可以获得比之前更大的效益。在发展农业方面，企业家眼光长远，但农民又不愿意放弃土地，所以，只有和农民利益捆绑在一起，庄园效益才能稳步提升。企业家带动当地农民一起办红枣种植基地、杂粮种植专业合作社，让农民切实感受到庄园经济带来的利益。

3. 搞活经济，扩大就业

农村单一的经济模式，使我国农村普遍存在劳动力过剩的现象。生态庄园有着旅游产业的重要特征。尤其在带动相关产业的发展,促进剩余劳动力转移,扩大劳动就业方面发挥了重要作用。据悉,仅富通上庄、凤麟山庄年接待游客量已分别接近20万人次,在农忙时节雇用劳动力超过100个,冬闲时也有50多个。从宏观角度看,庄园经济对于缩小城乡差距、缓解城市人口压力也有着实际的推动作用。

4. 庄园经济带动当地经济发展

庄园经济悄然登陆晋中榆次区,正以其独有的魅力显示出勃勃生机。在当地政府推动下,经过一年多的重新规划和投资,2011年8月,榆次"十大魅力生态庄园"(以下简称"十大庄园")精彩亮相,庄园经济从生产产品、营销服务、休闲观光等不同环节介入农业,对传统农业进行改造,以新的农业资源、旅游产品吸引游客,推动了乡村旅游的提档升级。2011年"十一"黄金周,榆次十大庄园收获颇丰,不仅聚集了人气、财气,还赢得名气。不少记者、投资商,甚至同行,都纷纷前来榆次"取经",从资本、理念、市场等方面对这些庄园进行采访咨询,以求获得乡村旅游规划建设的有益借鉴。庄园经济在乡村旅游中唱主角,赢得了满堂彩这种崭新的发展模式打开了榆次乡村旅游的新局面,也将为我国整个乡村旅游产业带来新的发展契机。

资料来源:山西晋中——榆次区庄园经济火了 http://www.sx.chinanews.com/news/2011/1114/52900.html

第二章

国内外乡村旅游行业管理经验借鉴

第一节　国外乡村旅游行业管理经验
第二节　台湾地区乡村旅游行业管理经验
第三节　国内乡村旅游行业管理经验
第四节　国内外乡村旅游行业管理模式对比

第一节　国外乡村旅游行业管理经验

乡村旅游起源于19世纪中叶的欧洲,工业化与城市化进程的加快及其带来的负面影响,导致城市居民向往宁静的田园生活和美好的乡间环境,乡村旅游应运而生。1865年意大利"农业与旅游全国协会"的成立,标志着世界乡村旅游的开端,而其广泛兴起始于20世纪中后期。20世纪50年代,国外出现了集生产、观光、游乐于一身的大型综合性观光农场,这种农场融合人工与天然,使农业景观更具观赏性。随着乡村旅游的不断发展,旅游项目及形式不断得到更新,全球范围内的乡村旅游呈现蓬勃发展之势。

在欧美一些发达国家,乡村旅游已具相当规模,并走上了规范发展轨道。如英国、法国、西班牙、澳大利亚、美国等国家,政府把乡村旅游作为经济增长、扩大就业、避免农村人口向城市过度流动的重要手段,在资金、政策上给予大力支持。许多国家和地区在乡村旅游发展的资源保护、产品开发、管理体系方面,走出了一条成功之路。

一、英国

(一) 发展概况

英国是最早发展乡村旅游的国家之一,始于1985年的英国威尔士中部的乡村节是比较典型的英国乡村旅游形式。乡村节是由威尔士乡村开发管理局与威尔士乡村理事会共同组织,另外,旅游和环境保护组织也参与其中。乡村节在每年的7月份开始,到12月结束。乡村节涉及的区域非常广阔,横跨了整个英国的中部地区。

以高度城市化著称的英国,大力开发乡村旅游始于20世纪50年代,到20世纪90年代至今的不断研究和改进,已日趋成熟。英国东南乡村旅游集团(Tourism South East,TSE)成立于2003年,成为英国伦敦外最大的旅游公司,由东南部旅游总会(South East Tourism Board)和东南英格兰旅游协会(South East England Tourist Board)合并而成。这个集团的成立标志着英国结束了群雄逐鹿的局面和区域集团化兴起。这个集团的资金主要来源于东南英格兰发展协会(South East England Development Agency,SEEDA)。也意味着他们的大多数投资来自于地方政府的投资,具有明显的国有性质。TSE每年投资高达700万英镑,开发区域覆盖19 000平方千米,成为以伦敦为核心的最大的乡村旅游集团。英国的乡村旅游是多方位的,包括乡村生态旅游、体育旅游和商务旅游,丰富多样的乡村旅游产品延长了游客的逗留时间。如TSE在2006年推出了以水上旅游为主的乡村旅游产品,其主要特点是高度参与和体验性。水上项目不再仅仅是躺在沙滩上感受夏日的阳光和海滨乡村的宁静,而是以划水、帆船训练、骑马等体育健身项目为主。TSE还在乡村开展娱乐类旅游项目,如夜访古堡(化装舞会)、海盗寻宝等,既有很强的表演性,又有很强的娱乐性,一经推出深受富有想象力的年轻人喜爱。

(二)发展模式

1."多景点联合互补开发"模式

英国土地面积小,城市化程度高,各个旅游区联系紧密,旅游资源十分有限造就其采取多景点联合互补开发模式。由于各村落地理位置的不同,并形成了各具特色的历史文化、民风民俗。每一个村落都应该是独一无二的,在开发时,应该突出各地特色,形成鲜明的主题。英国的乡村旅游逐渐形成了旅游规划复合系统 TPCS（Tourism Planning Composite System）。TPCS 是一定区域各村落发展联合旅游活动现象,关联通过延伸和扩展而形成的,必须以一个完整的旅游地为基础,具有相应的空间吸引范围和较明确的界限,具有明显的区域互补特征是前提条件。英国东南乡村旅游区不是简单的重复建设,而是各个景点有各自的主题:水上体育、古堡探险、酒馆文化等主题。以当地的旅游资源为基础,英国东南乡村旅游区的主题旅游是现今比较时尚的一种立足细分旅游市场发展的旅游方式;主题旅游的发展必须依赖与主题旅游产品相应的游客群体,通常都是有比较专业的兴趣和爱好的旅游者为成功的主题旅游的基础。以伦敦为核心,各景点与伦敦不超过 1 小时车程,伦敦与各景点都有高速公路连接。正是通过这些高速公路,更远距离的村落才可以联系在一起,组合成一个整体。

2. 坚持农业主体地位不动摇,规范运作

英国的乡村旅游大多采取以农场为主体的经营方式,一般一个农场旅游景点聘用全日制工作人员在 10 名以内,为发展旅游进行投资的规模也在 5 万英镑左右,年接待游客四五万人,规模并不大。

英国的乡村旅游大多定位于"农业开展多种经营的一个方面"层面上,乡村旅游紧密依托于农业生产活动的开展,虽然农业为了开展旅游又进行了有针对性的建设,但农业的主体地位并没有得到削弱,农业生产本身可能为了方便旅游者观光进行了一些必要调整,但这种调整并没有改变农业生产的性质。

3. 分时度假交换系统和乡村俱乐部的广泛建立

随着信息化时代的到来,英国强大的目的地营销系统(DMS)的建设使旅游网络营销处在创新前沿。英国乡村旅游的分时度假交换系统和乡村俱乐部的广泛建立,保持了乡村旅游长期生命力,促进了英国本土乡村旅游的发展。

(三)经验借鉴

1. 政府扶持,政策鼓励

纵观世界各国乡村旅游的发展壮大,无不与各国政府的支持和鼓励密切相关。英国是最早发展乡村旅游的国家之一,早在20世纪六七十年代,英国就兴起了乡村旅游。到20世纪90年代,农业和畜牧业类的旅游景点已成为与手工艺品中心、休闲类景点、主题公园、文化遗产中心、工厂景点齐名的时髦景点。英国有近1/4的农场都开展了旅游活动。为了支持乡村旅游的发展,英国中央政府农村发展委员会自1991年以来,提出向包括景点在内目的明确的私人开发项目提供资金;农业、渔业和食品部也按计划对一些以农业为基础的景点开发给予财政支持,同时向通过发展旅游来努力使经营多样化的农场主提供资助。乡村委员会也向改善乡村地区旅游设施的项目提供资助,这些政策对于推进英国乡村旅游的全面发展起到了积极作用。政府很少干预,只对自然生态保护方面进行干预。政府在乡村旅游发生危机时总是起到主导作用,英国口蹄疫(FMD)危机时,政府对受到沉重打击的乡村旅游提供了包括宣传、促销、减息减税、培训等支持。

英国在2001年大选后将原农业、渔业及食品部(MAFF)改为环境、食品和农村事务部(DEFRA),增加了"环境"与"农村事务",采取了更具有竞争性、灵活性、对环境更加负责的政策。全面推行:

(1)农村管理方案。提供给农场主和土地管理者费用开展管理活动,以此来改善和保持农村风光、保护野生动植物及生活环境。

(2)有机耕作计划。通过资助农场主从传统的耕作方法向有机方法的转变,激励有机农业生产的扩张。

(3)农村经济多样化。吸引适应当地环境的新商业,并为当地所有人提供机遇和工作岗位,提高收入水平。

英国执行的"2007—2013年农村发展7年规划"投入37亿英镑,以提升农业和林业竞争力,保护改善农村环境,扶持可持续乡镇企业,创建有活力的农村社区。2011年4月1日,英国环境食品及农村事务部进行机构改革,新设立"农村政策办公室",全面统筹涉农政策,维护农业、农村及农民的利益。

2. 多方协作,整合形象,整体促销

乡村旅游的小规模和分散化经营特点导致了单个旅游企业营销力量的有限性,西方发达国家比较成功的做法是,在形象整合和市场一体化的基础上进行整体化营销。由政府、同业联盟或企业出面组织的非营利性乡村旅游服务和营销网络,在乡村旅游的发展过程中起到了很大的作用。这些行业协会积极开展宣传促销,帮助农户寻找客源,还根据各地不同的习俗组织有地方特色的旅游活动。配备专项经费整体促销,建立完善的预订系统,使游客可通过网络预订系统、电话或旅行社预订行程,电子商务被普遍应用。同时,政府划拨专项经费促销。

[案例]

英格兰东南部乡村旅游战略规划

1. 背景

2001年,在英国爆发了大规模的口蹄疫(Foot and Mouth Disease,FMD),这场灾难虽然给英国带来了巨大损失,但同时也暴露出一个长期以来被忽视的问题:乡村旅游对于农村经济的至关重要性。游客纷纷选择避开疫情地区,受到打击的不仅仅是与旅游业密切相关的部门,许多貌似不相干的行业也由此一蹶不振,充分体现了旅游业突出的相关性和乘数效应。

在政府的《农村白皮书》里制定了一系列优先发展策略,也认定乡村旅游是一个"关键的农村产业",因此东南英格兰发展局(SEEDA)协同多个部门为英格兰东南部的乡村旅游发展制定了一套战略规划,对危机过后的乡村旅游起到了积极的引导作用,可谓乡村旅游危机管理的典范。

2. 英格兰东南部乡村旅游发展的SWOT分析

(1)优势:该地区有多样迷人的乡野风光,变化曲折的海岸线,顶级的文化遗产,便利的人行道路网;又临近伦敦,充当着"门户"的重要角色;也是一个文化活动和体育盛会的集中地。

(2)劣势:该地区给人的印象是过于拥挤,并且缺乏鲜明的自然特征;住宿设施良莠不齐且价格偏高;缺乏品牌产品,营销薄弱;东西部交通联络差;旅游业存在招聘困难和技术缺陷,尤其反映在餐饮上。

(3)机会:该地区有很大的潜在市场可以挖掘,而且有机会发展农场住宿品牌产品。有两个富有前景的国家公园,而原有的许多资源尚未充分发掘出来,如泰晤士河等。人们日益增长的追求健康生活方式和自然的时尚,以及面临着的开发乡村旅游的良好机遇。

(4)威胁:不恰当的发展可能导致的特色流失、环境恶化及平静丧失;旅游的季节性;从海外及美国市场来的剧烈挑战;911的影响仍然存在,使其很难吸引到远程游客。

3. 战略规划主要框架

这个战略规划针对某一目标提出具体的解决方案,主要从以下几个方面着手,分点详细讨论:

(1)影响和促进旅游。

(2)丰富旅游经历。

(3)促进旅游企业发展。

(4)改善乡村目的地的管理。

4. 具体方案措施

(1)影响和促进旅游方面

● 强化 SOUTH EAST 的品牌形象

进行乡村旅游产品的营销;在东南部各地张贴关于 FMD 的通告(表明情况已得到控制);深入研究从伦敦及周边地区来的一日游游客,定位目标市场,评估过夜游的潜力及这些游客到乡村游玩的可能性;把东南部作为一个首要的步行旅游目的地进行宣传;提高区域的承载力使其成为潜在的自行车游和骑马游目的地;发展品牌产品和特色乡村包价游,配套高品质的住宿、餐饮、游览产品,辅以良好的可达性和针对特定市场需求提供一系列的休闲选择;深入开发分区品牌产品;重点开发并营销农场旅游;鼓励区域内的旅游社团发展。

● 增强本地旅游信息的影响力

改进信息交流技术,通过引进旅游信息中心(TICs)或其他系统来实现;开发综合性的当地信息资源包(如旅店里的床边浏览器),来推介当地的各项旅游活动、公共交通等信息;采用交互性旅游信息营销管理系统。

● 提高游客的可进入性

协同相关部门调查判断哪些道路上有最大的人流量以及最高的消费量,作出相应对策;为游客顺利寻找住宿措施和联系乡村管理者提供意见和建议;针对流动性较弱的游客,对住宿供应商进行专门的培训。

(2)丰富旅游经历方面

● 提高区内住宿品质,扩大住宿选择范围

开展供给和潜在需求的研究,包含:综合包价游的潜在市场;活动型乡村旅游如步行、自行车游、骑马游和学生假期实践等,普及更多的经营者去获取新颁布的国家质量保证计划规定的乡村住宿接待许可证;鼓励和发展农场旅游,满足规划中的需求和指定标准;改进住宿供应商之间、旅游景点与景点之间的联系,鼓励当地旅游社团的发展。

- 促进当地的美食游

在东南部农村中推广促进当地美食;借鉴法国"农场客栈"(见产品篇典型例子)的经验,在东南地区开展类似旅游;强化当地食品生产商和旅店宾馆等的联系。

- 最大限度利用参与型活动的机会来发展旅游

在当地乡村旅社和主要的步行/自行车道沿途推广"PACK HORSE"风格的高质量包价服务;利用区域内的主要河流开展亲水型假日旅游;对特定的伦敦顾客群体开展具保健功能的"压力宣泄"放松运动;把东南地区作为一个首要的步行和户外探索的目的地进行推广和营销;把东南地区作为一个首要的钓鱼和射击目的地进行推广和营销。

(3)促进旅游企业的发展方面

- 为旅游业提供更集中的商业技术支持

对区域内目前技能培训情况进行审查,找到差距和今后的努力方向;发展技能组合系列培训;改善商业联系,提供农场商务顾问服务、乡村发展服务,使有志于多样化发展的企业能得到专家的意见作为参考;寻求定位资金来源,如英国环境、食品和农村事务部下属的职业培训计划或乡村企业计划等。

- 提供关于乡村旅游区域规划的建议

对包含于区域旅游规划中的乡村旅游规划进行答疑解惑;为土地所有者和相关规划部门提供可持续乡村旅游发展方面的特别指导。

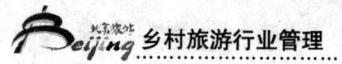乡村旅游行业管理

- 加强旅游企业间的网络化

鼓励当地旅游社团及协会的发展,来增加市场调查、联合促销、批量采购、经验分享的机会,提高当地旅游业的代表力。

- 改善旅游企业对环境及当地社区的影响

实施绿色审计和环境信托计划;监控和评估相关计划,如怀特岛的游客回馈项目;促进当地社区和旅游协会的合作。

(4)改善乡村旅游目的地的措施方面

- 选定乡村旅游目的地,示范综合质量管理

与 AONB 合作,在东南地区两个受提名的国家公园建立综合质量管理示范点。

- 加强集市城镇的旅游业潜力

和集市城镇管理者共同合作实施"健康检查",判断优势及劣势来制定当地旅游发展战略及营销策略;根据策略及周围的乡村环境发展相应旅游产品——如高品质的旅店、酒吧、餐厅、潜在旅游景点等;提供知识和技能培训,来发展集市城镇内的商务旅游和配备会议设施;建立区域乃至全国的集市城镇联合营销联盟;协助城镇联谊的有关安排。

- 改善游客管理及交通管理

和当地的火车运营公司合作,深入发展"无汽车"一日游和假日游;鼓励火车运营公司和巴士公司提供专门的自行车车厢、自行车行李架及租赁服务;提供更好的整体交通服务,提供快捷有效普及的时刻表,在其中包含促销的信息,如票价或者整体包价旅游的价格;呼吁当地的经营者提供游客在目的地时的自行车租赁服务;继续关注公路及铁路的瓶颈问题,试图通过区域交通规划来克服此问题;发展针对游客管理的公共交通综合规划,识别机遇把交通规划的大笔资金花在刀刃上;推广各地交通管理的有效经验,例如"HOPPERBUS"项目和"无交通旅游"项目

等;为游客管理规划提供实用的建议。

资料来源:王铄.中国和英国乡村旅游发展模式比较研究——以英国伦敦东南部乡村和中国武汉木兰山乡村旅游为例.[J].桂林旅游高等专科学校学报:2007(4).

二、法国

(一)发展概况

法国既是欧洲第一农业大国,又是世界旅游强国,这两者的结合为法国的乡村旅游发展打下了坚实的基础。20世纪70年代开始,法国开始发展乡村旅游,这种与乡村紧密结合的新型旅游方式在法国国内被称为"绿色旅游""生态旅游""可持续性旅游"。在法国的乡村旅游中,旅游活动主要集中在农场美食品尝、农场参观、骑马和遗产、文化类参观等方面。

成立于1953年的法国农会常设委员会(APCA),1998年专门设立了"农业及旅游接待服务处"大力推销农业旅游。作为推广农业旅游的中央机构,结合法国农业经营者工会联盟、国家青年农民中心和法国农会与互助联盟等专门农业组织,建立"欢迎莅临农场"网络,涵盖农场客栈、农产品市场、点心农场、骑马农场、教学农场、探索农场、狩猎农场、暂住农场和露营农场等9大系列,联结法国各个大区的农场,成为法国农场强有力的促销策略。

表2-1 法国农场产品体系

美食品尝类			休闲类				住宿类	
农场客栈	点心农场	农产品农场	骑马农场	教学农场	探索农场	狩猎农场	暂住农场	露营农场

在法国的乡村旅游中,旅游企业特别注重提供相关的活动或服务引导游客体验和享受乡村旅游的乐趣。如在农场边开辟小径以供游客漫步欣赏成片的羊群或牛群,或让游客体验挤牛奶的乐趣,或在接待处提供单车出租服务等。

(二)产品形式

法国的乡村旅游也不外乎"吃住行游购娱"六大要素,但其产品和服务有明确的规定和指引,同时有相关的行业指标约束。以下主要论述在餐饮、住宿和购物方面的组织安排。

1. 餐饮

乡村的餐厅一般提供有地区特色的菜品,烹饪的原料来源于周边农场和牧场,因此特别受游客欢迎。同时法国乡村餐厅非常注重获得各种称号或认证,这些称号或认证是招揽客人的重要保证。在法国农村的葡萄园和酿酒作坊,游客不仅可以参观和参与酿造葡萄酒的全过程,还可以在作坊里品酒,并可以将自己酿好的酒带走,体现了知识性和参与性。

2. 住宿

法国乡村旅游的住宿模式呈现多样化,主要包括乡村别墅、露营和乡村酒店等。乡村别墅作为一种能在法国乡村享受假期而又不算昂贵的度假方式,非常受欢迎。从简单的农居到奢华的城堡,各式各样。在 20 世纪 60 年代,法国成立了全国乡村住宿协会,通过乡村别墅认证"Gitede France"对乡村别墅进行规范和管理。为保证质量,每年淘汰一些不符合标准的乡村住宿设施,同时以 2000 家的速度更新。另外,法国乡村别墅注重特色化。根据不同的地带,乡村别墅被划分为不同的主题,如美食、钓鱼、骑马等,并分设了一些具体的商标,如:"鱼屋""雪屋""农屋",根据其不同的经营性质,所提供的服务都具备特色化的特点。

露营是法国乡村住宿最普遍的形式,价格低且形式多样化,可以是帐篷、旅行挂车或者是四周有游廊的二层矮楼的度假小屋。但这些住宿的地点有严格的规范,住宿活动必须在专门设立的露营地开展。乡村酒店包括连锁酒店和独立酒店。为了规范酒店的经营管理,法国对2万多家乡村酒店进行了重组和规划,颁发质量认证书和共同的商标,取得了很好的效果。

3. 购物

法国乡村旅游的特产很大一部分是地区性的农产品,且大多数是周边地区和省内的特产,其中绝大部分产品有健康产品认证。当然,要通过商标认证,其产品必须通过相关机构的严格检验。游客在购买时也会偏向选择一些印有"绿色食品"或"健康食品"标签的产品。

(三)发展模式

1. 政府干预与市场经济整合

"假期绿色居所计划"是政府支持乡村旅游发展的代表,"欢迎莅临农场"的组织网络是非政府组织,支持乡村旅游发展。法国政府和法国农会常设委员会(APCA)加强对乡村旅游开发和管理的措施主要包括:

(1)恢复发展传统建筑文化遗产。主要是典型的特色古老村舍,通过政府公共资金补贴、银行贷款等手段鼓励农民修葺房舍、发展乡村旅馆。

(2)加强对乡村旅游业质量的管理。游客住宿、餐饮场所必须取得印有"欢迎莅临农场"标志的资格证书,同时确保乡村旅游活动具有特色,比如严格规定不得贩卖和采购其他农场的农产品、农场的建筑必须符合当地特色、必须使用当地特色的餐具等。

(3)运用互联网技术建立客房预订中心。对乡村餐饮、旅馆进行营销,以方便游客选择和预订,同时保证业主的经济来源。以外,2001年法国成立了乡村旅游常设会议机构来促进乡村旅游的发展,2003年成立了部际小组,开始在全国规划自行车道和绿色道路,2000年至2006年度国家共将拨款5300万欧元为乡村旅游景点修筑公路。

2."农户+协会+政府"的供给模式

农民可以加入到国家的"欢迎你到农庄来""农家长租房"和"农庄的餐饮与住宿"等几种协会型组织中。法国家庭农舍联合会专门监督和推销农舍;乡村旅游的主要规范、质量评级标准由法国农会下属协会制定;农会常设委员会(APCA)下设农业及旅游接待处,并研发了"欢迎你到农庄来"的组织网络;APCA与农业及旅游接待处制定严格的乡村旅游管理条例。政府少量干预,只参与规划,提供制度保障与财政支持。法国的农业及旅游接待处,制定了严格的乡村旅游管理条例。例如提供饭店餐饮的"农家乐"必须使用当地生产的农产品,除了酒和奶酪之外不得使用罐头食品,必须使用本地的烹调方法,呈现本土乡村美食特色。餐饮提供的主要食品必须是当地的新鲜食品,不得用冰冻食品。这些做法保证每户农家都有自己独特的产品,也减少了农家之间同质恶性竞争。"农家乐"经营者的组织"法国农家乐联合会"负责监督管理农舍出租的标准,定期派人来检查农舍质量和卫生条件。早在1974年,他们就颁发了《质量宪章》,根据"农家乐"的周边环境、软硬件设施、房间舒适度及各项服务,以麦穗为标志,将它们分为5个等级。最低等级1个麦穗,最高级别5个麦穗,想要获得5个麦穗的"农家乐"标准十分严格,要有私家花园、停车库,还要有包括网球场、游泳池、桑拿及音乐设备在内的休闲设施。可以说,行业自律是保证法国"农家乐"服务质量的一个重要因素。

3.推行乡村旅游品质认证制度

法国不论是在餐饮、住宿,还是购物方面,都通过认证来进行规范和管理。

4. 围绕"乡村特色"开发产品项目

法国的乡村旅游地正在有意识地"乡村化",甚至以人工手法添加乡村特色,如购置一些古旧的家私,布置一间有传统法国风味的餐厅等。法国政府要求在乡村旅游开发和管理措施中恢复、发展传统建筑文化遗产,主要是典型的特色古老村舍,并要求农场的建筑必须符合当地特色。

5. 营销和开发并重

法国乡村旅游的发展并不是各自为政独立经营的,往往需要地方政府、地区居民和乡村旅游企业在意见和行动上的统一协调,共同规划。同时,发展乡村旅游必须考虑到对当地居民生活上的影响,因为发展乡村旅游的最根本目的是推动地区经济的发展、造福当地居民,这是乡村旅游产品设计的前提。

法国乡村旅游企业营销模式多样,它们往往通过和行业对手及政府性旅游组织合作,扩大营销的层面和影响力;出版专门的宣传和指导手册,大力促销乡村旅游。法国鼓励农民参与乡村旅游开发,加强培训和引导,新兴的"绿色度假"每年可以给法国农民带来700亿法郎的收益,相当于全国旅游业收入的1/4。

6. 拓展旅游细分市场

在产品种类方面,从普通的观光产品到种类齐全的休闲农场(农产品农场、骑马农场、教学农场、探索农场、狩猎农场、露营农场等),再到不同主题文化类型的旅游产品,法国旅游当局都有与其相符合的品牌和政策。在住宿类型方面,从一般到特殊(乡村别墅、乡村酒店、特色房间等),从豪华到廉价(城堡驿站、露营地、途中驿站、青年旅馆等),形式多样,完全能满足不同层次的不同需求。

[案例]

法国普罗旺斯乡村旅游——熏衣草的国度

1. 发展现状

法国南部地中海沿岸的普罗旺斯不仅是法国国内最美丽的乡村度假胜地,更吸引来自世界各地的度假人群,到此感受普罗旺斯的恬静氛围。在彼得·梅尔的《重返普罗旺斯》一书中介绍道说"普罗旺斯作为一种生活方式的代名词,已经和香榭丽舍一样成为法国最令人神往的目的地",几乎所有人"逃逸都市、享受慵懒"的梦想之地。

图 2-1 普罗旺斯美景

2. 发展概况

普罗旺斯旅游形象定位是熏衣草之乡,功能定位是农业观光旅游目的地。旅游核心项目及旅游产品是田园风光观光游、葡萄酒酒坊体验游、香水作坊体验游。在业态方面设置家庭旅馆、艺术中心、特色手工艺品商铺、香水香皂手工艺作坊、葡萄酒酿造作坊。

3. 模式经验

凸显特色化——立足本土,魅力独具特色乡土植物——"熏衣草",熏衣草几乎成为普罗旺斯的代名词,在普罗旺斯不仅可以看到遍地熏衣草紫色花海翻腾迷人的画面,而且在住家也常见挂着各式各样熏衣草香包、香袋,商店也摆满由熏衣草制成的各种制品,像熏衣草精油、香水、香皂、蜡烛等,在药房与市集中贩卖着分袋包装好的熏衣草花草茶。而熏衣草花海同时也赋予了普罗旺斯浪漫的色彩,使其成为世界最令人向往的度假地之一。

(1) 农业产业化——游客体验,乐在其中

在法国农村的葡萄园和酿酒作坊,游客不仅可以参观和参与酿造葡萄酒的全过程,还可以在作坊里品酒,并可以将自己酿好的酒带走,其乐趣当然与在商场购物不一样。同样,游客在田间观赏熏衣草等农业景观的同时,还可以到作坊中参观和参与香水、香皂制作的全过程。

(2) 生产景观化——有机结合,增加业态

运用生态学、系统科学、环境美学和景观设计学原理,将农业生产与生态农业建设以及旅游休闲观光有机结合起来,建立集科研、生产、加工、商贸、观光娱乐、文化、度假、健身等多功能于一身的旅游区。

(3) 活动多元化——大众参与,感悟乡村

旅游活动多样化,真实体现乡村生活,增加乡村旅游的大众参与度。通过庄园游、酒庄游等乡村旅游形式都可以让游客体会到真正的乡村生活,这得益于旅游区开展的项目丰富多彩,集中体现了乡村地区居民的生活特征。因此,在开发过程中要力求旅游产品的多元化。

(4) 节庆多样化——节庆举办,特色凸显

普罗旺斯地区的活动之多,更是令人目不暇接,几乎每个月都有两至三个大型节庆举办,从年初2月的蒙顿柠檬节到7月至8月的亚维农艺术节,从欧洪吉的歌剧节到8月普罗旺斯山

区的熏衣草节,四时呼应着无拘无束的岁月,更吸引着来自世界各地的度假游客。

资料来源:法国乡村旅游发展路径的启示 http://wenku.baidu.com/view/6d7e17ed998fcc22bcd10d66.html

三、美国

(一)发展概况

美国有着悠久的乡村旅游传统,根据美国旅行行业协会(Travel Industry Association of America)2001年对1300位乡村旅游者的抽样调查表明:亲近自然的乡村旅游最受旅游者青睐。二战以后,乡村旅游成为中产阶级生活的一部分,假期经常在城边不贵的乡村食宿接待设施和私人农场中度过,旅游食宿设施的形式一般是乡村旅馆和农场上私人闲置房间。

美国的"世界农业冠军"地位与其政府长久以来利用各种政策工具对农业发展的保障支持分不开。如,自1929年以来,美国政府出台了系列农业调整法案、农产品价格支持法案、农业和食品法案、农业及消费者保护法案。和其他发达国家一样,美国十分重视生态农业、有机农业的发展,2008年美国已有1900多个社区支持农场。政府鼓励家庭农场结合有机农业、生态农业开展旅游活动,很多小型生态农场的旅游经营活动可享受到农业部农业旅游基金的资助。这一系列的法规政策为美国乡旅游的蓬勃发展提供了有力的政策保障和指导。

(二)产品形式

美国的乡村旅游形式多样,产品丰富,美国的森林、水乡、渔乡、农业耕作、人文景致等都开发出了不同类型的旅游产品,能够满足不同需求的消费者。

美国的乡村旅游大致可以分为观光型、休闲型和文化型三类。观光型乡村旅游是指以优美的乡村景观和田园风情以及农业生产过程作为旅游吸引物,吸引城市居民前往参观、参与和游玩。美国建立了多处供观光的基因农场,用基因方法培植马铃薯、番茄,在发展农业的同时也在向游客普及基因科学知识。休闲型乡村旅游是指以乡村旅游资源为载体,以形式多样的参与性旅游活动为主要内容,以满足游客休闲娱乐、身心健康等需求的旅游类型,如美国的农场、牧场旅游不仅能使游客欣赏美丽的田园风光、体验乡村生活的乐趣,而且在专人授课的农场学校还能够学到很多农业知识。乡村文化旅游是以乡村民俗、乡村民族风情以及传统民族文化为主题,将乡村旅游与文化旅游紧密结合的旅游类型。

观光休闲农场是集观光旅游和科普知识于一身的农场,家庭旅馆代表了一个50亿美元的产业,主要分为乡村家庭旅馆和城市家庭旅馆,20世纪60年代末,两种形式的家庭旅馆在美国都很盛行,尤其是80年代后,得到了迅速发展。外出用餐、购物、自然旅游、游览古迹、划船、打猎、骑马、骑自行车、登山、节庆活动都是美国游客喜爱的乡村旅游活动。

佐治亚州乡村旅游的兴起,主要是在农业经济效益下滑、农民净收入5年内下降了12个百分点的背景下,许多农场主积极寻求改善经营模式的途径,用基因方法培植马铃薯、薯茄等,专人授课,向游客普及基因科学农业知识。这种兼有娱乐和教育培训意义的参与式的乡村旅游形式深受旅游者欢迎,每到瓜果成熟的季节,城里人就纷纷涌进各大农场自租自种或参加摘水果的度假活动,后来在地方农业推广服务中心(Cooperative Extension Service)的推动下成立了自己的合作组织,进行联合促销和推广佐治亚州的乡村旅游目地形象。

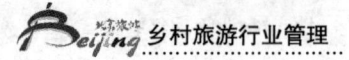

美国的乡村"农家乐"旅游主要包括农场观光、农产品购物和农场度假3种类型。

1. 农场观光型

农场观光型"农家乐"是集观光旅游和农业科普知识于一身的农场,游客既可以饱览乡村农业景观和生态景观,又可以参观农产品生产加工过程,并了解农作物种类、耕种方式、农庄动物和农庄生活。目前,在美国东部地区就有1500个观光农场,仅1997年就有180万人前往观光农场度假。

2. 农产品购物型

游客到乡村购买新鲜瓜果、蔬菜等农产品、农场自制的加工品,品尝当地特色农家菜肴。此外,农场还推出许多特色节目,如果品采摘、绿色食品展、破冰垂钓比赛等。一方面,农场尽可能为游客提供新鲜、绿色、安全、质优、价廉的农产品;另一方面,游客成为农场的固定销售渠道,促进了农副产品的消费,拉动了当地农业经济的发展。

3. 农场度假型

当应季的瓜果或蔬菜快成熟的时候,农场就会打出广告,吸引游客去农场采果度假。美国每年参加乡村旅游的人数达2000万人次。近2/3的美国成年人去美国乡村旅行过,其中以休闲度假为目的的占90%。

(三)经验借鉴

美国不仅是世界经济强国,更是世界旅游大国,美国的旅游收入高居世界第一位,乡村旅游作为美国旅游业发展的一个重要组成部分,近年来,呈现出发展势头强劲、旅游产品丰富多样、旅游客源多元化的发展态势。以美国的乡村旅游形式为例,其旅游产品的丰富程度是举世瞩目的,主要包括农业旅游、森林旅游、民俗旅游、牧场旅游、渔村旅游和水乡旅游等。人们通过参与在乡村的观光度假,既可以观赏田园景色,也可以参与田园、牧场等的耕作,还可以分享丰收的果实,参与具有浓郁地方特色的娱乐项目,既可陶冶情操亦可强健身心。自20世纪70年代初期开始,美国的这种独具特色的乡村旅游开始迅猛发展,到20世纪80年代初期,乡村旅游甚至被视作一种带动乡村经济发展的有力武器。

1. 加强立法,规范管理

从1958年起,美国国会和各州议会频频颁布法律,加大对旅游业的规范管理和支持力度。最近40多年来,随着美国旅游业及其管理体系的发展和完善,国会又加强了对发展乡村旅游的支持力度。如1973年美国国会颁布了《国家旅游法》,成为此后美国政府推动乡村旅游的法律依据,立法为乡村旅游创造了良好的发展环境。美国为了促进乡村旅游业的发展,对申请开办乡村旅游经营的个人或组织、经营规模大小、土地房屋租用、生态环保、安全规定等,都建立了相关的法律程序和规定,对民宿农庄也有专门的法律规定。如1999年7月,美国加州政府通过了《加州农场家庭住宿法案》,对允许农场和牧场提供游客过夜服务做了法律规定,为农场和牧场旅游的开展铺平了道路。

2. 合理规划,分层扶持

美国的乡村旅游之所以开展得比较成功,与美国各级政府对旅游的合理规划和政策支持是分不开的。美国将乡村旅游纳入了农村可持续发展的总体战略,出台各项优惠政策措施,从县、州一直到联邦的各级政府,对乡村旅游业都有合理的规划和一系列的扶持政策。比如,地方政府在制定一个地区的发展规划时,会有意识地将乡村旅游纳入其中,有意识地鼓励乡村旅游的发展,甚至为乡村旅游创造交通、住宿等配套设施;在联邦一级政府,美国农业部设有多个基金,有合适项目的乡村或个人在开发乡村旅游时都可以申请。基层政府还对申请发展乡村旅游的村庄或个人在申办手续上予以简化。比如加利福尼亚州1999年通过了一项《加州农场住宿法案》，法案中明确指出，农家旅馆在最低规模和要求方面可以低于商业旅馆，这是对农家旅馆这种形式的乡村旅游的典型扶持。

在美国并不存在一个实体的国家级别的旅游行政机关（美国旅行与旅游管理局曾经是国家的官方旅游行政机关，1996年国会取消了美国旅游管理局，改由国家商务部下设的"旅游产业功能组"来接替其职能），这在全球200多个国家当中可以说是独一无二的。因此，美国政府对旅游管理权限的下放程度非常高。对乡村旅游的管理和开发权限也是如此，上级主管部门对旅游的限制非常少，既不干预也不参与各地政府的旅游产业发展，将主要权力都下放到了基层政府。基层政府大都能根据自己本地区的实际情况，合理开发出具有比较优势的迎合游客需要的旅游产品，从而不断发展壮大当地的乡村旅游产业。各地政府对每一寸土地的开发都有详细的规划，以便能充分利用好本地的自然环境、文化资源来发展乡村旅游。

美国各级政府部门从信息引导、业务培训、资金支持等各方面向乡村旅游发展提供支持和优质服务。如美国联邦政府在旅游业骨干人才培训、以"农村旅游发展基金"为基础的金融支持及高等院校关于乡村旅游方面的基础性研究等方面对乡村旅游的发展提供了强大的支持和帮助。美国商务部于1992年和1993年分别在密苏里州和南达科他州举行"全国农村旅游业发展会议"，对全国农村旅游业骨干人员进行培训；联邦"农村旅游发展基金"向各个地区发放旅游优惠贷款和补贴；20世纪末，美国旅行与旅游管理局和明尼苏达大学旅游研究中心合作出版《乡村旅游发展培训指南》，为乡村旅游提供旅游规划指导和建议。而美国的地方政府会有意识地鼓励发展乡村旅游,为旅游业创造交通、住宿等配套设施,提供旅游信息服务等。如位于美国中西部的密歇根州发展乡村旅游的经验是,在农业厅下面设立专门的乡村旅游委员会,为发展乡村旅游提供各种资讯和帮助。在帮助乡村旅游开拓市场方面,州政府进行专门的市场调研,为农民提供市场供求信息,并把优秀的乡村旅游资源集中起来向外推广,建立乡村旅游信息特色网站等。每年美国的一些地方政府或农民协会还会举办乡村旅游的相关活动,如农业博览会、赛马比赛、乡村游行,等等,通过活动展现农村的特色和风情,吸引城市旅游者的到来。

3."乡村旅游基金(NRTF)"支持模式

由于美国并不存在国家一级的旅游行政管理机关,所以美国的旅游业发展除了以丰富的旅游资源禀赋为基础外,是典型的以市场为导向、以广泛参与的社区和行业协会等非政府组织为主要推动力量的促销运行机制。美国各级旅游管理部门除了在合理规划及制定旅游政策、旅游法规等方面起引领作用外,一般不会过多干预乡村旅游的发展,乡村旅游行业标准的制定、监督检查和评估等工作都是由行业协会来负责的。由于政府对乡村旅游管理留有空间,所以美国的非政府组织有大量的活动和服务空间。美国的旅游行业协会,是国家层面一级的主要非政府性质的旅游组织,是一个非盈利性机构,充当美国旅游行业各个部门及协会的统一组织。针对乡村旅游的发展,美国于1992年专门出台了关于乡村旅游发展的国家政策,建立了一个非营利性的组织——国家乡村旅游基金(NRTF)。该基金成立至今,已经在鼓励乡村旅游的可持续发展,提高联邦旅游和休闲场所的知名度,提供网络信息服务,执行州旅游合作计划,推广国际旅游项目,开发全美森林服务项目等方面发挥了非常积极的作用。除此之外,美国的各种农业协会组织也发挥了积极的作用,它们主要为试图发展乡村旅游的民众提供信息咨询、项目指导,同时还提供其他地方的成功经验介绍等。美国的社区会通过定期不定期地举办乡村旅游巡回展览、专题研讨会,向农牧业生产者提供乡村旅游知识培训,并鼓励所有农牧业生产者加盟协会和组织等。正是这些大量的与旅游业服务相关的、根植于基层、贴近居民的非政府组织,其快捷有效的服务有力地促进了美国乡村旅游的发展。

4. 科学经营,注重营销

许多农场主学习各种与乡村旅游开发相关的课程,世界著名学府康奈尔大学还为农场主开设了如何成为农业企业家的课程和讲座;农场主还在乡村旅游的内容和项目上不断推陈出新,除了采摘果品、露营野炊、绿色食品展、乡村音乐会、冬天破冰垂钓、饲养小动物等传统活动,还新增了玉米田迷宫、珍稀动物展览、农场博物馆等活动内容。

美国的乡村旅游在起步阶段,也是以近郊旅游游客为主要客源的,客源区域相对狭窄,但发展至今,其客源已经从区域性、小范围城镇居民发展到了跨区域、跨国界的方向。这主要是源于美国一些重要的乡村旅游目的地日益注重品牌建设和宣传促销,一些知名的乡村旅游目的地吸引了中远程的国内游客以及境外旅游客源。切合实际,更多地瞄准国内市场,特别是周边城市的居民。乡村游的发展主要是靠国内居民,特别是周边城市的居民所带动的。美国在选择乡村旅游目标市场上着重打好"本地牌"。注意突出地方特色,在市场定位和宣传上从本地资源特色和文化历史中挖掘题材,突出与众不同的"卖点"。

美国的节会营销在乡村旅游市场的拓展方面起了非常重要的作用。据相关统计数据显示,1980年以来,美国的年度性节庆活动年均增加5%以上,很多乡村旅游正是以这些节庆活动为纽带而组织进行的。如威斯康星州是美国著名的"汉堡之乡",1998年在该州烹制出重达2.5吨的汉堡包,载入吉尼斯世界纪录,从此该州每年都会举行享誉全球的"汉堡盛宴",世界各地的旅游者都慕名前来,该州的乡村旅游也因此获益匪浅。目前,美国越来越多的地区已经开始依赖于年度节庆活动所带来的品牌效益,而这也成为许多地区宣传的特色,以及吸引大量游客的有力武器。

[案例]

美国纳帕溪谷——理想田园

1. 项目简介

距旧金山以北80千米,30英里长、几英里宽(注:1英里约合1.61千米)。这里最早的葡萄园建于1886年,从家庭或小作坊生产的葡萄酒到大托拉斯酒厂,有近200家,出产美国品质最高的葡萄酒,近年来其葡萄酒在评比中连续夺得世界第一,当地风景美丽、淳朴自然,不但很适合葡萄的生长,而且也成为以红酒文化、庄园文化昭负盛名的旅游观光度假地,它是电影《云中漫步》的外景地。

2. 发展概况

美国纳帕溪谷以"葡萄园、乡村庄园、小镇"为依托,采用6大元素构建理想田园生活:当地特色的建筑风格、开阔生态的田园空间、原汁原味的农业作坊、舒适现代的生活设施、雅致脱俗的艺术品位和处处渗透的文化历史。

3. 发展模式

标杆农庄:一户一特色、便利的配套设施、环境优美的户外购物中心、提供高品质的食、住、行、娱的NAPA小镇,其他休闲娱乐活动设施、专门的游客服务、信息齐全、服务细致的游客服务中心、独特的交通体验、精致系统的博物馆、专门的高端服务、精致农业、高品质的红酒、精致的衍生工艺纪念品等。

当地特色的建筑风格　　开阔生态的田园空间　　原汁原味的农业作坊

舒适现代的生活设施　　雅致脱俗的艺术品位　　处处渗透的文化历史

图2-2　6大元素构建理想田园生活

资料来源：乡村旅游专题研究 http://www.kchance.com/LandingPage/village/village3_1_3.asp

四、日本

(一) 发展概况

日本的乡村旅游创始于20世纪70年代，近些年得到大规模发展。日本借鉴法国、丹麦、德国等欧洲国家的先进经验，1991年制定了"市民农园整备促进法"，大型农园的规模较大、设施较齐全。

1. 第一产业衰落，催生新的经济增长点

伴随着工业化和城市化的发展，青壮年外流，日本出现了农业生产降低、农业过疏化发展、农民收入急剧降低等一系列问题，农业地位日益下降。这一现象引起了政府和学者的关注，为了提高农民收入、改善村民生活质量、振兴乡村经济等,当地政府出台了一系列政策措施,鼓励、支持、引导发展乡村旅游。以旅游为主要途径,既可以带动地方经济的振兴,又可以保持、发展乡村和地方的文化传统与文化形貌。

2. 基于"本土化"回归的旅游需求

日本文化的"自生性"(原生性)休闲活动一直在民间进行着。特别是到了当代社会,日本文化出现了向"本土化"回归的一种趋势,这种文化趋势在日本国内旅游中表现得很充分。它的一个重要的表现就是日本的乡村成了日本人民通过旅游的方式寻找和重现传统社会和文化的一个地方。在迅速的城市化与工业化进程中,日本城市居民产生了"故乡丧失"的感觉,他们意识到需要缓解压力、提高生活质量,才能恢复工作热情,因此也促进了日本乡村旅游的发展。

3. 乡村精英的示范联动作用

乡村精英指的是在经济资源、政治地位、文化水平、社会关系、社区威信、办事能力等方面具有相对优势,具有较强的自我意识与参与意识,并对当地的发展具有较大影响或推动作用的村民。日本上野县四贺村的村长,在当地蚕业和烟业失去竞争力、农民生活每况愈下,利用废弃的桑园地等带领四贺村居民开发了逗留型市民休闲农园,取得了良好的经济效益,也促使其他村民积极参与到乡村旅游接待中来,从而实现了四贺村经济的复苏。

20世纪60年代,日本工业经济飞速发展,使越来越多的农民离开土地进城成为工人,以致日本农村地区普遍出现了高龄化农业和人口过疏化的严峻局面。为解决这一问题,日本政府采取了一系列措施以提高农业的机械化、集群化水平。在政府的引导和扶持下,农村地区的兼业化程度也普遍提高,有许多农民开始兼营蔬菜、水果和花卉等,有的还转向经营园艺和畜牧水产业。与此同时,飞速发展的经济使都市人渴望充实的精神生活,希望有更多更好的休闲场所。于是,城市近郊的观光果园、休闲农场等简易型乡村旅游形式应运而生并迅速发展起来。20世纪70年代,日本农村地区(包括山村)开始出现了相对规模化、专业化的"农村观光"经营场所,例如专业农庄、农家果园等,大量城市居民开始走向乡村度假。20世纪80年代,日本各地农村出现了利用民间资本大规模开发乡村度假村和进行农村旅游建设的热潮,一大批可以容纳500~1000人的大型休闲度假村相继建成,如北海道的"农业综合休养地"、长崎县的农业主题公园"荷兰村"、熊本县的"老年农村公寓"等。进入21世纪以来,日本的"农家乐"旅游更是迈入了高速发展期,呈现出多元化、专业化、社会化、精品化的特点,其经营范围相当广泛,经营成效日益显著,已发展成为前景良好的新型旅游业态之一。

(二)产品形式

近半世纪的发展,日本乡村游取得显著成绩,处世界先进水平。日本乡村游主要分为两大类型,即观光娱乐型和休闲度假型。观光娱乐型主要是以城市人所陌生的乡村农林牧副业生产过程和当地独特的人文景观为卖点,在城市近郊或景区附近开辟有特色的菜园、果园等,游客可采摘,享田园乐趣。在日本的一些水果和花卉的产地,农园就是观光旅游地。从时令果园的分布情况来看,70%集中在关东、甲信越地区,80%为个人经营,其次是"农协"共管。从果园经营类别来看,既有专营某一种类的,也有实行两种或多种兼营的,大多根据自身的经济实力、技术条件和市场需求等情况进行开发。休闲度假型的乡村旅游,是利用优美的山水自然环境和不同的农林资源,向人们提供各种休闲度假服务。目前这种形态的乡村游,已成为日本城市居民休闲度假的主要形式。休闲农场是最具代表性的经营业态之一,它以生产蔬菜、瓜果、茶蚕或其他农作物为主,在具有多种优越自然资源的条件下,开展极具特色的乡村旅游活动。日本最多的还是各类综合性的休闲农场,一般在农场内规划有服务区、景观区、花卉区及活动区等,分别开展综合经营活动,为游客提供农业体验。

1. 时令果园

果园经营者在果蔬成熟时节,定期向市民开放,吸引旅游者前来观光游览,并为其提供优质的旅游服务。游客在时令果园里可以观赏、采摘果蔬,了解其生长、生产过程,在欣赏乡村景色的同时,又能收获劳作的乐趣。

2. 专业农场

将农业生产、农产品消费与休闲旅游相融合,并依据不同农场的自然条件和农产品的类型,因地制宜进行开发、经营,形成各种独特的风格,专业农场又分为单一农产品为主构成的专业农场和集服务区、景观区、草原区、森林区、水果区和花卉区等于一身的综合性的专业休闲农场。

3. 休闲农庄

"农家乐"旅游的最佳度假住宿场所,是都市人群度假旅游的会馆。农庄经营者必须按照《酒店法》的规范进行经营管理,参加旅馆协会,每月定期接受行业协会的指导,由协会为其分派旅客。

4. 乡村农园

针对城市儿童农知教育的体验性旅游。城市儿童利用假期到农村体验生活,可以学习乡土知识、生态知识,开展野外活动等。

5. 农村公寓

专为老人们提供疗养、保健、休闲等服务的乡村公寓。日本于20世纪90年代初就进入了"老年社会"。这些老年人非常注重健康养生,喜欢通过接触大自然达到修身养性的目的,加之他们有足够的闲暇时间,退休金充裕,因此成为农村公寓的重要客源。从以上分析可以看出,日本的乡村旅游项目多以休闲型旅游为主,旅游项目具有娱乐性强、互动参与性大、表现形式新颖等特点。

(三)经验借鉴

1. 立法支持,行业规范

日本发展乡村旅游的相关政策最早可追溯到1970年。当时山村振兴基本问题咨询委员会制定了"山村振兴和开发计划",提出"山村地区将长期承担保护日本自然生态环境的责任,为社会经济的发展作出贡献"。1992年,农林水产省又出台新政策,并在1999年颁布《食品农业农村基本法》。利用法律、规范对乡村旅游进行规范化管理。日本的农家住宿一般以家庭成员进行经营,按《酒店法》的规范进行管理。在进行乡村旅游资源开发和规划时,非常重视在原有的一些遗址上进行复原和整修,尽可能保持其传统的、旧式的、古董的、原貌的民俗景点或博物馆,使之成为乡土式的综合博物馆。

2. 政府重视,协会监管

日本政府直接参与旅游规划和行动,由农林水产省负责对其管理、咨询、提供补助经费和贷款等。日本各级政府认为,在农村人力外流、农业生产萎缩、公害污染严重等不利情况下,通过发展乡村旅游,一方面可以稳定农村人口、增加农民收益,另一方面又可保护环境,满足消费者愿望。日本旅游行业协会的活动可分为两个方面:一方面立足于旅游市场的自由企业制度和公平竞争的基本秩序,行业协会首先服务于内部成员,为成员企业提供国内外旅游形势的各种情报、帮助企业培训人才、对企业的经营管理进行指导、密切本行业企业或相关产业间的交流、进行信息沟通和经营协调活动;另一方面日本行业协会立足于本行业在国内产业结构和国际关系中的地位进行考察,向政府提出意见和建议,派代表参加政府的各种会议,谋求对政策的制定产生影响,以使本行业可以获得更大的发展空间。

以长野县四贺村乡村旅游发展模式为例。四贺村在2001年度提出的第4次综合规划中,提出21世纪的基本目标是创造与环境和谐的新的生活和城市,在实践上则致力于把有机农业和有机堆肥制作结合起来,有效利用太阳能和风力发电等清洁型能源。2000年,该村建设了四贺有机中心,把发酵处理后的家畜粪便和生活污泥制作成土壤改良堆肥,并用于休闲农园和村内其他地方的有机农业中,从而构建了生态循环农业系统。四贺村的有机处理中心主要利用"山村振兴等农林渔业特别对策项目"的拨款,总投入约55 900万日元以上(其中国库补助率50%)。需要补充的是,上述农园和有机中心的建设除了国库补助金以外,剩余一半资金的约70%通过发行地方债券和征收地方税收补偿;对农园的管理则由村行政等出资建立的一个株式会社担任。

3. 政府推广"生产、研发、休闲"农园农业模式

日本的农村生产加工、科技研发、休闲农业等都体现了一种模式,即日本式农园农业。其主要特点:一是农业、农村、农民一体化经营管理,营造的是无围墙的公园,农民在公园里生产、生活、休闲,这也可以看作是新农村建设典范。二是生产、加工、销售一体化运作,提升的是农产品附加值和经营效益,让弱势的农业变大,日本农民收入不比市民低,就是最好的证明。三是政府、村委会、财团协会三位一体,扶强村级经济,致富当地农民。许多日本的市民同样渴望了解农业、参与农业。因此,应运而生的市民农园通过推广和宣传,吸引市民租地经营,全程自己劳动、管理和收获,成为真正意义上的参与农业、体验农业。

[案例]

日本水上町——工匠之乡

1. 项目概况

走观光型农业之路的日本乡村水上町的"工匠之乡"包括"人偶之家""面具之家""竹编之家""陶艺之家"等30余家传统手工艺作坊,其旅游概念的提出吸引了日本各地成千上万的手工艺者举家搬迁过来。1998年至2005年间,每年来"工匠之乡"参观游览、参与体验的游客达45万人,24间"工匠之家"的总销售额达3116亿日元(约合271万美元)。

2. 主要项目及产品

核心旅游项目:胡桃雕刻彩绘、草编、木织(用树皮织布等)、陶艺等传统手工艺作坊,形式多样,异彩纷呈。水上町群山围绕,当地人以务农为生,种稻、养蚕和栽培苹果、香菇等经济作物,把区域整体定位成公园,探索农业和观光业相互促进、振兴地方经济之路。目前水上町已经建成了农村环境改善中心、农林渔业体验实习馆、农产品加工所、畜产业综合设施、两个村营温泉中心、一个讲述民间传说和展示传统戏剧的演出设施。

图2-3 水上町"工匠之乡"

(1)旅游产品:田园风光观光游、乡村生活体验游、温泉养生度假游、传统工艺体验游。

(2)业态设置:特色餐馆、传统手工艺体验活动、水果采摘及品尝体验活动、温泉中心等。

3. 模式借鉴

水上町的"一村一品"特色旅游产业发展模式,极大地提高了农民的生产生活水平,促进了地方经济的活跃和产业化发展,它们承载着当地人振兴家乡的"农村公园"构想,为建设现代化新农村、发展地方经济作出了贡献,经验值得思考和借鉴。游客不仅可以现场观摩手工艺品的制作过程,还可以在坊主的指导下亲自动手体验。"工匠之乡"以传统特色手工艺为卖点,进行产业化发展和整体营销,提供产品生产的现场教学和制作体验,大力发展特色体验旅游,获得了极大的成功。

资料来源:乡村旅游案例分析 http://www.docin.com/p-457298029.html

五、西班牙

(一)发展概况

西班牙是欧洲除瑞士之外山最多的国家,发展乡村旅游有着良好的自然条件。西班牙的乡村旅游在1986年前后开始起步,1992年以后快速发展,目前增长速度已经超过了海滨旅游,成为西班牙旅游的重要组成部分。西班牙人非常重视乡村旅游,有36%的西班牙人休假是在1000多个乡村旅游点度过的。除国内游客外,一些来自欧洲其他国家的国际游客也开始逐步到西班牙的乡村享受与大自然亲密接触的乐趣。

西班牙发展乡村旅游,最初源于20世纪90年代农村部门为适应全球化的冲击,通过政府支持改造农村的基础设施。在这个过程中,农业部门作出了非常大的贡献。1992年,西班牙只有36家乡村旅馆(而当时法国有多达36 000家),现在合法的就有7000多家,还有15 000~20 000家非法(即没有经过政府根据标准认定)的。1992—1998年,西班牙政府投入了很大精力进行乡村旅馆建设,使乡村旅游设施有了很大的改善。但在1998年以后,西班牙乡村旅游实际上增长最多的不是设施,而是乡村旅游的形象,乡村旅游的发展让全社会的人都认识到有必要更好地利用农村的设施,以促进经济和社会的发展。

在最近12年中,西班牙乡村旅游的工作重点有所转移,从乡村旅馆的建设转到旅游形象的创立。由于有了乡村旅游,西班牙的农村发生了相当大的变化,旅游不仅促进了农村经济结构的变化,也使农村的设施和环境都得到了很大的改善。目前在西班牙,没有农业问题,只有农民问题,因为农民只占全国总人口的4%,但农业产值却比任何时候都要高。当然,发展乡村旅游带给农村的变化更主要的是农民头脑的变化。在农村,农民观念的变化基本上是由乡村旅游带来的,比如一个农民在3年内接待了300个客人,他3年后的思想观念和3年前肯定是不一样的。

(二)产品类型

西班牙是欧洲乡村旅游的发源地和世界上著名的旅游大国,最早将废弃的城堡改造后开展旅游活动。其乡村旅游主要有房屋出租型(room renting)、别墅出租型(cottage renting)、山地度假型、乡村观光型等,开展徒步、骑马、滑翔、登山、漂流等多种休闲活动,85%的乡村旅游者周末驾车前往100~150千米以内的农场休闲度假。

图 2-4 西班牙乡村美景

(三)发展模式

在西班牙,直接经营乡村旅游的农户比例很小,据西班牙专家比德罗·希尔在中国培训班时的介绍,在一个有 1000 人口的村镇,只有 3 户有乡村旅馆。虽然直接经营乡村旅游的农户不多,但以卖农产品、经营手工艺品等从中受益的农户则不少。因此整个村子都会非常关注这 3 家的经营情况,尤其是他们接待游客的情况。由于旅馆年入住天数一般不超过 120 天,所以西班牙乡村旅游业主的收入 60% 以上都是非旅游收入,其他农户的旅游收入就更少。因此,西班牙乡村旅游直接的经济收益并没有想象中那样多,但间接的收益却非常大,比如通过开展乡村旅游,农民对城市、经济、政治、生活方式等的看法都会发生变化,农民思想的变化进而带来社会的变化。

西班牙乡村旅游协会(ASETUR)是一个民间的联合体,它和政府有着良好的合作关系,在推进西班牙乡村旅游发展中起着重要作用。很多业主通过协会自发地联合在一起,西班牙经营乡村旅游的业主超过 60% 加入了这个协会。该协会有一个内容非常丰富的网站,网站有各个会员单位的介绍,游客可以直接在网上预订。协会还把各个会员单位组织起来,通过预订中心、报纸广告和互联网等手段进行统一的营销推广。为保证乡村旅游的质量,协会还自行规定了一些标准,要求会员单位执行。

西班牙政府对乡村旅游的发展比较重视。在西班牙,每一个地区政府都有乡村旅游方面的立法,从立法上确立乡村旅游的地位;西班牙国家和地方政府还就乡村旅游制定了很多标准,其中有一些是必须执行的强制性标准,从而从标准上确保西班牙乡村旅游的质量。比如,对乡村旅馆,法律就规定必须是具有50年以上历史的老房子,而且最多提供10~15个房间(现在也有一些专门化的划分,如专门接待残疾人的旅馆),开业需要申请,经政府审核合格,才发给开业许可证。不符合上述标准的将拿不到开业许可证。如只有20年历史或新建的房子经营乡村旅游则是不合法的,因为它是拿不到营业执照的。政府有督察,查到了不但要关门,还要罚款。当然现在西班牙政府也正在着手修改法规,以建立乡村中不同类型旅馆的区分制度,解决那些不合法的旅馆的身份问题。

政府还通过减免税收、补贴、低息投资贷款(有时仅为1%)等,对乡村旅游给予特定的支持和帮助。贷款主要是用于改善乡村旅游的基础接待设施,有10年的长期贷款,也有在2年以后即开始还款的短期贷款。政府的补贴只用于修缮那些具有50年以上历史的老房子,帮助农民把它们改造成乡村旅馆。另外政府也会在区域上对乡村旅游进行合理的规划,根据市场需求开展有关方面的建设,以免造成过度的竞争。

西班牙政府还通过技术上的帮助或培训,来引导和促进乡村旅游的发展。在培训中教育当地的农民要懂得保护自身的文化,认识到保护农村自然环境和生态环境的重要性,如果因为发展乡村旅游,自身的文化和农村的环境被破坏了,那将是一件得不偿失的事情。乡村旅游业不能代替农业,否则就失去乡村旅游的本义。

(四) 经验借鉴

注重主客交流和生活方式的体验,在农舍内游客可与农场主人共同生活,参与体验性较强。

经营形式灵活多样,在农场范围内,游客可以把整个的农场租下,远离农场主人,自行料理生活上的事务,也可以在农场范围内搭帐篷露营或者利用旅行车旅行。

重视文化的复兴和传统习俗的渗透,保持乡村旅游独特魅力,开拓国际市场。

[案例]

西班牙政府发展乡村旅游举措

1. 用行业标准确保乡村游质量

西班牙国家和地方政府就乡村旅游制定了很多行业标准,在开展乡村旅游过程中,政府要对参与乡村旅游开发的农户进行严格考核,向具备条件的接待户颁发"旅游接待许可证"。

2. 改造城堡或大农场,建成乡村旅游社区

政府早在1967年就启动了农户度假规划,规划要求:公众性,要求农户要有适当的组织;官方支持(法律和财政);乡村吸引城市人口的信息传播。

资料来源:国内外乡村旅游发展 http://www.docin.com/p-671904027.html

六、奥地利

(一) 发展概况

奥地利的乡村旅游起步较早,在19世纪80年代得到了大

规模的发展,目前已走上规范化的发展道路。2004年,奥地利乡村旅游人数占旅游总人数的18%,收入占旅游总收入的25%。

山城茵斯布鲁克是与维也纳、萨尔斯堡齐名的三大旅游胜地之一,举办过两届冬季奥运会。为蒂罗尔州的首府,又称为阿尔卑斯山的首府,是典型的阿尔卑斯风景区。茵斯布鲁克乡村度假近几年来的国际口碑日益升温,共有25个度假村围绕着茵斯布鲁克,分布在城区、南部度假区、西部度假区和赛尔林山谷度假4个部分。距离城区仅10分钟的车程,即可到达度假村。位于海拔590米至2020米之间。茵斯布鲁克及其周边的25个度假村镇,每年的酒店过夜次数达到约2200万,仅茵斯布鲁克每年就接待500万游客。

(二)发展模式

"质量分级与主题化"开发模式

(1)奥地利的农场度假("Holiday on Farms"),以质量分级与主题化作为开发与营销手段,促进乡村旅游发展与农村建设。

(2)"绿色村庄计划(Green Villages)",在全国范围尤其是农场推广旅游生态标签运动(Austria Eco – label for Tourism)。

第二节 台湾地区乡村旅游行业管理经验

我国台湾地区的乡村旅游以休闲农业为特色。休闲农业是指利用田园景观、自然生态及环境资源,结合农林牧渔生产、农业经营活动、农村文化及农家生活,以提供人们休闲,增进居民对农业和农村体验为目的的农业经营形态;是结合生产、生活与生态三位一体的农业,在经营上表现为集产供销及旅游休闲服务等三级产业于一身的农业发展形式,是现代农业发展的一个重要途径。

一、发展概况

台湾当局很重视乡村旅游的发展,在人力、资金、技术、政策上给予倾斜,从"行政院农委会"、"农林厅"一直到基层农会,都有专门负责此事务的机构,与此同时,政府也给了极大的政策倾斜,并经历了以下几个阶段。

(一)萌芽阶段(1960—1982年)

20世纪60年代末70年代初,台湾当局积极推进森林游乐区的开发,此类利用农业资源与休闲游憩活动相结合的经营项目就是乡村旅游的起源。原因是在当时,台湾农业面临快速发展工业和商业的竞争,以及国际农产品的冲击,农产品成本高、价格低、农民收益少,台湾农业发展面临衰退、萎缩,于是就开始发展观光农业和休闲农业。20世纪70年代,台湾倡导以"生产、生活、生态"协调发展的"三生"农业,开始由发展经济作物转向发展休闲农业和乡村旅游。观光家园及休闲度假农场奠定了台湾休闲农业发展的基础,并正式被统一为"休闲农业"的名称。原因是,随着台湾工业化、城市化的不断推进,台湾农业逐步步入停滞、萎缩的状态。为使农业走出困境,逐步形成农业生产、田园景观、农耕文化相结合的新产业。这一时期休闲农业经营方法简单,主要是以观光农园形态经营,农民开放其生产场所供游人体验采摘和购买等休闲活动,完全属于农民的自发性行为。

(二)成长时期(1983—1994年)

1983年,台湾农政部门制定了《发展观光农业示范计划》,农民开辟观光园必须向乡镇农会提出申请,并由县政府和区农业改良场及"省农林厅"协同实地考察,适者纳入辅导对象,并由"省农林厅"审核后编立年度计划,再由"农委会"拨给补助经费。1988年,台湾"农委会"核定《农渔乡村发展休闲农业及观光果园规模计划》,政府部门开始规划辅导休闲农业,成立发展休闲农业策划咨询小组,确认休闲农业是未来农业发展的重要方向。

(三)转变时期(1994—1996年)

1994年,"农委会"出台《发展都市农业先驱计划》,积极辅导各地创办示范性的体验型市农园,原因是台湾的休闲农业在迅猛发展过程中很快遇上了瓶颈,法令规章无法适应观光农业发展的需要,大众对休闲农业存在认识不足。休闲农业本质是结合农业产销与休闲游憩的服务性产业,一些休闲农场为追求利润,经营方向逐渐偏离休闲农业的内涵。为此,政府部门调整了休闲农业计划策略与政策方向,重新将台湾的休闲农业引导上了健康的发展道路。

(四)成熟期(1996年至今)

1996年出台《休闲农业发展办法》,采取资金补贴方式,大力发展民宿旅游,这是台湾发展乡村旅游的分水岭。原因是,同年9月21日的台湾地震对乡村民居破坏极大,台湾当局结合灾后重建工程,同时采取资金补贴,客观上促进了乡村旅游的发展。2001年,台湾"交通部"发布了《民宿管理办法》,民宿设置采取登记发证制度。台湾"交通部"及市、县政府为民宿主管部门,使乡村旅游各项工作逐步走向正规化和程序化。2005年,台湾农委会制定"2005年度台湾休闲农业服务品质提升计划——休闲农场评鉴、认证与辅导计划",委托台湾休闲农业学会进行优良休闲农场之评选及甄选工作。编印优良休闲农场服务宣传手册,鼓励休闲农场提升服务品质,使农业旅游景点和农业园区建设逐渐步入正轨。2009年5月,基于健康、效率、永续经营的施政理念,台湾提出《精致农业健康卓越方案》,是生技、观光、绿能、医疗照护、精致农业及文创等六大新兴产业之一,是对抗金融海啸的大战略,也是"宁静的产业革命",更是政府推动的重点发展产业。

二、产品形式

台湾乡村旅游在规模、种类等方面都有不同程度的拓展。

(一)依据距离划分

(1)近郊型乡村旅游。离城市30千米的区域为近郊型乡村旅游,特点是接近于都市农业,农事文化与城市文化交融。

(2)远郊型乡村旅游。离城市80千米的区域为远郊型乡村旅游,远郊型乡村旅游相对独立于城市,乡土气息浓郁,民风淳朴、田园广布,为旅游者提供返璞归真、恬淡安适的体验。

(二)依据内容划分

(1)观光农园。开放成熟的果园、菜园、花圃等,让游客入内采果、采花、赏花,享受田园乐趣。

(2)市民农园。由农民提供农地,让市民参与耕作。

(3)休闲农场。集观光、采果、体验农作、住宿、度假、娱乐于一身的综合性休闲农业区。此外,还有假日花市、观光渔场、农业公园、教育农园等。

目前台湾乡村旅游已处于普及阶段,管理上正在向规范化与制度化方向努力,多数乡村旅游点已完全摆脱了单一的经济功能,融入了文化与教育功能。

(三)产品转型

(1)传统观光民俗游的转型。台湾乡村旅游为旅游者提供了一种符合本地特色的旅游氛围,乡村的房舍、道路、标识、餐饮都具有传统农村的烙印和气息,整体环境表现一种有机的融合,设置的乡村农作体验和民俗体验活动项目,让旅游者亲身经历乡村的民俗民风和农耕文化。

（2）绿色生态旅游的转型。台湾乡村旅游具备生产性、生活性与生态性三重属性，因此具备生态旅游的内涵，在某种程度上对保护乡村自然环境有着促进与优化的作用。

（3）传统修学旅游的转型。旅游的主要目的无异是为了获得某种体验，包括感性的愉悦和知识的充实，前者是观光民俗旅游兴起的原因，后者则体现了旅游的教育功能。台湾农业资源丰富，动植物种类繁多，因此，乡村旅游为教育体验提供了最理想的、生态系统最完整的户外自然教室。观看农业生产过程与亲自动手实践成为学生劳动技能教学的重要课程，中心城市大中小学常常选择交通方便、设施齐全的休闲农场作为校外教育场所。

三、发展模式

经过近 40 年的发展，台湾乡村旅游形成了各具特色的发展模式，大体有以下几种主要类型。

（一）乡村花园

以环境优美、景观独特、地域性强为主要特征。清境小瑞士花园位于南投县仁爱乡台 14 甲公路清境农场旁，空气清新自然，景色优美如画，兼具北欧风光，有"台湾小瑞士"及"雾上桃源"之美名。年平均温为 15℃~23℃，舒适宜人的气候为人们理想的避暑胜地，园区内种植了世界各地的奇花异草，美丽又新奇。而区内的设施如挪威森林广场、阿尔卑斯双塔、落羽松步道、主题花园等皆环绕着天鹅湖而建，悠然的徒步期间犹如置身欧洲。园中设有大型停车场、露营烤肉区、欧式花园、精致餐饮中心、纪念品买卖部、露天咖啡广场等，提供另一种休闲享受。

（二）乡村民宿

利用乡村自然环境、景观、特色文化、民俗，让人们深度感受到民风、民俗,于优雅宁静中体验乡村生活。优雅的环境、朴素的民风民情、优美的风景和朴实亲切的主人,使乡村民俗成为来自世界各地旅游者的最爱。在乡村民俗发展比较好的地区为南投县清境地区和台北黄金山城金瓜石。自1996年南投县成立第一家民宿之后,台湾乡村民宿蓬勃发展。目前清境地区民宿通过策略联盟经营的方式,成立清境观光发展促进会,共同进行营销活动推广,在对外事务的利益争取、地区发展的规范、地区的资源分配与协调等方面取得了很大的进展,进一步推动了当地乡村民宿的健康发展。而台北黄金山城金瓜石则充分利用丰富的人文风情和优美的自然风景,把原先的台湾冶金矿区,从炼金厂、古烟道、废矿坑、战俘遗迹甚至到天皇寓所进行合理规划开发,独特的景观吸引着无数前来到探访的游客。家庭式的经营则使民宿发展更具魅力和吸引力。

(三)观光农园

依托农业特产,通过规划建设,使其具有观光休闲与教育修学的功能。园内提供各类旅游服务设施,以便利游客体验采收农特产的乐趣并了解农特产生产过程,以增长旅客时间,寓教于乐,满足游客休闲娱乐需要。目前,观光农园的类型包括观光果园、观光茶园、观光菜园、观光花园、观光瓜园等。各式各样的观光农园因开放时间不同分布全年不同季节,让人们一年四季都可以享受观光、休闲、摘果、赏花的田园之乐。

表2-2 观光类休闲农业的类型

经营类型	经营内容	经营范围
观光果园	水果采摘、水果购买、部分具有烧烤露营功能	柳橙、椪柑、桶柑、文旦柚、水梨、杨桃、草莓、芒果、莲雾、葡萄、百香果等

续表

经营类型	经营内容	经营范围
观光茶园	采茶体验、做茶参观、茶坊经营、部分提供民宿	茶文化
观光花园(圃)	参观游览、花卉购买	海芋、兰花观光花园、公路花园等
观光菜园	蔬菜售卖、菜园观光、蔬菜品尝	高冷蔬菜

(四)休闲农场

农场原以生产蔬菜、茶或其他农作物为主,且具有生产差异化的特性。休闲农场具有多种自然资源,如山溪、远山、水塘、多样化的景物景观、特有动物及昆虫等,活动项目更具多样性,主要包括农园体验、童玩活动、自然教室、农庄民宿、乡土民俗活动等。休闲农场是由数个农民或多个农民团体联合兴办的,规模比观光农园要大,面积一般在50公顷以上,经营的项目比较多元化。1988年,台湾观光协会和"农委会"核定"农渔乡村发展休闲农业及观光果园规模计划",政府部门开始规划引导休闲农业,成立休闲农业策划咨询小组,确认休闲农业是未来农业发展的重要方向。

表2-3 休闲农场的经营形式

经营形式	依托资源	活动内容
休闲农场	山溪、远山、水塘、多样的植物景观、特有动物及昆虫	农园体验、童玩活动、自然教室、农庄民宿、乡土民俗

续表

经营形式		依托资源	活动内容
休闲林场		多变的地形、辽阔的林地、优美的林相、山谷、奇石、山泉小溪等景观	感受自然、放松心情、森林散步、体能训练、天然氧吧
休闲渔场	养殖休闲渔场	水域资源、鲜活的海鲜以及海洋文化	垂钓、捕捉、餐饮、海水游泳、海景观光、水上度假、渔乡体验等
	沿岸休闲渔场	水域资源、美丽的海景	海景眺望、露营烤肉、岸钓、渔村文化活动等
休闲牧场		乡野畜牧文化、珍稀的动物资源	乡野畜牧、可爱动物观赏、昆虫保育教室、烤肉露营

(五) 教育农园

利用农场环境和产业资源,将其改造成学校的户外教室,具备教学和体验活动之场所、教案和解说员。在教育农园里各类树木、瓜果蔬菜均有标牌,有昆虫如蝴蝶是怎样变化来得等活生生的教材。游客在此参与农业、了解农产品生产过程、体验农村生活,尤其为城市的青少年了解自然、认识社会、了解农业和农村文化,创造了条件,兼具农业休闲和教育学习功能。

(六) 市民农园

经营者利用都市地区及其近郊的农地划分成若干小块供市民承租耕种,以自给为目的,同时可让市民享受农耕乐趣,体验田园生活。1989年,台北市观光协会和农会积极规划推动市民农园,并于1990年辅导北投区设立第一家市民农园,从而为台湾第一家市民农园。1994年观光协会通过"发展都市农业光驱计划"扩大试办市民农园。这些市民农园的设置,以都市近郊、水源充足、环境优美、交通便利、车程在半个小时最为理想。与观光园相对,市民农园是由城市市民利用平时业余时间经营。

(七)休闲牧场

以名、特、优、新的农作物,以较好的设施和高科技含量,进行生产并以此吸引游人,向人们展示先进的生产技术和多姿多彩的产品。牧场内宽广辽阔,乳牛及乳制品是主要的经营目标,以奶牛饲养,品尝自产牛奶、奶酪、牛肉,并以其秀美的牧场景观吸引游人。

四、经验借鉴

(一)融合转型提升,拓展旅游功能

20世纪60年代末和70年代初,台湾农业面临快速发展工业和商业的竞争,以及国际农产品的冲击,农产品成本高、价格低,农民收益少,农业发展面临衰退、萎缩。针对这一挑战,台湾采取了加快农业转型、调整农业结构,在发展农业生产的同时,进一步开发农业的生活、生态功能,是农业从第一产业向第三产业延伸、建立农业与旅游业结合、第一产业和第三产业相结合的新型现代大农业产业体系,观光农业和乡村旅游走上快速发展轨道。

(二)健全管理体系,搞好扶持引导

台湾乡村旅游管理部门和台湾"农委会"对发展乡村旅游和休闲农业高度重视,设立观光农业管理、辅导处和推广科,各县市也相应设立观光农业管理、辅导机构,台湾从上到下形成了观光休闲农业的管理和辅导体系。政府旅游部门主要负责制定政策法规,编制和审批规划,安排资金补助和贷款,支持公共基础设施建设,提供信息咨询,制定评价标准,定期检查和评估。农业部门在做好休闲农业规划,包括休闲农业的产业规划和农业园区的建设规划的同时,根据休闲农业产业需求,开展相关课题研究。

(三)搞好规划审查,促进规划发展

台湾观光协会与农业学会合作推动了园区和农业旅游景点的检查评证,并颁发认证标志。台湾休闲农业园区检查评证分别以核心特色、园区规划创意运用、解说与行销、组织与人力管理、环境与景观管理、旅游服务、观光资源等8项进行评证。评选分数70分以上,未满80分者为"良等";80分以上,未满90分者为"优等";90分以上者为"最优等"。

(四)加强经营管理,提升服务质量

台湾乡村旅游发展跳出了规模经济思维,朝向高品质化延伸。园区被赋予具有地方意义的community(社区)的理念,而不只是专业生产的工业park(厂区)。整合农场、农园、民宿和所有景点,使其由点连成线,再扩大成面,最后以策略联盟方式构成带状休闲观光农园区,并适时开展以策略联盟方式结合的"社区"理念来推动各项工作。

(五)重视居民环境教育和培训

在台湾的许多地方,通过加强对当地居民的环保教育力度,提高他们的环保意识,让当地居民的环保意识融入到行动中,对于保护当地环境、对游客实施有效的环保教育起到了非常重要的作用,对台湾休闲农业的可持续发展有着极其重要的促进作用。

(六)加强合作,避免恶性竞争

为了避免同质竞争造成恶性循环,2001年开始推行"一乡一休闲"园区计划,改变过去天女散花式的分配资源,由政府统一指导,整合园内农场、农园、民宿等所有景点,使其由点连成线,最后以策略联盟的形式构成带状休闲农业园区,这种统一规划指导的方式避免了各个经营实体因活动规划、资源利用不能很好地协调、配合,所造成的休闲农业区的实质效益无法提升的弊端,同时也整合了园区内的各种资源,将各自为战的果园、农园、牧场、村庄等休闲农园各个服务提供者联合起来,设计统一的旅游线路和活动内容,最大限地提升顾客体验,也将游客的所有旅游需求解决在农园内,最大限度增加了园区内的经济收入。乡村旅游和休闲农业的可持续发展最关键的一点就是产业链的一体化,通过政策上的指导和规划,将游客的各种需求都保留在本地解决,保证了当地的收益,从而也保证了当地休闲农业的可持续的发展。

[案例]

台湾清境小瑞士花园

清境农场成立于1961年,位于南投县仁爱乡大同村定远新村28号,空气清新、林木苍郁、繁花遍野、具北欧风光,有"雾上桃源"之称。此地海拔1750米,每年5~9月平均气温15℃~23℃。该农场属"行政院退辅会"经营的休闲农场,设有宾馆、青青草原、畜牧中心、旅游服务中心、游客休闲中心、寿山园生态区、清境小瑞士花园、特色步道,将自然景观与农牧生产相结合以发展休闲农业。

清境小瑞士花园,可谓全台最佳避暑胜地,主题花园随春夏秋冬更换,园区遍植世界各国奇花、异草与自然休闲景观,在广场品尝薰衣草花茶套餐,让人仿佛成为置身欧洲花园啜饮花茶的王室贵族。园区主要景观景点有挪威森林广场、精致餐饮中心、纪念品贩卖部、阿尔卑斯双塔、欧式喷泉花园、主题花园、幽谷溪瀑、如茵桥、摸鱼区、天鹅湖、星空野营区、野营服务站、亲水健康步道、清境观景台、落羽松步道、香花植物区、赏枫区等等。另外,花园设有大型停车场、露营烤肉区、精致餐饮中心、露天咖啡广场、印第安花屋等,景观优美,是一处真正的世外桃源。

图2-5 台湾清境小瑞士花园

资料来源:台湾自由行旅游网 http://www.taiwandao.tw/wiki/index.php?doc-view-589.html

台湾走马濑农场

走马濑农场位于台南县玉井乡、大内乡交界处,由台南县农会于1988年开发经营,第一批获颁合法风景游乐区标章。以专业种草起家,再转型升级为观光休闲农场,走马濑农场有着丰富的生态资源,野生动物多达150多种;走马濑农场分成一般游憩、果园游憩、牧场游憩三大系统,游乐设施从骑马、滑草、射箭、到人体动力的协力车、单车、山训场;水上游乐的脚踏船、碰碰船、体能训练场、高尔夫迷你推杆场、跑马场及露营烤肉区以及大型滑水道的戏水世界,等等。除此之外,位于田园艺廊旁边的古农具区,还能体验不同的农业体验,从水车、风谷、石磨到古亭奋。休闲酒庄及简易制酒体验场除提供酿酒制程教学外,并有南瀛甜香酒品系列及酒食点心展售。农场还研发并贩卖自有产品如牧草包子、馒头,牧草冰品(棒冰、冰激凌)牧草茶、香草茶及各种香草加工用品。

资料来源:中国台湾网 http://www.taiwan.cn/twzlk/baodaofengcai/201108/t20110816_1964042_3.htm

台湾民宿产业

1. 发展概况

近几年,深度旅游、休闲旅游成为台湾民众新的度假方式,一种由当地民众利用自家房屋开办的旅店———民宿,在岛内迅速增加。每逢周休二日,台湾各地的民宿变得喧闹起来,不少城里人驱车到自己喜欢的特色民宿小住,欣赏山林风光以及爬山健身,让身心得到充分放松。台湾民宿的创意起源于欧洲的B&B(Bed and Breakfast)式旅馆,即提供住宿和早餐的家庭旅馆。但台湾的民宿和其他地方相比有很大的不同,主要体现在建筑本身、专业品质服务、风景导览等诸多方面,它和当地的人文、自然景观和生态特色融合在一起,本身成为旅游文化的一部分。人们在入住民宿的过程中,既能与主人一起体验精致的山居生活,又能欣赏田园风光。

台湾民宿产业的发展始于20世纪80年代。当时很多旅游景区的住宿设施不足,当地居民便自发性地将闲置的房屋出租给游客使用。到了90年代,台湾农业在当局加入世贸组织的冲击下,不得不由传统的耕作型向休闲农业转型。随着休闲观念在都市的流行,这种由农民提供给游客吃住游玩的新消费品

"民宿"开始流行起来,并开始由政府扶助在农业区和原住民区域开设民宿。到2001年随着台湾双休日的实施,休闲时间增加,台湾民众旅游之风逐渐兴盛,但由于农村服务业不够发达,游客大多是走马观花地看看风景,给农民带来的利益有限。于是农民们开始更主动地思考:如何在留住游客的基础上使他们能够加大在乡村的消费?现在开办民宿,成为很多台湾人回家创业、实现梦想之路,很多颇具创意的特色民宿在台湾地区兴盛起来。据台湾"交通部"观光局统计,截至2008年7月底,全台湾民宿共有3034家,共提供12 993间客房。台湾民众旅游每年平均约1亿人次,其中选择居住民宿者,从2003年的2.4%,逐年增长至2006年的5.8%,以2006年来看,约有624万人次居住民宿,而居住旅馆的人数则成下降趋势。在台湾人岛内旅游中,约9成为散客旅游,而这部分人为目前台湾民宿的主要客源。现在,在台湾主要休闲农业区中,民宿与休闲农业已经形成了互促互动的良好发展势头,休闲农业发展较好的地区也往往是民宿比例较高的地区。例如,云林华山、南投小半天、南投糯米桥、南投桃米、宜兰罗东溪、宜兰冬山河、台东上米香、台东观山亲水等休闲农业区,这里的民宿风格各异,有效地带动了休闲农业区的发展。

2. 产业特点

(1)民宿规模小,容纳率低

依据台湾民宿管理办法,合法民宿的房间数最少5间,最多15间。大多数民宿规模都在5~10间。虽然房间的数量局限了民宿接待团体游客的能力,却促进了主人与客人间的亲密接触,也便于主人对房间布置的创意和发挥,更增加了其吸引独特消费习惯客源的魅力。

(2)民宿成为多元创意的产品

民宿在开办之初,多只提供基本的住宿设施,价格也相对较低,其后,开始出现特色产品,并开始注重休闲气氛的营造和房间的舒适性,当时很多小木屋的产品就很受台湾人的喜爱。现在,台湾民宿越来越注重多样化发展,很多民宿融合了当地的自然人文环境要素,再加上创意和美学元素打造成了颇具特色、不同主题的民宿产品。如异国风情主题、家庭温馨主题、怀旧复古主题、原住民风情、田园乡村主题、人文艺术主题,等等。

(3)民宿产业空间聚集,各具特色

台湾民宿依据不同的地理条件而呈现空间集聚的现象,大量的民宿都集中在各县市的某县地区。这一方面是由于各地民宿都是在结合当地特有的自然、人文、生态和产业的基础上发展起来的,因此会呈现空间集聚。另一方面是由于民宿本身规模小的特性,若不集聚很难使游客形成印象。空间集聚使得消费者对哪个地区哪种风格的民宿了如指掌,非常熟悉。不同地区的不同风格民宿产品对消费者具有不同的吸引力,也是消费者形成了不同的意向认知。

(4)民宿是台湾旅游业创新的缩影

台湾的民宿产品极具创新性,其创新性大体可归纳为以下三个方面:一是打造创意主题的能力,二是导入餐旅专业服务的能力,三是运用信息科技与多元营销的能力。这些创新使得台湾的民宿产品从最初的提供早餐和住宿的家庭旅馆模式发展成为多附加值的、提供给游客多元化选择的旅游产品,并且使游客享受到了更高品质的服务,使游客能够花最低的成本搜寻到最完整的民宿信息。

(5)协会的大力支持

20世纪90年代民宿在未得到法律认可的情况下迅速发展,得到了"农委会"等农政单位的大力协助。开办之初,在消防、卫生、税务、观光等单位持不同做法的情况下,民宿在艰辛经营下一步一个脚印突破困境到遍地开花。民宿客源不稳定,曾是困扰台湾民宿发展的一大问题,为此,台湾的许多民间旅游组织,积极行动起来,组成民宿协会、策略联盟,彼此交流经营的经验,互通信息以提升住宿率。台湾民宿协会成立以来,为提供优质、多元的民宿提供了很多建议,成为台湾民宿发展的重要推动力。

资料来源:曾磊,段艳丽,汪永萍.台湾民宿产业对大陆乡村旅游发展的启示[J].河北农业大学学报(农林教育版),2009,11(4): 507-510.

第三节 国内乡村旅游行业管理经验

我国从20世纪70代初才拥有一些以政治接待为目的的乡村点,如上海的崇明岛等,而真正意义上的乡村旅游的兴起则是到了20世纪80年代,一般意义上认为深圳的"荔枝节"为开始标志。随后,各地开始发展各种各样的乡村旅游活动,并建成了很多的乡村旅游景点。

我国乡村旅游最典型的代表是成都"农家乐"和贵州"村寨游",分别代表都市依托和景区依托两种类型的乡村旅游。

表2-4 都市依托和景区依托类型特征比较

特征因子＼类型	都市依托型	景区依托型(包括村寨)
总体特征	以农村、农园为主要特色,自然性、科技性突出	以民俗民族文化或景观资源为依托,强调乡村文化品位
功能	作为城市居民的第二个家,从吃、住、游等方面满足游客周末休闲度假的需求	大型景区的辅助旅游产品,以民俗风味、农业特色鲜明的旅游项目和餐饮以及娱乐活动为主

续表

特征因子 \ 类型	都市依托型	景区依托型(包括村寨)
特色	家:打造都市居民的第二个"家"——倡导亲情服务,塑造清洁、安逸、舒适的"家"园;四"家"——农民(家人)、农家(第二个家)、农田(家园)、农产品(家礼)	景:打造民族风味浓郁、特色鲜明的"奇村",提倡村寨景观化——倡导体验服务,借景区的"形",利用重大事件的"势",扬"民俗村"的"名",赢得大量的观光游客。
开发条件	依托大都市,交通便利,乡村植被景观保存较好,与城市反差较大	拥有独特的景观资源或者是浓郁的乡村或民族特色
客源市场	具有稳定的城区客源市场,客源的回头率较高,停留时间长	主要是景区的一次性客源,范围较广,停留时间短
典型案例	四川农家乐、北京民俗村	贵州天龙屯、桂林的龙胜梯田

一、成都

(一)发展概况

兴起于20世纪80年代末的成都农家乐,启动了成都乡村旅游。经过近30年的发展,锦江区、郫县、双流县和都江堰等县市区已成为全国闻名的旅游热点和知名的乡村旅游品牌,各区县都有其独特的发展模式。成都的"农家乐"经历了三个阶段:1987—1991年的萌芽阶段,"农家乐"作为传统农业的结构调整的产物,传统农业的后续产业或替代产业而出现。位于成都市郫县的友爱民俗旅游村是全国"农家乐"的发源地之一,依托其传统的盆景苗圃优势,发展民俗旅游;1992—2002年的发展阶段,省委领导题名"农家乐",并确立"先发展后规范"的指导思想;2002年至今的规范阶段,对"农家乐"实行规范管理,升级上档,塑造形象、打造品牌。许多"农家乐"分别被评为"国家生态示范点""省级文明村""省级卫生村""国家工农业旅游示范点",被誉为"没有围墙的农民公园"。2006年4月12日在首届中国乡村旅游节开幕式上,国家旅游局授予成都"中国'农家乐'旅游发源地"称号。

成都"农家乐"为主的经营形式由一家一户经营逐步发展为合户经营、承包经营、租赁经营;经营内容由单一为游客提供周末休息、餐饮、茶水、棋牌逐步发展为提供休闲、度假、娱乐、养生、会议等服务;投资经营主体由以农户为主逐步发展为由城市居民、企业、团体、机构大量投资;服务方式随着开业条件和旅游服务质量等级评定标准的推行,由自发粗放逐渐走向规范。乡村旅游促进了农民由务农到务工再到经商的就地转变,提供了大量就业岗位,促进了运输、加工、销售、餐饮、住宿和修理、环卫等服务业发展。据调查,乡村旅游收入占远郊农民年纯收入的30%以上,占近郊农民年纯收入的比重70%以上,开展"农家乐"的农户比没有开展"农家乐"的农户实际增收要多一至两倍。

(二)产品形式

成都"农家乐"的产品以下7种类型为主:

1. 农家园林型

以郫县友爱镇农科村、温江县万春镇等西部川坝子"农家乐"为代表。属于"国家生态示范区",依托花卉、盆景、苗木、桩头生产基地,是"农家乐"的发源地。

2. 观光果园型

以龙泉驿的书房村、工农村、桃花沟、苹果村等东郊重丘的农家果园游乐为代表。以水蜜桃、枇杷、梨子为依托。发展以春观桃(梨)花、夏赏鲜果的花果观光旅游,使旅游收入已经大大超过果品收入。

3. 景区旅舍型

以远郊区都江堰的青城后山等自然风景区为代表。景区附近的低档次农家旅舍受到中低收入游客的欢迎。

4. 花园客栈型

以新都县农场改建的泥巴沱风景区、邛崃市前进农场改建的东岳渔庄等代表。把农业生产组织转变成为旅游企业,在农业用地上通过绿化美化,使之成为园林式建筑,以功能齐全的配套设施和客栈式的管理,使之成为在档次上高于"农家乐",而又低于度假村的一种休闲娱乐场所,这是它的主要特征。这类"农家乐"的投资主体主要不是农民,而是城市个体工商户或单位合资,而且专营休闲旅游,一般规模较大、投资较多、农户家庭生活气息和农耕氛围较淡薄,而园林式茶馆风味则较浓,但由于价格低廉又在郊外田园,在外貌上又相似于较大的"农家乐",故将此作为一个特类。

5. 养殖科普型

以都江堰、青城山等地为主要代表。都江堰三文鱼养殖基地寓教于"游",不仅提供价廉物美的新鲜三文鱼品尝,还可以提供鱼类养殖的详细资料,受到广大市民的欢迎。

6. 农事体验型

青城山后山的绿茶基地就是代表之一。游客享受农家乐服务之余,可以亲自到田间地头采上几斤新鲜的茶叶,融入大自然,在劳动中享受休闲的快乐。

7. 川西民居型

改造现有建筑外观,使之与自然生态环境协调融合,成为具有川西民居特色的"农家乐"片区,凸显乡村旅游特色。

(三)发展模式

从成都"农家乐"的发展历程可以看出,成都的"农家乐"是在都市市场的驱动下发展起来的,属于"都市依托型"。

1.政府主导模式

成都"农家乐"的发展采用了"政府引导农户参与"的模式。在整个"农家乐"发展过程中,政府是积极的引导者,农户是发展主体。政府为发展"农家乐"编制发展计划并制定主导政策、布局政策、投入产出政策、价格政策、资源开发政策、等级评定等政策体系;研究和制定行之有效的管理办法,经营法规,使"农家乐"健康有序地发展;同时,有计划、有组织地帮助农户优化以农业结构、旅游产业结构、旅游商品结构为主的农业生态旅游经济结构;此外,还利用优惠的产业政策引导和扶持农民积极参与农业结构调整和农业生态旅游产品开发。

(1)政策扶持。1992年时任省委副书记题写了"农家乐",1995年当时的市委书记到农科村调研时就要求把农科村办成旅游与旅游结合的实验区,1996年胡锦涛同志前往视察并给予高度评价,鼓励推广。地方实施了许多优惠政策,如:不收管理费、经营1~2年不收税费、对中低收入的农户免收各种证照费、土地承包30年不变、买地50年不变、组织专业户到全国以及东南亚国家考察。近年来,龙泉驿区政府每年拿出近100万元举办"桃花节",又策划宣传了"赏果节"。与此同时,政府对经营户实行"三证"管理和实行统一收费标准,指导农民增设旅游项目并对其进行培训,营造了较好的旅游环境,使龙泉驿区乡村旅游的形象逐步树立。

(2)星级管理。制定了《"农家乐"旅游服务质量等级划分及评定》后,成都首次公布了59家星级"农家乐"单位,其中四星级20家、三星级29家、二星级9家、一星级1家。这59家单位作为当时"十一"黄金周期间的重点"农家乐"旅游产品向市民和游客推出。实施了《成都市"农家乐"服务质量管理办法》。

（3）卫生环保整顿。成都市工商、卫生、旅游、环保4部门对"农家乐"进行专项整治,严防食物中毒和群体性、食源性疾病的发生。重点检查"营业执照""卫生许可证""排污许可证"、从业人员"健康证";检查卫生设施、客房、娱乐场所等安全是否达标。龙泉驿区针对"农家乐"水污染较为严重的实际情况,区环保局提出了"两池一证"的整治目标,要求景区"农家乐"必须修建化粪池、隔油池等污水处理设施,禁止随意排放,同时经验收合格后取得《排污许可证》。抽样调查发现,成都"农家乐"的卫生许可证办证率61%,从业人员体检率69%,平均餐具监测合格率59%。投资金额、卫生知识培训、是否办理卫生许可证、餐具消毒方法、卫生管理制度均与餐具卫生质量有关,有关部门的建议:①加强对投资金额及规模小的"农家乐"的监督指导;②加强对从业人员的卫生知识培训;③引导"农家乐"专人负责餐具消毒,使用"双消法"(毛丹梅等,2003)。

（4）推进规模、打造品牌。为了推进规模、塑造形象,实施整体打造、局部统一规划的策略,通过政府补助一点、业主出一点与有关部门免收一点的方法解决了"农家乐"房屋统一建筑风格、统一改造问题。

经过20多年的发展,成都的"农家乐"已经有相当大的规模。根据"农家乐"经营的组织形式,成都"农家乐"又可具体分为以下几种模式:

2. 以三圣乡为代表的企业参与模式

三圣乡以筹备首届花博会为契机,按照"市场带动、基地生产、企业经营、政府服务"的模式,"农户出资40%、政府补贴

60%"的原则,对红砂村农宅进行环境综合整治。改造农宅203户,面积达2.5万平方米。平顶改成坡顶,盖上小青瓦,涂抹粉白墙体,对农宅三墙两边作仿川西民居装饰,勾画木梁线条,或添加女儿墙、飘檐等,每户院落设计都不尽相同;而新建的3.9万平方米房屋也沿用川西民居设计方案。同时还将污水管网对接到每户民居,增设了卫生设施,人居环境明显改善。吸引民间资金投入达3000多万元,有效地保护和恢复了观光区生态自然环境。尝到重金投入的好处,2004年三圣乡又借成都市锦江区打造幸福默林的契机,投入2700万元对幸福村进行重点改造和包装。2005年初,首届幸福默林节游客爆棚。

此类"农家乐"以规模化的花卉培植基地为基础,由政府主导规划建设,融花卉销售、生产、科研、信息和观光旅游为一体,其主要特点是规模大、生产性强、投资风险小、综合效益高。

采用"政府引导、部门联动;社会参与、市场带动;基地生产、企业经营"的多方参与模式,成都三圣乡的"农家乐"发展如火如荼。但在旅游功能方面,还应加强可参与性的、丰富多样的娱乐项目和旅游购物、住宿等相关配套设施建设。同时,企业的过多参与势必影响到农民收入的进一步提高,这种状况有待改善。

3. 以枇杷沟为代表的农民自主开发模式

枇杷沟位于成都二环近郊龙泉驿区,这是由当地政府积极引导、当地农民自主开发的一种农业生态旅游模式。此类"农家乐"呈现出以下特点:①交通便捷,从龙泉驿区公交车总站有多趟公交线路直达该村,大概只需20分钟;②生态环境好,旅游产品丰富。当地农民充分利用现有土地资源,栽种枇杷、橘子等,一般3~5月为旅游旺季。但季节性较强,冬季客人很少;③服务热情,收费便宜。农户既是老板,又是服务员,还是果林技术员、讲解员、陪练员,他们为游客提供热情、周到的服务,游客吃喝玩乐休闲一天的消费仅 20~30 元。④政府引导,管理灵活。农家乐由当地政府引导,依照成都市农家乐旅游服务质量等级划分及其评定标准评星定级,并有统一的旅游开发公司进行品牌营销,实行市场化运作。

位于龙泉驿区的"万亩观光果园"也大致采用这种发展模式。但不同的是,枇杷沟的果树主要是农户为了吸引游客而免费提供给客人采摘和食用的;而万亩观光果园农家乐的主要收入来源于水果销售,客人采摘则要支付高于市场价格的费用。此类"农家乐"虽不能与风景旅游区相提并论,但因其独特的田园风光和农家情趣,而受到了城市居民的青睐,成为成都市民的休闲新潮流,尤其是成为中低收入居民周末休闲度假的主要方式。这种经营模式还形成了群体规模优势,便于统一组织,谋求共同发展。不足之处主要是经营项目雷同,经营内容几乎千篇一律;经营管理不规范,生态环境压力大;区内各乡(镇)的道路交通、用水设备等基础设施还严重滞后,有待完善。

4. 以农科村为代表的村委会统一管理模式

郫县友爱镇农科村位于"国家生态示范区"内,是成都花卉、盆景、苗木生产基地。成都"农家乐"发端于此,它荟萃了川西平原农家休闲旅游的主要特色。当地农户的收入主要来自两个方面,一是出售自家种植的花卉、盆景、苗木等;二是依托自家的园艺美景经营"农家乐"项目。经营机制灵活,有游客时可商,无游客时可农,从事旅游服务和务工务农两不误,不但利用了闲散劳力,而且农副产品可就地消费,增加农民收入、吸引农民加入。

郫县优越的人文地理环境,也为"农家乐"带来了客源。郫县为古蜀故都,是西汉大文学家扬雄的故里,境内历史遗迹丰富,仍保留着富于川西传统特色的老街、老巷、老店以及民风民俗。该县是"中国盆景之乡",具有悠久的花木种植传统。交通便利,是前往世界自然和文化遗产都江堰、九寨沟、黄龙和卧龙自然保护区的黄金旅游通道。

该村的"农家乐"由政府统一规划,比如在建筑风格、标识设计、停车场建设、经营特色等方面都有政府统一进行引导,而村委会统一管理。成立了农科村游客咨询中心,为游客提供咨询服务。

表2-5 成都"农家乐"经营模式对比

模式 项目	企业参与模式 (三圣乡为代表)	农民自主开发模式 (枇杷沟为代表)	村委会统一管理模式 (农科村为代表)
距市区距离	近郊	中郊	远郊
依托资源	花卉、人造景观	枇杷树、橘子树	盆景、苗木
优势	区政府重金投资、交通便捷、基础设施好	丰富的土地资源、上规模的果园	"中国盆景之乡"的美誉、"农家乐"的发源地
不利因素	离市区近,住宿者少	季节性强	无直达公交车
经营模式	政府统一规划、企业开发、管理	自主经营、政府引导	政府统一规划,农户自主开发,村委会统一管理
主要收入来源	娱乐、餐饮	娱乐、餐饮、住宿	园艺销售、娱乐、餐饮、住宿
消费档次	较高	低	中等

[案例]

成都三圣乡"五朵金花"

成都市锦江区的农家乐"五朵金花",以优美的田园风光、和谐的生态环境,每年吸引数百万人前来休闲度假,还引发了一场"全国人民考察运动"。

第一朵金花"幸福梅林"位于景区北部,过去因土地富含酸性,不宜种粮,农民们只能靠种植蔬菜和梅花为生。名字叫幸福村,可人均年收入也只就二三千元,比起其他郊区,过得并不幸福。

2004年,在锦江区统筹规划中,幸福村利用传统梅花种植优势,将梅花种植与"梅文化"有机结合起来,打造了以"梅文化"为主题定位的幸福梅林。期间,对各家各户梅花进行调整,适当集中,又引进珍稀品种,建起"岁寒三友""梅花三弄"等精品梅园,兴建了别具特色的"梅花博物馆"。当年12月,市里在此举办了"中国成都首届梅花文化节"。

图2-6 幸福梅林

第二朵金花:江家菜地瓜果青。江家菜地全部种菜,但不是农民自己种,而是把土地租给城里人,让他们来种,以认种的方式,把传统种植业变为体验式休闲产业,实现城乡互动。

图 2-7 江家菜地瓜果青

第三朵金花:东篱菊园秋无边。菊园地处"五朵金花"中心地带,景区内地形以浅丘台地为主,农户主要从事花卉种植。在政府的引导下,这个村的大田全部种上菊花,以菊造景,形成了"环境·人文·菊韵·花海"的交融。同时,突出菊花的多种类和菊园的休闲规模化。现全村拥有菊花种植面积 60 余公顷,形成了四季菊园景观,改变了菊花只展在公园的局限。

图 2-8 东篱菊园秋无边

第四朵金花:荷塘月色画意浓。"荷塘月色"地处万福村,当地村民以种植莲藕和花卉为主,通过政府引导和规划,集中打造并已形成近100公顷的荷花种植面积。景造好后,政府修了画家村,吸引全国各地的知名画家前来落户。画家村建有30多栋别墅,每套30余万元,画家可以买到20年的使用权。更为重要的是,这些画家每年要教会12个农民画画。目前,画家村已进驻23名画家,村里的很多农民会画画,吸引了很多人甚至国际友人的眼球,慕名而来的外国人甚至将价钱出到20美元一幅画。就这样,农家乐一步步变成了充满诗情画意的乡村旅游。

图2-9　荷塘月色画意浓

图2-10　花香农居春满园

第五朵金花:花乡农居春满园。"花乡农居"即红砂村,是"三圣花乡"景区最先打造乡村旅游项目的地方,目前已成为西南地区著名的花卉生产集散地,同时还是成都近郊最著名的休闲度假胜地之一,先后被评为国家AAAA级风景旅游区、全国首批农业旅游示范点。

三圣乡乡村旅游铸造了"五朵金花"模式:"幸福梅林""江家菜地""东篱菊园""荷塘月色""花乡农居"。其以规模化的花卉培植基地为基础,由政府主导规划建设,融花卉销售、生产、科研、信息和观光旅游为一体,其主要特点是规模大、生产性强、投资风险小、综合效益高。

★建设方式:

①农房改造景观化。由"农户出资、政府补贴",按照"宜散则散、宜聚则聚"的原则,对城市通风口的农房实施就地改造。

②基础设施城市化。按照整体规划,以城市道路、污水处理、天然气等生活设施标准,完善乡村基础建设。

③配套设施现代化。实现户户通光纤,村村有卫生服务中心。

④景观打造生态化。打造湿地,新建绿地,建成微水治旱工程及传承文化的人文自然景观。

⑤土地经营规模化。

★发展方式:

①以文化提升产业。挖掘幸福梅林有关梅花的传统文化,赋予荷塘月色音乐、绘画艺术内涵,再现江家菜地的农耕文化,展现东篱菊园"环境+人文+菊韵+花海"的菊花韵味,变单一的农业生产为吸引市民体验、休闲的文化活动。

②以旅游致富农民。鼓励支持观光道路两侧的农户,依托改造后的农房,采取自主经营、与别人联营、出租给有实力的公司等方式,发展乡村旅游,推出赏花、休闲、体验等多种形式的旅游项目。

③以产业支撑农业。对花卉龙头企业在资金、技术和政策上扶植,开发出梅花系列旅游产品,形成了产业规模。

④以品牌塑造形象。

★政府主导:政府通过免收管理费和税费、对农户进行培训以及实行"三证"管理和实行统一收费标准等方式给予扶持,同时采取星级管理、卫生环保整顿和推进规模、打造品牌一系列措施推进了成都农家乐健康有序地发展。

★各方参与模式:政府主导、部门联动;社会参与、市场带动;基地生产、企业经营。

★出资方式:"农户出资40%、政府补贴60%"的原则。

★村民获益方式:"四金"——租金、薪金、股金、养老金或低保金,实现了农民收入多元化。但此类"农家乐"在旅游功能方面,还应加强可参与性的、丰富多样的娱乐项目和旅游购物、住宿等相关配套设施建设。同时,外来户过多势必影响到农民收入的进一步提高,这种状况有待改善。

成都"农家乐"是都市依托型乡村旅游的代表,与北京郊区具有相似性,其主要特点是依托城市大市场,发展周末休闲度假旅游。"五朵金花"模式通过塑造差异化的产品,避免了乡村旅游的低水平重复建设和同质化竞争,实现了乡村旅游产业升级。

资料来源:山合水易机构 http://www.shsee.com/zazhi/one/3968.html

二、贵州

贵州省具有丰富的人文地理资源,被称为"天然公园省"和"文化千岛",省域内生活着17个、1400多万人口的世居少数民族。各族人民以无穷的智慧,创造了本民族的历史和灿烂的文化。特定的地理环境和历史条件,形成了各民族各自不同的乡土风俗,节日庆典和文艺活动方式、民间工艺,编织成了一幅幅色彩斑斓的贵州高原风情画,成为独具特色不可替代的宝贵旅游资源。但是,贵州又是我国最贫困的省区之一。针对实际情况,1991年,贵州在全国率先提出了"以旅游促进对外开放和脱贫致富"的指导思想,乡村旅游成为脱贫致富的重要手段。"十一五"期间,全省共推出乡村旅游自然村寨3000多个,培育经营实体6万余户,42万农村贫困人口依托乡村旅游实现脱贫致富,逐步走出了一条符合贵州实际的乡村旅游发展道路。"十二五"期间,贵州省以红色旅游为主的遵义、以民族风情为主的黔南、黔东南、黔西南州及以生态休闲为主题的地区开展乡村旅游扶贫,让更多的山区群众享受到乡村旅游带来的实惠。

(一)发展概况

贵州省开展的民族乡村旅游,主要是依托特色村寨及其群落开发的乡村深度体验型产品。这种旅游产品文化特性非常突出,前期主要吸引的是一批文化探秘的境外游客和研究学者,但随着国际乡村旅游市场的发展,国内旅游者"返璞归真,回归自然"需求的增加,这种结合了传统的文化旅游活动与村寨田园风光的乡村旅游产品表现出特有的发展潜力。这种模式属于景区依托型,主要依托民族村寨或其他大型旅游景点来开展的乡村旅游方式。

(二)发展模式

1. 西江千户苗寨模式:在文化保护与传承中受益

西江千户苗寨是中国历史文化名镇、中国民间艺术之乡、省级风景名胜区,依托其丰富的苗族文化,利用2008年10月26日贵州第三届旅游产业发展大会在西江举办的契机,基础设施得到了完善,知名度大幅提高,游客数量也获得了较大的增长。

（1）投融资模式。与贵州其他乡村旅游发展中资金比较缺乏的状况不同，西江在投融资方面广开渠道，通过向农业发展银行、国家开发银行贷款及整合各部门专项资金，如省水利专项资金，并积极鼓励外来投资，提供小额贷款等，使其基础设施、接待设施方面都取得了长足的进步。

（2）各方参与模式。逐步形成了"景区管理局＋景区公司＋农户＋外来投资＋旅行社"的西江模式，景区管理局在整个模式中处于主导地位，主要负责管理，对道路进行改造、河堤景观改造、房屋包装等；景区公司则主要经营电瓶车、歌舞表演；农户则根据自身资源情况，以经营餐饮、住宿，销售手工艺品、出租店面等形式参与旅游业；外来投资则对农家院住宿档次不高的状况进行了很好的补充，经营级别相对较高的宾馆；旅行社负责景区的宣传、促销，组织客源。

（3）文化保护与传承者的受益。西江景区从2009年4月开始收取门票，将70%的门票收入用于实施《文化保护评级办法》，从房屋年代、面积，屋主个人文明程度，服装、粮仓等富于民族特色的文物的保护情况等方面，进行评定和奖励，以平衡村民的受益情况。此种收益分配方式，改变了不直接参与旅游业的村民只承受旅游带来的影响，而无法从中受益的局面，提高了居民保护有形和无形文化的积极性，使旅游获得了可持续的发展动力。

西江属于景区依托型乡村旅游的代表，依托其深厚的苗族村寨文化，大力开展乡村旅游，其在文化保护和传承方面进行了有益探索，走出了一条乡村旅游与文化保护相辅相成的道路。

2. 巴拉河模式：人人参与，家家受益

在经营主体上可以将"巴拉河模式"概括为"社区农民组织＋农户"。在贵州乡村旅游的发源地——雷山县郎德上寨，自20世纪80年代中期开始发展乡村旅游以来，最主要的旅游项目——苗族歌舞表演由村寨集体举办，所有村民均可参与旅游接待并按贡献大小计工分进行分配。村旅游管理小组由全体村民选举产生，负责旅游接待的组织管理。管理和分配制度也是在乡村旅游发展过程中经过村民反复讨论逐步制定和完善的。尽管"郎德工分制"运行至今，受到形式单一、效率低下的批评，但"人人有权参与，户户能够受益"的观念在巴拉河沿线陆续崛起的南花、季刀等乡村旅游村寨中得到认同和体现。

在距离郎德仅几千米的凯里市三棵树镇季刀上寨，村民自发组建的老年协会承担了乡村旅游的组织和管理事务，形成了"协会＋农户"模式。按"人人有责，各尽其才"的原则，协会下设情歌组、刺绣组、古歌组、绿化组、治安卫生组等功能小组，动员全体村民参与村寨建设管理、旅游接待和文化传承。"协会＋农户"模式的成功运作，为村民深入参与村寨建设与发展提供了广阔平台，功能小组的设置更是极大调动了村民献智出力的积极性。协会秘书长潘年春还组织村里的"知识分子"，将季刀世代传承的古歌歌词收集整理，印刷成册，形成了鲜明的品牌形象。

表2-6 巴拉河乡村旅游目的地分工

村寨	特点	分工定位
怀恩堡	明末清初的古驿道，处于巴拉河乡村旅游区的入口	为巴拉河区域提供旅游综合服务
南花	苗族歌舞	苗族歌舞展示
季刀	古朴的村寨建筑和历史文化	看百年粮仓、听百年古歌、踏百年步道
郎德	苗族歌舞和古建筑群	酒礼 参观苗族传统古建筑 苗族歌舞表演展示

续表

村寨	特点	分工定位
南猛	芦笙艺术之乡	芦笙表演 脚猛—南猛—朗德以徒步为主的旅游线路节点服务
脚猛	苗族铜鼓舞 特色农业 三斗(斗牛、斗鸡、斗鸟)	苗族铜鼓舞 猫猫河—脚猛—南猛—朗德以徒步为主的旅游线路节点服务
猫猫河	全国卫生文明村寨、处于巴拉河乡村旅游区的人口（由雷山方向进入的门户）	苗族刺绣展示 乡村休闲度假 旅游综合配套服务

三、浙江

(一)发展概况

浙江省是我国乡村旅游最发达的省份之一，已形成较为成熟的乡村旅游发展模式。近年来浙江乡村旅游业保持着快速发展的势头，成功带动了社会主义新农村建设，实现了农村在经济、社会、文化、生态等方面的全面发展。目前浙江省乡村旅游共存在四种类型：一是大城市近郊的"农家乐"；二是高科技农业观光园；三是农业新村；四是古村落的保护性开发而形成的新的旅游景观。从数量上看，目前浙江乡村旅游已初具规模，分别形成了围绕杭州、宁波与温州的三个环城游憩圈和环杭州湾运河—水乡—古镇乡村旅游带、浙东沿海海岛—沙滩—渔情乡村旅游带、西南山区秀山—民俗—丽水乡村旅游带三个乡村旅游带，以及杭州乡村休闲区、浙北运河古镇旅游区、绍兴古越文化旅游区、宁波东钱湖—河姆渡乡村旅游区、台州神仙居—天台山乡村旅游区、温州雁荡山—楠溪江乡村旅游区、丽水绿谷乡村旅游区、衢州宗孔庙—石窟文化旅游区、金华商贸文化旅游区、滨海乡村旅游区(包括舟山、台州、温州)等10个乡村旅游区。以"三带十区"为基本架构,各地乡村旅游点星罗棋布,形成了"三圈、三带、十区、多点"的旅游发展新格局。

(二)发展模式

浙江各地区的乡村旅游在长期的发展实践中总结出了众多行之有效的成功经验,其中以遂昌、安吉和德清三个县的发展模式最为典型。它们分别从构建乡村旅游大产业格局、高起点发展精品乡村旅游、创新乡村旅游发展机制三方面突破,实现了乡村旅游业的跨越式发展。

1. 遂昌模式:整合优势资源构建大产业格局

遂昌县是"九山半水半分田"的典型山区县,全县旅游资源单体数量达到

321处,是自然旅游资源和人文旅游资源兼备的地区。遂昌国家森林公园、遂昌金矿国家矿山公园、神龙飞瀑、汤显祖故居、遂昌昆曲等旅游品牌享誉海内外,具有发展乡村旅游的优势条件。近年来,遂昌县实施"经营山水、统筹城乡,全面建设长三角休闲旅游名城"的发展战略,把乡村旅游作为旅游业发展的突破口和重要组成部分,以休闲旅游业引领一、二、三产业统筹协调发展,开创了山区经济发展的新模式。遂昌乡村旅游多年发展成绩斐然。2011年,全县接待游客564.03万人次,旅游综合收入23.58亿元,增幅均在40%以上。遂昌县乡村旅游发展模式的主要特点表现为构建大产业格局,形成全社会参与的乡村旅游发展机制。作为全国首批旅游标准化示范县,遂昌尤其重视乡村旅游的标准化建设。光制订、修订的标准总数就有

近百项,新订标准 26 项,其中类似"微笑遂昌"服务标准、温泉旅游服务规范、乡村旅游服务规范等都为行业首倡。

(1)高层直管强化组织领导。遂昌县县委书记亲自抓乡村旅游,把全面建设"长三角休闲旅游名城"作为遂昌发展的总体战略目标,坚持以建设优秀旅游城市的理念来推进新型工业化、新型城镇化,带动新农村建设和休闲旅游产业发展。全县相继成立了农家乐休闲领导工作小组、农家乐服务指导团、农家乐协会等,加强了对乡村旅游发展的组织领导。

(2)大文化丰富乡村旅游内涵。遂昌县利用历史文化悠久、人文底蕴深厚的优势,积极向乡村旅游产品注入文化内涵,推动乡村旅游的品质提升和产品升级,增强了乡村旅游的综合效益。以乡村旅游为突破口,联动开发生态旅游、工业旅游、文化旅游等产品,实现了大旅游产业的综合发展。

(3)产业融合构建大产业体系。积极推动乡村旅游与工业、农业等相关产业的相互交叉、相互渗透和融合发展。充分发挥了旅游业在统筹经济发展过程中的核心作用,构建了相互交融、相互促进的大产业发展格局。以农业为例,2009 年全县原生态农产品产值在乡村旅游的带动下达到 1800 多万元,实现了农业与旅游业的共同发展。

(4)全民动员形成大发展格局。形成了"全民参与、惠及全民"的旅游经济发展核心理念,鼓励群众参与乡村休闲旅游开发,形成了全社会关注和参与旅游发展的良好氛围。政府各部门积极支持旅游部门发展乡村旅游,各乡镇把乡村旅游发展纳入经济社会发展规划,乡村旅游发展的大部门和大区域格局初步形成。

(5)公共服务优化大发展环境。政府在全县乡村旅游的发展过程中积极提供优质公共服务,以设立农家乐发展专项基金、编制全县农家乐休闲旅游发展规划、制定乡村旅游规范管理办法、成立乡村旅游自律和服务组织、组织营销宣传、提供指导培训服务等方式,为全县乡村旅游的发展构建了良好的外部环境。

2. 安吉模式:高起点打造高端乡村旅游产品

安吉县是我国著名的竹乡,具有"中国美丽乡村""中国大竹海"两大旅游品牌,生态旅游资源丰富。安吉是浙江省最早发展乡村旅游的县之一,近年来安吉县以乡村旅游发展为突破口,以"中国美丽乡村"建设为抓手,不断放大乡村旅游的特色优势,拓展乡村旅游的观光、休闲、娱乐、养生等综合功能,推动生态旅游、休闲农业和乡村旅游的有机结合,最终实现乡村旅游的跨越式发展。安吉县乡村旅游发展模式的主要特点表现为高起点精品战略。

图 2-11　浙江安吉

（1）高起点规划引领。安吉县乡村旅游发展突出"生态立县"战略,定位于长三角休闲经济先行区,以"中国美丽乡村"建设为抓手,将全县作为一个景区来布局,将乡镇村作为一个景点来打造,把农户作为一个小品来设计,高标准编制了《安吉县旅游发展总体规划》《安吉县休闲经济五年发展规划》《安吉县打造休闲经济先行区行动计划》等规划,发挥了产业规划在乡村旅游发展过程中的引领作用。

（2）高品质项目建设。安吉县在乡村旅游发展过程中重视建设"大、好、高"的旅游项目,全县建成了16个休闲观光景点,建设了除四川之外的唯一县级大熊猫馆,华东地区首个高山滑雪场和一批高级休闲会所,高端项目的建设改变了传统乡村旅游"散、乱、差"的局面,为安吉县的乡村旅游实现转型升级、对接高端市场创造了条件。

（3）高标准质量提升。积极建立乡村旅游服务质量管理机制,开展乡村旅游创建活动,启动休闲经济村建设,实施省级农家乐示范村提升工程。

（4）高端产业转型升级。推动乡村旅游从观光型向休闲复合型转型升级,鼓励创意产业、商务会议、高档度假等休闲旅游项目发展,对于现有山水观光旅游项目实行景区整合和产业提升,推动了乡村旅游的转型发展。

（5）高端市场营销推广。采取多种方式,依托主流媒体,面向高端市场,全方位推介全县的乡村旅游业。与中央电视台《非常6+1》、浙江卫视《我爱记歌词》等著名栏目合作,派送了3000万元的"中国美丽乡村"共享券,在主流高端市场打响了安吉乡村旅游的品牌影响力。

3. 德清模式:新思路构建乡村旅游发展新机制

德清县山清水秀、生态优美,森林覆盖率近50%,是国家级生态示范区,全县有莫干山、下渚湖、水乡平原等著名旅游景区,距离杭州仅半小时车程,发展乡村旅游有得天独厚的资源和市场条件。

(1) 整合资源形成新动力。把发展乡村旅游作为促进社会主义新农村建设的一个重要举措来抓,将省市县的乡村旅游发展政策与各项支农政策相结合,为乡村旅游的发展提供资源保障和动力源泉。如以生态县建设支撑乡村旅游发展的生态环境,以"中国和美家园建设"支撑乡村旅游基础设施配套。以高效生态农业建设为乡村旅游提供绿色农产品等。

(2) 统筹规划促进新发展。将乡村旅游规划与县域总体规划、旅游发展规划、生态保护规划、村庄建设规划等相关规划紧密结合,统筹乡村旅游业与特色种养、农产品加工等相关产业的发展融合,按照"一乡一业""一村一品""一户一特"的原则规划发展了一批新的农家乐休闲旅游特色乡村,构筑起了乡村旅游发展的新平台。

(3) 创新经营探索新体制。积极创新乡村旅游经营管理模式,推进乡村旅游多元化的经营体制和经营方式改革,探索出了"政府引导、企业出资""公司+农户""协会+农户"、个体户等多种乡村旅游经营管理模式,在全国率先推出了外国企业经营的"洋家乐",实现了乡村旅游从原始经营向品牌经营转变,从遍地开花向规模经营转变,从单一服务向多元服务转变,从农户投资向企业运作转变,保障了乡村旅游长远的生机和活力。

(4) 规范管理提供新服务。对乡村旅游的接待设施、安全管理、环境保护、服务质量、特色项目等多个方面进行了综合规范化管理和标准化建设,提高乡村旅游从业人员的素质和技能,培养村民的文化素养和文明素质,增强村民的文明意识和开放意识,为乡村旅游的发展营造了文明、和谐、有序的环境。

(5)营销推广对接新媒体。德清县把乡村旅游推介列为全县对外宣传促销的重要内容,充分利用报纸、电视、广播、短信、互联网、微博等新媒体平台,举办形式多样的节庆活动和推介会,整体包装营销全县乡村旅游。

第四节 国内外乡村旅游行业管理模式对比

一、国内外乡村旅游发展模式比较

(一)依据协调机制划分

从各国乡村旅游成长的协调机制划分。主要有政府推动型、市场驱动型和混合成长型三种类型。

1. 政府推动型

这种乡村旅游发展模式是在政府规划指导下,采取各种措施,给予乡村旅游开发积极的引导和支持,即把乡村旅游作为政治任务或公益事业来发展,把社会效益,比如新农村建设、扶贫、增加就业等放在经济效益之上。较多采取这种发展模式的国家有爱尔兰和葡萄牙等国。在我国部分地区如贵州等,发展乡村旅游被视为脱贫致富的主要途径和首要目标,也属这种模式。

2. 市场驱动型

这种模式意味着政府很少干预产业的成长和发展,主要由市场自动调节乡村旅游经济的成长和变动趋式。如美国佐治亚州乡村旅游的兴起,主要是在农业经济效益下滑、农民净收入5年内下降了12个百分点的背景下,许多农场主积极寻求改善经营模式的途径,后来在地方农业推广服务中心(Cooperative Extension Service)的推动下成立了自己的合作组织,进行联合促销和推广佐治亚州的乡村旅游目地形象。

3. 混合成长型

即把政府的干预机制与市场经济结合起来发展乡村旅游的模式。在法国,20世纪50年代政府就开始支持一些农村的废弃房屋改造工程。这些改造的农舍主要提供给旅游者,成为农民发展乡村旅游增收的重要来源。而法国农会则专门成立了名为"欢迎莅临农场"的组织网络,大力促销法国的农业旅游。

(二)依据旅游动机划分

根据乡村旅游开发项目、游客的旅游动机来划分,将国外乡村旅游划分为两种主要的模式:休闲观光型和务农参与型。

1. 休闲观光型

乡村旅游项目主要以欣赏田园风光、放松身心为主,也参与一定的农事活动。观光农园在城市近郊或风景区附近开辟特色果园、菜园、茶园、花圃等,让游客入内摘果、拔菜、赏花、采茶,除此之外,还可以品尝地方美食、骑马、垂钓、绘画等,享受田园乐趣。这是国外休闲农业最普遍的一种形式,以韩国、爱尔兰、新西兰等国为代表。

2. 务农参与型

这是一种以参与各种农事活动为主的乡村旅游形式,乡村旅游项目以各种农事活动为主。以美国、日本为代表。美国农场、牧场旅游属于务农型。如西部的牧场务农旅游(farming tourism),旅游者放牧可以拿到跟牛仔一样的工资,以资助旅游费用。这不仅解决了农场劳动力缺乏的问题,而且可以就近推销产品。日本的务农旅游最有代表性,每年要举行两次,即以春天的播种和秋天收割为主,组织旅游者和农民一起到田间干活,体验乡村生活。

二、国内外乡村旅游发展重点比较

(一) 乡村旅游的侧重点不同

由于西方发达国家工业化进程经过了多年的资本积累,城市化进程迅速,其乡村的发展也远远快于、优于中国乡村。发达国家的乡村基础设施都明显优于中国乡村,其通信、水电、卫生和城市已经差别不大,差异只是乡村那特有的宁静和闲适的生活方式。城镇居民之所以愿意参与乡村旅游,主要原因也是体验乡村生活的宁静、安逸,体验一种不同于城市的生活方式,休闲的目的占很大比重,所以也更在意乡村的环境体验。在中国,乡村一日游的比例占到了游客比例的67.5%,而在美国乡村旅游者的一日游的比例仅为9%。在很大的程度上,中国城市居民参与乡村旅游还只是停在观光的层面上。其次,中国的乡村相对于城市的发展则是落后很多,其基础设施都很不到位,有的乡村连路都不通,还是在发展旅游以后才修路发展基础设施,卫生条件更是难以得到保证,中国城镇居民参与乡村旅游的目的很大一部分是体验异地文化,感受纯正乡土气息和乡土文化。

(二) 旅游产品不同

发达国家的旅游产品更多偏向体验型。发达国家乡村旅游的产品涉及的种类多,基本的吃住之外,产品涉及户内、户外、观光型以及体验型,而且更多的是体验型的旅游产品。另一方面,乡村旅游产品结合了城市居民的需求,除了有根据游客口味定制的"住宿+早餐",更强调参加农业劳动为主要产品形式,在美国,西部的乡村旅游产品中,帮助放马牧牛的可以适当得到一定的物质奖励,在日本,想参加农业生产劳动还得缴纳一定的费用。中国乡村旅游中的"农家乐"的消费模式主要是"住农家屋,吃农家饭,享农家乐"。户外的活动相对较少,除了采摘项目旅游者参与比较多外,其他活动旅游者参与程度均不高。即使是户外的活动也停留在初级的层面上,只是满足城市居民对于农村生活的好奇,还没有满足旅游者较高的休闲的需求。而其他类型的乡村旅游如旅游目的地型更是以观光为主,其旅游产品也就是以歌舞表演、物品展示等来吸引游客,旅游产品的形式不多,没有充分考虑到游客的休闲层次需求。

(三)政府的政策扶持重点不同

发达国家的很多乡村,其基础设施都比较齐全,政府除了减免乡村旅游的部分税收外,更重要的是对乡村旅游的整个行业的规范。在意大利等国家,政府对国家的乡村旅游资源作整体的统一评价,以避免同质化竞争带来的浪费,可以说政府在发展乡村旅游的战略眼光比较长远。此外政府在扶持乡村旅游的政策中很注意对环境保护的监管,以期待更加长远的利益。我国乡村基础设施比较落后,政府在发展乡村旅游的时候首先考虑的就是其基础设施的建设,很大一部分资金都是投入到了基础设施建设中。政府在扶持乡村旅游中也有很大程度的减免税收,但扶持的侧重点主要是偏向硬件的建设,注重政府"推力"的作用,较少考虑建立合理的制度去实现社区居民和政府以及游客的"多赢"。

三、境外乡村旅游经验的启示

(一)政府充分发挥其主导作用,为乡村旅游规模化经营创造平台

目前全国各地都在花大力气发展乡村旅游,争夺客源的竞争空前激烈。而仅靠一家一户的小打小闹,靠口碑宣传和散发传单是难以持续发展乡村旅游的,必须依靠政府的主导,集中乡村资源和各方力量形成乡村旅游的规模效应。从理论上分析,

乡村旅游是农村绿色产业,对农民增收和农村社会经济发展具有重要意义。乡村旅游基础设施和配套的公共服务设施具有农村公共产品性质和正的外部效应,因而政府应该在发展乡村旅游的过程中体现更多的主导作用,如乡村公共基础设施的建设和旅游服务设施规划等,也需要政府创造良好的政策环境和公平的竞争环境,通过政策导向,制定相关的法律条文,如将农村旅游发展规划纳入区域经济发展的总体规划之中,对开展乡村旅游的农户和企业进行低息贷款,对农户进行旅游服务培训,提供相关信息服务和制定乡村旅游管理办法等,对乡村旅游行业进行扶持和规范,发挥乡村旅游在缩小城乡差距、建设新农村和构筑社会主义和谐社会方面的独特作用。

(二)旅游行业组织监管

乡村旅游行业组织,系增进乡村旅游农户企业的共同利益和维护合法权益而依法组织起来的非营利性、自律性行业管理组织。其基本职能是服务、自律、维权、协调。乡村旅游行业组织通过服务、维权和协调,为农户的乡村旅游经营形成良好的内外部环境,并通过自律,避免不正当的竞争,提升行业整体管理水平,促使经营管理理念和管理水平的提高,不断提升乡村旅游行业整体产品水平。

(三)建立与维护市场秩序

随着市场垄断状态的形成,政府也需要制定如何限制企业利用垄断地位进行不公平竞争的政策。同时政府还应该制定乡村旅游企业的准入政策、乡村旅游产业的组织政策、服务质量的竞争政策、服务创新的激励政策等。政府通过相关政策的制定,实现对企业行为的引导,完成对乡村旅游产业组织的重建。

第三章
乡村旅游发展规划

第一节　休闲农业园规划
第二节　古村落旅游规划
第三节　乡村旅游带与沟域经济整合
第四节　乡村旅游体验设计
第五节　发展乡村旅游推进"美丽乡村"建设

第一节 休闲农业园规划

一、休闲农业园发展概况

2014年新年伊始,中央"一号文件"发布以来,农业迎来发展的大机遇。各路资本纷纷涉足农业领域,投资农业经营项目,为农村经济发展缓解了资金、技术等方面的难题。但让资本安心留在农村,持续为农村经济建设发光发热,还需不断探索适合工商资本投资的领域,既改善农村面貌,也为农民增收提供长期支持。休闲农业园发展涉及一、二、三产业,既有提高农民收入的潜力,也能够为保护乡村生态、文化建设提供便利。

休闲农业园区是由最初的农田发展到统一规划的集观光、休闲、娱乐、教育于一身的有组织的园区发展的高级形态。休闲农业园区将生态、休闲、科普有机地结合在一起,同时,生态型、科普型、休闲型的观光休闲农业园区的出现和存在,改变了传统农业仅专注于土地本身的大耕作农业的单一经营思想,客观上促进了旅游业和服务业的开发,有效地促进了城乡经济的快速发展。

目前一些大中城市如北京、上海、广州、深圳、武汉、珠海、南京等地已相继开展了观光休闲活动,并取得了一定效益,展示了农业观光的强大生命力。如北京的锦绣大地、上海孙桥现代农业开发区、无锡马山观光农业园、扬州高冥寺观光农业园等,以及山东的枣庄万亩石榴园、平度大泽山葡萄基地、栖霞苹果基地、莱阳梨基地等都取得了很好的经济效益,尤其是我国台湾地区的发展居世界领先地位。

二、休闲农业园的特征和类型

(一)休闲农业园的特征

休闲农业作为农业的一种形式,同时又具备了旅游业的性质,因此具有以下特性。

1. 生态性

农业以动植物为载体,因此生态性是休闲农业园的基本特性。休闲农业园的建立应该做到环保生态,利用好天然的生态环境,吸引游客。

2. 季节性

由于农作物生长的特性以及户外活动的季节局限性,休闲农业园的经营与游览也有着明显的季节性和周期性,从而导致农业观光游览随季节的变化旅游内容也有所不同,这样就使游客在不同的时段能够参与不同的游览活动。

3. 生产性

休闲农业本身就是农业的一种形式,是依赖特色农业开展的旅游项目。由于农业本身就是生产性活动,休闲农业自然也有生产的特性。它可以为人们提供生态绿色产品,满足人们健康饮食的需要。

4. 观赏性

具有观赏性是开展休闲农业的基本条件,人们也喜爱到景色优美的农业园去游览。休闲农业提供观赏的事物包括农作物、果树的花和果实、草场、饲养的动物等。人们通过观赏这些景观,对美丽亲切的田园风光产生浓厚的兴趣。

5. 娱乐性

休闲农业就是市民为了满足对田园生活的渴望,缓解生活工作中的劳累的背景下产生的。因此,休闲农业的娱乐性是休闲农业发展的必然特性。休闲农业园会根据自己的特点安排比较有特色的娱乐活动吸引游客,比如在河里抓泥鳅、剪羊毛、举行各种表演或活动等。

6. 参与性

参与性是休闲农业的最大特点,让游人参与农事活动,让其在农事实践活动中,了解农业生产的各种技术环节、体验农事活动中的乐趣。

7. 文化性

文化是休闲农业园的灵魂。一般休闲农业都有自己的主体农业,文化都是围绕这些内容展开的。例如,相关农业的历史、种植方法与过程、产品的加工利用等一系列的内容,都有相应的文化内涵。游客通过在休闲农业园的游玩,可以学习到相关的文化知识。

8. 市场性

休闲农业的驱动力就是经济因素,市场的需要推动着这个产业的发展。那么休闲农业也必须顺应市场的需要,推出有竞争力的产品,才能赢得游客的心。休闲农业的主要顾客是城市中高收入阶层,应该根据这些人的游览特点,推出恰当的项目。

9. 高效性

休闲农业作为农业的一种转型,本身就是为了提高农业的生产价值、提高农民的收入,还可以通过开发农业旅游来创造效益。首先,可以兼顾科研和教学,如新品种的培育、试验田、育种,以及农业等相关专业的学生实习、培训、参观等;其次,可以从事农业生产、进行批发零售等,同时还可以作为宣传农业新产品的有效途径。这些都体现出了休闲农业园的创收方式多种多样的特性,从而能够带来多重经济效益,使投资者在更短的时间内收回成本。

(二)休闲农业园的类型

由于休闲农业园坐落的地域不同,经济条件、民俗习惯、区域环境都有很大差异,休闲农业的建设模式和内容出现了不同风格,分类的方式也多种多样,大致有按开发内容及功能定位的不同、旅游者活动方式的不同等几种分法。

1. 依据开发内容划分

(1)观光农园。在城市近郊或风景点附近开辟特色果园、花园、茶园、菜园、渔场等,供游客观光游览及自行采购新鲜农产品以增加游兴。如北京四季青乡的休闲农业园。

(2)休闲农业园。是一种以规划区域资源状况或者地方特色为主要观光要点的综合性的休闲农业区,游客不仅可以享受到特色园区的观光体验,还能进行如鲜果采摘、体验农作、了解农民生活、享受乡土情趣,而且可住宿、度假、游乐。农场内提供的休闲活动内容一般有田园景观欣赏、农业体验、自然生态解说、垂钓、野味品尝等。

(3)农业科技园。是农业旅游与科技旅游的结合产物,它把农业与现代科技相结合,在科技引导生产的同时,向游人展示现代科技的魅力。如上海孙桥农业开发区等。

(4)租赁农园。农民将土地出租给市民种植粮食、花草、瓜果、蔬菜等园地。让市民体验农业生产过程,享受耕作乐趣,以休闲体验为主,而不以生产经营为目标。租用者只是节假日到农园作业,平时有农地提供者代管。

(5)田园化农业。以园艺农业为主,种植蔬菜、花卉、果树,利用池塘进行水产养殖,结合村镇改造美化环境,集农田、菜地、花草、水面、果园、农舍于一身,辅以试验、实习、游览服务设施,创造出田园化景观,让游客饱览田园风光,为非农者进行调剂性劳动,体验农业生活,提供学生实习劳动场所。田园化农业主要在城市近郊发展。

(6)教育农园。是兼顾农业生产与教育功能的农业经营形态,农园中所栽植的作物、饲养的动物以及配套的设施极具教育内涵。如法国的教育农场、日本的学章农园、美国的"园艺家的摇篮"、台湾的自然生态教室、北京少儿农庄等。

(7)花卉植物园。汇集多种奇花异卉、经济植物和观赏植物,保存野生植物资源和珍稀濒危植物,引进国外重要植物种类合理配置,结合林草等优美景观的相间布局,使之成为集观赏游览、科研、科普教育功能于一身的资源丰富、园林景观优美的场所。

(8)森林公园。是一个以林木为主的大农业复合生态群体。在树种结构上,应使针叶树、阔叶树与果树树种相结合;在土地资源利用和空间布局上,要林、果、渔、菜、花相结合,实行乔、灌、草立体绿化,并以森林风光与其他自然景观为主体,配备一定的服务设施、必要的景观建筑、合理的旅游路线。为丰富娱乐内容和调节旅游淡季,可在适当位置建设狩猎场、游泳池、垂钓区、野营地、野炊区等。还可驯养野生动物供游人参观,以增加森林的原始情调。结合房地产开发,建别墅、度假村,使森林公园成为可观光、娱乐、游览、休息、度假的多功能场所。

2. 依据活动方式划分

(1)旅游农场。把旅游景点寓于其中,使游客不但享受自然优美景色、人文历史、风土人情,还可使旅游者在观光中了解农业,品尝特产风味食品。这样就把单纯的风景旅游变为经济、文化、科学技术、贸易洽谈、友好往来的活动。

(2)自助式农场。这种开放式的农场,游人可根据自己的意愿采摘喜爱的蔬菜、花卉、果品,按价付款。在瓜果成熟季节,游人亲自采摘,以此体验丰收的喜悦。

(3) 休闲式农场。由旅游者到农场租种少量土地,种植自己喜爱的农作物和饲养小家畜。出租者提供日常管理,供应种苗、农药、肥料、小型农具和进行技术指导。休闲日租种者来此参加种植劳动,享受田园自然风光,体验农业劳动的乐趣,并从中学到农业知识。

3. 依据地域分布划分

依托自然型,距大中城市 30 千米以外,交通便利,以多个大中型城市为目标,农业基础较好,传统民俗地道,地貌类型齐全,能以独立完整的农业自然景观为依托,范围广阔。

依托城市型,距大中城市 30 千米以内,主要依托一个大中城市为目标市场。往往通过人工构造农业景观,园区内建设用地所占比例较高,园区规模较小。

[案例]

台湾休闲农业园类型

目前,台湾的休闲农业园种类繁多,各种形式的休闲农业在发展水平、成熟程度及政府扶持措施等方面各有差异,主要有以下几种类型:①休闲农场:休闲农场是一种综合性的休闲农业区,指利用乡村的森林、小溪、草原等乡土自然风光,附设小土屋、露营区、烤肉区、戏水区、餐饮、体能锻炼区及各种游息设施等,为游客提供综合性休闲场所和服务。在目前,台湾地区已开放利用的休闲农场中已有多家休闲农场以规模大、规划好、融地方文化和山湖景色为一体而著称。其中最具代表性的有台湾休闲农业协会理事长张清来先生经营的香格里拉休闲农场、宜兰县头城农场和飞牛农场。它们共同的特点是地处山区,面积较大,占地 100 公顷左右,山清水秀、景色优美、主题突出。②市民农园:市民农园是指由农民提供农地,让市民参与耕作的园地。

这种示范性的体验型的市民农园,一般是将位于都市或近郊的农地集中规划为若干小区,分别出租给城市居民,用以种植花草、蔬菜、果树或经营家庭农艺。③农业公园:农业公园是指按照公园的经营思路,把农业生产场所、农产品消费场所和休闲旅游场所结合于一体的公园。农业公园的经营范围是多种多样的,除果品、水稻、花卉、茶叶等专业性的农业公园之外,大多数农业公园是综合性的。④观光农园:观光农园一般流行于城市近郊,主要是开放成熟的果园、菜园、花园、茶园等,让游客入内摘果、拔菜、赏花、采茶,享受田园乐趣。观光农园是国外休闲农业最普遍的一种形式。它的特点是规模大,且具有浓厚的商业利用色彩,以拥有和利用天然美景为发展方向。除上述类型之外,还有假日花市、教育农园、森林游乐区、屋顶农业等其他形态。而且除了种植业观光园林外,近年来,休闲农业还不断向畜牧业、渔业方面发展,出现了休闲渔场、牧场等,利用林产、畜禽、鱼贝之类,促进农业和旅游业的综合发展。

资料来源:台湾田园交响曲 奏出美妙新乐章 http://travel.sohu.com/20110314/n279768746_1.shtml

三、休闲农业园规划策略

(一)品牌策略:一园一品,突出主题特色

民族的,才是世界的。一园一品,优化主题形象设计是休闲农业园品牌发展核心策略。休闲农业园区一定要有自己的特色。首先,休闲农业园区应该有自己的特色主体农业。我国农业种类繁多,在不同的地方有不同的农业特色,比如平原地区适合种植业、江南水乡适合渔业等。而在同一个地方也可以有不同的主题农业,比如在平原地区,可以种植农作物,也可以搞特

色的花卉等。所以,休闲农业在开始的定位上有很多种选择,一定要根据自己的优势来选择特色的产品。其次,特色还体现在休闲农业园区的服务、风格、设置的活动等方面。

1. 景观策略:乡土文化,维护田园生态

休闲农业园规划设计中应充分考虑场所中各种地形、地貌和地物的特点,尽可能利用建设基地原有的山川、树木等自然资源,创造出建筑、人类活动与自然环境和谐一致、相互依存且富有当地特色的农园环境。

2. 产业策略:四季搭配,延伸产业链条

休闲农业园的季节性强,以度假休闲、游憩教育的休闲农业园活动项目较单一,例如园区的采摘、农耕体验、垂钓,都是传统农业链的边界延伸,但这样游客滞留时间有限,并且受季节限制很多,不能形成长期、定向的供给线。单纯的旅游消费通常让园区经营无以为继;同时由于农产品的季节性,单一的经营模式会导致旅游淡旺季分明,再加上蔬果、作物成熟期短且集中,更加剧了淡季长、旺季短的局面。因此休闲农业园规划设计需关注园区四季发展,形成一年四季,无论哪一天,都能够在园内欣赏到奇花异果,体验采摘和观赏游览乐趣。

休闲农业园要培育可持续的产业链条,需要优化产业结构,将农业生产作为基础产业,依托农业优势资源,进一步开发延伸产业和支撑产业,将农业从第一产业向第三产业延伸,即在农业的生产、供应、销售等全程中建立良好的市场关系,打造"共生产业链"。根据各地的资源、区位和市场条件,因地制宜对农业资源进行整合和综合开发,围绕农业发展旅游业、餐饮业、加工业、配送服务业等。农产品的观光、体验和度假是支撑产业、是维持整个休闲农业园休闲产业合理运转的核心,他们将园区的农业资源有效地转化为商品优势,吸引人流和资金。发展农产品精加工、订单农业、生鲜农产品作为延伸产业,拉长园区的产业链条,形成园区稳定、持续的经济收入。三种产业的协调合作、资源互补,既满足观光旅游需求,也促进农业自身产业结构的升级。

[案例]

台湾台光香草园

台光香草园位于南投县埔里镇中山路一段,是台湾第一座香草主题农场,总面积将近13公顷,每年推出100多种的香草,更是全台主要香草产地。台光香草园由台光园艺所设立,台光园艺成立于1976年,原为光华园艺,在1982年才改名为台光园艺,1988年开始推出香草系列产品,并生产许多珍贵奇特的植物,在市场上也占了很重要的地位。园区内全年供应各种特色香草,除了展示香草植物的相关信息和如何种植,还提供相应香草甜点、茶饮,例如柠檬天竺葵、水果鼠尾草裹粉炸出的"星月甜点"、以薄荷入味的"香草梅"等;并随着每种香草生长季节不同开设不同的"香草主题节",例如9~11月迷迭香盛开的季节,除了以迷迭香为主调味的食品外还有迷迭香的教学活动,例如提炼迷迭香的精油、纯露、迷迭香草染等,让游客从视觉、味觉和动手操作各个方面来体会植物的魅力。园区的基础产业是有机香草种植业,围绕香草资源的特色,开发了香草观赏、体验、香草特色的餐饮等第三产业作为支撑产业,同时加大资源开发、延伸产业链,发展了香草加工业和香草周边商品,将园区长期置于旅游市场和香草市场中,并不仅仅为园区的游客服务,将产品面向了更广大的商品市场,例如香草沐浴乳、香草按摩精油、香草面膜、香草牙粉、香草泡足液、香草指甲油、香草面等。

资料来源:百度百科——台光香草园 http://baike.baidu.com

3. 游憩策略:满足市场,融入市民生活

产业规划是以市场的需求为导向,市场的需求决定了产业的发展方向。休闲农业园在结合区位优势和资源优势的基础上,通过前期市场分析,可以选择适宜的产业来发展,选择重点行业、重点领域、重点产品专业化开发,这样避免了休闲农业园产业同质化,基于市场需求出发的产业定位也更将具有发展力和竞争力。

休闲农业园具有综合性,由观光、体验、科普、运动、品尝、住宿等元素构成。规划系统考虑不同景点的特色、关联和游客的旅游心理,设立不同的景点主题,并在游线组织中大力强调旅游感受的差异性和旅游活动的连续性,注重整体旅游线路的节奏感和景点间的连续性,同时强化旅游线路和交通方式的选择性组合。依据景观特征、游赏方式、游人结构、游人体力与游兴规律等因素,精心组织多样化的游线,还可以结合当地传统文化节日策划相关主题活动。

四、休闲农业园发展规划内容

(一)总体定位

对园区项目进行总体定位,是休闲农业园规划设计的首要步骤,应从市场定位、发展模式定位、发展目标定位三个方面进行考虑。

1. 市场定位

在资源综合评价的基础上,分析客源市场,从客源构成、客源流向、消费结构、消费水平等方面进行分析评估,从而确定休闲农业生态园的发展目标和建设规模。市场定位不仅要分析目前的市场状况,更要研究未来的市场变化,合理划分发展阶段,并选择适应不同阶段需求的建设项目。

2. 发展模式定位

确立合理的园区发展模式在休闲农业园规划设计过程中至关重要,应根据园区所在地的实际状况和发展需求,选择适当的发展模式。此外,发展模式不是一成不变的,需根据实际情况变化做出灵活的调整,甚至可能立足于地区的特殊情况,在科学分析的基础上,创造出新的休闲农业发展模式。

3. 发展目标定位

根据确立的项目发展模式,结合本地区的经济社会状况,对项目发展前景做出预判,制定切实可行的发展目标,以保证项目建设的正确方向和检验规划设计效果。

(二)空间布局规划

根据所选择地址的地形、地貌,合理确定农业用地,园林绿化、道路、广场、农业生产用地、建筑物的合理布局,并与当地大环境相融合。在园区功能上确定展示区、采摘区、生产区、加工区等相关功能区基础上,并配以相应的品种类型与先进的生产设施和现代栽培模式。休闲农业园规划基本框架可因地制宜,多景点、多主题进行规划。在园区产业布局、功能布局及园区土地利用规划上,围绕农作物良种繁育、生物高新技术、蔬菜与花卉、农产品加工等产业的同时,提高观光旅游、休闲度假等第三产业在园区景观规划中的决定作用。

(三)分区规划

园区功能布局要与产业布局结合,充分考虑游客观光休闲的要求,确定功能区。本着因地制宜、节省投资,以现有的区内道路和基本水系为规划基准点,按照服从科学性、弘扬生态性、讲求术性以及具有可能性的可行性分区原则,典型的休闲农业园分区布局,主要包括 6 个部分:农业生产加工区、农业科技展示区、农产品销售区、农业观光区、体验休闲区和综合管理服务区。

1. 农业生产加工区

农业生产加工区通常选在土壤、气候条件良好,有灌溉和排水设施的土地上,大概占园区总规划面积的35%左右。生产区内主要的经营项目有:农作物生产、果树、蔬菜、花卉园艺生产、畜牧业、森林经营、渔业生产等。生产区主要让游人认识农业生产的全过程,让游人在参与农事活动中体验农业生产的乐趣。

2. 农业科技展示区

和农业生产加工区一样,农业科技展示区也应该选在土壤、气候条件良好并且有排水和灌溉设施的地段,大概占园区总面积的10%左右,可以开展生态农业示范、农业科普教育示范、农业科技示范等项目。通过浓缩的典型科技农业和农业传统知识的推广,来向游人展示农业独具魅力的一面,增强游人的农业意识,加深对农业的了解。

3. 农产品销售区

农产品销售区在园区的位置要设在交通便利、位置明显之处,一般要坐落在主干道两侧,如有条件,最好能够临近园区外道路,这样既可以争取园内游客消费又可以兼顾园区外过客的采购需要。农产品销售区大概占总面积的5%左右,在经营项目上不仅包括特色农产品,还可以包括民间工艺品、特色民俗纪念品、园区旅游纪念品等。通过产品销售区的建立,可以提高园区效益,增加当地农民的收入,促进乡村经济的发展,更可以通过特色旅游纪念品的销售,达到宣传农园的目的。

4. 农业观光区

农业观光区通常位于地形丰富多变,原有景观资质良好的地段,大概占总面积的35%左右。农业观光区内可以设置观赏型农田、瓜果园、观赏苗木、花卉展示区、湿地风光区、水际风光区,等等。农业观光区可以使游人能够身临其境地感受田园风光和自然美景,是游人放松身心、体会农业魅力的理想场所。

5. 体验休闲区

位于地形丰富、气候良好的地段,占地约为全园面积的15%左右。体验休闲区内可设置的项目有:农家风情建筑(如别墅、居所等)、乡村风情活动场所、渔家垂钓区等。体验休闲区的开发使游人能够深入农村特色的生活空间,体验乡村风情的活动,享受农业休闲带来的乐趣。

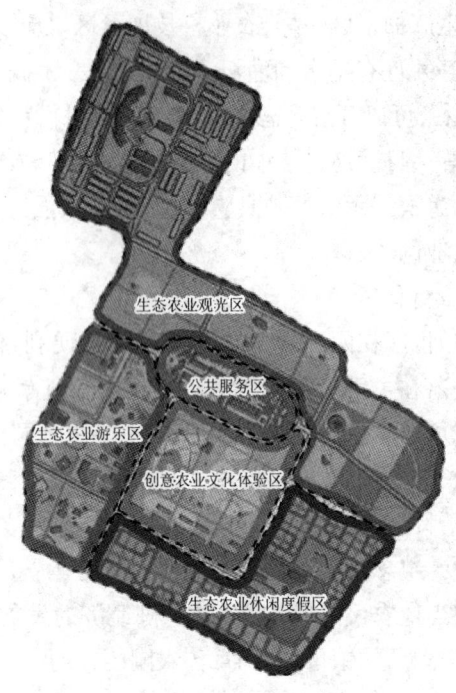

图3-1 农业休闲园规划功能分区图

6. 综合管理服务区

管理服务区是园区管理与服务机构开展各种管理、为游客提供服务的区域,其职能主要是管理园区事务,为游客提供各种旅游服务,保障后勤供给,身兼宾馆、商业、市场、餐饮、交通、服务等多元功能,于繁密林间穿插点缀着包括会议中心及餐饮、服务、商业等功能在内的有限设施,大概占总面积的5%左右。游客服务中心需要设售票处、咨询处、医疗室、导游部、保安处等,应设在中心广场旁边或园区入口附近。

表3-1 休闲农业园典型功能分区

功能分区	面积所占比例（%）	用地要求	构成系统	功能导向
农业生产加工区	35~45	土壤、气候、水资源良好,有排水、灌溉等基础农业设施	● 农作物生产基地 ● 果树、蔬菜、花卉园艺生产 ● 森林经营区 ● 畜牧业养殖基地 ● 渔业养殖区基地 ● 农产品加工基地	为园区提供农业景观,提供需要的农产品,作为农业运转的一个稳定收入来源
农业科技展示区	10~15	土壤、气候良好,有排水、灌溉等基础农业设施	● 农业科技示范 ● 生态农业示范 ● 科普教育	以浓缩的典型农业或高科技模式,传授给游客系统的农业知识和高新农业技术
农产品销售区	5~10	临近园区外主干道	● 乡村集市 ● 可采摘的直销果园 ● 民间工艺作坊	让游客参观各种农特产品,享受DIY的乐趣,并购买所需产品

续表

功能分区	面积所占比例（%）	用地要求	构成系统	功能导向
农业观光区	30~40	景观资源丰富、自然环境良好、易于营造和组织景观	• 观赏型农田、瓜果园 • 花卉苗圃 • 珍稀动物饲养场	使游客身临其境感受自然风光和田园野趣
体验休闲区	15~20	拥有较平缓开阔的场地、交通便捷、气候条件良好	• 农事劳作区 • 渔家垂钓区 • 乡村活动场所	使游客体验乡村的民俗风情、参与农村的生活劳作，愉悦心情
综合管理服务区	5~10	交通便利、位置明显的区域	• 乡村度假设施 • 乡村餐饮设施 • 管理设施	为园区经营管理者和游客提供餐饮、购物等旅游配套服务

（四）基础设施建设布局

1.园区设施建设

依建设规模，园区应建设现代化连栋温室、智能温室、工厂化育苗温室、蔬菜生产大棚及沼气池等,配套现代化喷滴灌系统。根据当地气候特点,利用地形合理布局园区内作物,一般设施面积占园区面积的1/3。

2. 道路、水系的规划布局

道路是园区的动脉,道路的等级、布局关系到人流的畅通和休闲农业线路的导向,要根据农业生产和休闲活动的需要统筹规划。在规划设计中,要求标明一、二级干道及支道路的位置、走向、宽度、长度、建造等级和适宜的交通工具类型。给排水工程中的供水与污水处理及配套设备,水系要标明水面、河沟或暗管的位置、范围、宽度、长度、深度,要与自然山水的地面径流量和农业用水排灌体系相适应。同时合理布局供电通讯系统及设备。

3. 服务设施的规划布局

主要有园区的出入口、停车场、管理中心、商业网点、休憩地、餐饮部、洗手间、娱乐场所、农业参与性活动场所和住宿区等,其布局要以方便旅游休闲人士为原则。

4. 园区的绿化

应具有农业绿化的特色,一般采取经济绿化物种,使其既有造景和遮阴作用,又有生产和经济价值。基地开发后要注重植被保护,防止水土流失,显示生态农业美景。绿化安排应综合考虑、统一规划,形成层次丰富的观赏景观。主次道行道树种植既有观赏性又具经济价值的树种。还可利用部分果树间隔地间种中草药、绿肥,既有原始山村风格,又可按生态要求还原自然。

5. 建筑设计

建筑设计要保持生态环境中的农业生产模式,尽量保持与当地农家风格相似的设计形式。旅游观光设施就地取材,可用木材、土砖、青瓦、稻草和钢筋、水泥结合安排,显示出农村田园古朴、清新风格,使之与自然融为一体。

(五)环境保护规划

旅游业的发展,可能造成一定程度的环境污染,而旅游资源并不是可再生资源,保护好环境就是保持正常的生态平衡,达到良性循环。保护风景资源不被破坏,使旅游具有持久生命力,保护好生物多样性,就是保护我们人类自身及其生存环境。旅游景区内的一切景物和自然环境必须严格保护,不得破坏和随意改变。建设时必须遵循保护为主、适当合理开发的原则,实行依法治园,切实保护好旅游资源。

1. 生态环境保护

旅游度假区的环境质量包括空气、水质、卫生、噪音等方面。为了保持旅游空气质量,对于旅游区内的接待服务设施和其他人居地区的取暖供热、饮食制作,应用低硫煤做燃料,要求配置高效消烟除尘设备,严格控制烟尘的排放。交通工具要尽量采用电气机车、人力或排污率低的车辆,严格控制有害气体的排放。如有水岸边际原有建筑搬迁、拆除,严禁取沙,砍伐植被,尽可能恢复其自然景观。对规划区内所有裸露地面,宜种植花草树木,进行全面绿化、美化和香化,做到黄土不露天,减少尘土飞扬。在重要景区建立复合型绿化噪音屏障,有效减少噪音污染,创造宁静、温馨的气氛。旅游区内不得使用高音喇叭广播,进入车辆严禁高音鸣响,全面减少噪声。区内的宾馆、疗养院、饭店等生活污水、垃圾等,必须有净化消毒设施。区内农田不能使用污水灌溉、农药及化肥。对交通不便的景点旅游垃圾,采用设置焚烧炉就地处理的方法,焚烧炉采用气化焚烧炉可低温气化垃圾。在景区每300~500米设立水冲式公厕,生活污水、公厕排污要分别处理后排放,实现污水的资源化、封闭化和无害化,在主要景区、景点建立污水排放系统。对固体废弃物,如塑料、玻璃、易拉罐等废弃物要有效控制,实行统一处理。在旅游区外选择设置封闭挤压式生活垃圾站一座,在景点、游憩点和旅游线路一定距离内设置废物箱。

2. 景观资源保护

景观资源保护包括对自然与人文景观的保护。旅游区内一切景物和自然环境,必须严格保护,不得损毁、破坏或随意改变。旅游区内的各项建设都应与景观协调,在游人集中的游览区内,不得建设大型工程设施,同时根据景观审美原则,合理地改善植物品种结构,使得森林景观更加丰富。对景区的重要景物、古树名木,要有计划地进行调查、鉴定,并制定具体保护措施。改善交通、服务设施和游览条件,按照规划确定游览接待容量,有计划地组织游览活动,不得无限制地超量接纳游览者。加强安全管理,保障游览者的安全和景物的完好。

3. 生物资源保护

生物资源包括动物资源和植物资源两大部分,旅游区内的一切生物资源都是重要的旅游资源。生物资源的保护要坚持保护、培养、合理利用相结合的思想,从而实现生物资源可永续利用的目的。

保护森林动植物资源,不仅是保持景观资源,更是维护生态系统的平衡。应监视、监测旅游区内环境对野生动物的影响,尽量为野生动物创造生息繁衍的好环境,如挂鸟巢、安放水槽、食槽,帮助益鸟益兽度过恶劣的气候环境,使其长居于风景区内。

在开发建设的过程中,不要破坏或影响自然植被和物种的生长、繁衍环境,特别要保护好珍稀植物和古树名木。要保护好野生动植物,必须要全面、深入、持久地开展野生动植物保护法的宣传教育工作。自觉遵纪守法,并能与违法行为做斗争。旅游区内禁止开荒,杜绝火灾,确保旅游区的生态平衡,必须配备一定数量的专业人员,实施管理与保护,开展观鸟旅游活动,增建服务设施,其收入用于保护建设。旅游区内严禁盗伐,配备少量人员巡逻是完全必要的。给游人提供一定的场地使之与动物交流,达到陶冶性情、培养爱心的目的。

4. 植物病虫害防治

在对植物资源保护的同时,应做好病虫害的防治。要建立预测预报制度,查清病虫害的种类、危害程度、地点、规模,做到早预防、早发现与防治,以生物防治为主、化学防治为辅,尽量防止环境受到污染,对改进的各种观赏树种及绿化树种必须严格检验,防止外来病源入侵。

5. 绘制园区规划图

规划文档中,一般要插入一些附图,如区位图、平面图、功能分区图和效果图等。附图比较直观,易于读者理解,便于审视各功能设施布置得是否合理;另一方面便于领导部门审查。

图3-2 某休闲农业园规划鸟瞰图

五、休闲农业园现代技术的应用趋势

(一)农业生物技术

包括基因技术、细胞技术、酶技术和发酵技术等。应用这些技术可以不断为园区生产提供新品种、新方法、新资源。如细胞工程技术中的试管苗快繁和茎尖培养脱毒技术。

(二) 立体种植技术

新型立体式无土栽培技术,可利用除地面以外的其他空间资源进行绿化,充分利用空间资源,通过基质无土栽培、立体水耕栽培等先进栽培方法,改变植物生长模式,延长其生命周期,从而达到提高果蔬产量和品质的目的。水耕栽培技术一项就包括营养液膜水培、立体管道水培、墙面立体栽培和立柱式无土栽培等蔬菜栽培模式。这些新、奇、特的栽培方法,既能提高蔬菜的产量、美化栽培环境,又能产出新鲜无公害的绿色蔬菜,带给人们耳目一新的感觉。

(三) 节水灌溉技术

整个项目区全面疏通灌溉渠,合理利用水源。在蔬菜示范区,大棚采用喷灌、滴灌方式进行灌溉。

(四) 绿色蔬菜栽培技术

采用轮作、种植绿肥、以地养地、施用农家肥等方式,提高土地利用率。①因地制宜,选用抗、耐病品种。②合理轮、间、套作。③合理耕作,田园清洁。农作物秸秆粉碎回田。④合理施肥,科学管水。⑤适时播种,推广新技术。⑥利用各种物理方法、人工或器械杀灭病虫害的方法防治病虫害(如诱蛾灯、性诱剂、黄蚜板等)。

(五) 未来休闲农业园走向趋势

通过现代新技术的应用,未来休闲农业园走向将出现五大趋势:①从"平面式"向"立体式"发展,即利用各种农作物在生育过程中的"时间差"和"空间差"进行合理组装,精细配套,组成各种类型的多功能、多层次、多途径的高优生产系统。②从"自然式"向"设施式"发展,一些农业专家精心设计,把农场式农业生产改造成农业公园,融农业种植、绿化环境、观光旅游等为一体,劳动也将成为一项愉快的工作。③从"机械化"向"电脑自控化"发展。④从"化学化"向"生物化"发展,现代农业已普遍使用化肥、农药、除草剂和植物激素,这虽然增加了农作物产量,但也带来了环境污染等公害。未来农业将进入一个崭新的生物化的绿色、洁净的农业时代。⑤从"地面"向"太空"扩展,未来农业将向宇宙拓展,如利用太空培育新品种、发展太空农业等。现代观光农业是社会进步、经济发展、城乡都市化迅速发展的产物,在城市环境质量不断下降、污染日趋严重的今天,环境优美、内容丰富,为人们提供有益身心健康的高科技农业生态旅游示范园,必将有良好的发展前景,兼具社会效益、经济效益和生态效益。

第二节　古村落旅游规划

古村落旅游以其独特的建筑特色、浓厚的文化底蕴、重要的历史研究价值,以及别具一格的民俗风情逐渐引起都市人的兴趣,成为乡村旅游的重要组成部分。古村落的旅游发展既满足了现代人崇尚自然、回归自然的旅游需求,也给古村落的整体发展带来了很好的契机。如北京门头沟爨底下村,安徽黟县的西递、宏村,江西婺源县的李坑、理坑等都是著名的历史文化古村,吸引了无数游客争相前往。随着文化旅游的快速发展,古村落成为旅游的热点,但同时也将带来古村落被破坏的潜在威胁。因此,保护好古村落风貌的真实性和完整性是可持续旅游的前提条件。

一、古村落旅游资源构成

村落是一个特殊的旅游客体,与一般旅游资源相比,具有其自身特有的性质。因此从旅游资源角度出发,古村落旅游资源就是以古村落的各种建筑实体为载体,包括存在于古村落这种空间内的能够吸引旅游者的一切人类物质和精神文化的成果。古村落中能够被旅游者所感知的有形和无形文化现象主要包括三个方面的内容。

(一)古村落建筑文化

我国古代建筑文化博大精深,多姿多彩,在我国旅游资源中占有重要地位。而我国古村落的建筑文化以其类型多样特征,成为我国古代建筑文化最重要的组成部分,同时也是构成古村落旅游资源的主体。中国的传统村落大多立意构思巧妙,从自然现象的概况中寻求象征吉祥的抽象概念,创造出有激发力和想象力的乡土环境的独特意境,充分体现了中国古代耕读社会文化的形态特征。古村落在建筑文化方面追求天人合一,讲究风水,尊重封建礼制,经过了与环境、社会、文化的长期适应,在建筑特色上全国各地各不相同,多种多样。因此我国古村落建筑文化具有很强的旅游吸引力。总的来说,我国古村落建筑文化作为古村落旅游资源的主要构成,通过显性的物化古文化景观和附属在古文化景观上的建筑文化内涵来体现。

(二)民俗风情文化

目前我国在古村落旅游资源的认识及开发方面,重视有形的文物建筑,忽略了无形的人文资源。古村落之所以有价值,不仅仅在于其留下的独特的地面文物建筑,而且还因为它所包含的丰富的原汁原味的中国乡村民俗文化和伦理宗教资源。民俗文化也是古村落旅游资源的重要组成部分。

村落民俗文化是一根植于本地本族,依赖本地本族存在的民间文化,它是村民心理的折射、习俗的汇集、愿望的表达和智慧的凝结。因此,村落文化有着浓郁的乡土气息和鲜明的个性特征。主要有地域性、自发性、传承性、适应性等特征。相对于其他现代村落,古村落保存了更加真实的民俗文化特征。根据民俗文化在旅游活动中所处的地位和作用,以及民俗文化的各种表现形态,可分为节日文化、游艺文化、礼仪文化、生活文化、工艺文化、制度文化、信仰文化等。总之,古村落的民俗风情文化主要通过饮食、服装、戏剧、婚俗、礼仪、民歌、节日茶文化、传统制造加工、传统家具、民间神话传说、民俗等具体表现出来。

(三)名人文化和历史事件

由于古村落建村历史较长,重视文化教育和商业,因此在其发展过程中,会或多或少地出现一些历史名人,这些历史名人都会由于自身影响力,给古村落的历史增添光彩。根据名人影响力的大小,可以分为世界级、国家级、区域级和地方级四个级别,如孔子和毛泽东,由于其巨大历史影响力,曲阜孔府和毛泽东故居都成为闻名于世的旅游资源。因此我国许多古村落的历史名人也是古村落旅游资源的有机组成部分,对古村落旅游影响力和提升知名度有很大作用。浙江诸葛村是诸葛亮的后人聚族而居的村落,因此诸葛亮的名人效应是有效地宣传了该村,村内祭祀诸葛亮的祠堂是标志性建筑。此外在一定时期内发生在村落内部的各种历史事件,对提高古村落的知名度和旅游文化内涵也有较大的作用。

二、古村落景观意象、标志及保护内容

(一)古村落的旅游景观意象

我国古村落景观所具有的基本意象可概括为以下几个方面。

1. 山水意象

我国古村落从选址到布局都强调与自然山水融为一体,因

而表现出明显的山水风光特色。中国传统哲学讲究"天人合一"的整体有机思想,把人看作是大自然的一部分,因此人类居住的环境就特别注重因借自然山水。

2. 生态意象

中国古人对理想居住环境的追求包含对满意生态环境的追求。中国古村落绝大多具有枕山面水、坐北朝南、土层深厚、植被茂盛等特点,有着显著的生态学价值,如枕山既可抵挡冬季北来的寒风,又可避免洪涝之灾,还能借助地势作用获得开阔的视野;良好的植被,既有利于涵养水源、保持水土,又可调节小气候和丰富村落景观。总之,中国绝大多数古村落环境都表现出鲜明的生态意象。

3. 宗族意象

中国古代社会是一个典型的以血缘关系为纽带的社会,表现出强烈的宗族意识。村落空间布局多表现为以宗祠等祭祀建筑为几何中心的"心理场"中心展开布局。宗祠已成为村落景观的醒目标志,多数古村落有着印象深刻的宗族意象。

4. 趋吉意象

人类生存环境首先讲究的是一种趋吉避凶的理想环境。因此,中国传统村落与传统城市一样,特别注意选择和营造一个趋吉避凶的人居环境。中国古村落趋吉避凶意象的最主要表现是风水模式的普遍运用。风水模式所表现的趋吉意象有着独特的景观价值。

(二)构成古村落意象构的标志

古村落意象构成往往凝结在村落的具体形态上,构成古村落意象标志,主要有以下内容:

1. 宗祠

我国先民崇敬祖先,有着"求神不如敬祖"的理念。不管生活再穷再苦,作为祖先崇拜的祠堂必不可少,而且必定建造得精巧华丽、富丽堂皇。古村落中的祠堂往往处于村落的核心地带,并且是全村族人的精神中心。宗祠在长江以南古村落景观中特别常见。祠堂分为家祠、宗祠、神祠三种类型。后来一般又发展成私塾学堂、家族聚集议事、进行娱乐庆典的地方。

2. 牌坊

也称牌楼。伦理纲常在建筑上的体现是多方面的,牌坊是传播礼制思想的重要纪念建筑,通常用作纪念某人或某事。村子不惜重金兴建了大量牌坊,来旌表那些忠臣、孝子、义夫、节妇,以嘉功前人、效法后世。牌坊有时也作为村落的大门或标志安放在村落的入口或中心地带,通常采用石料或木材做成,规模大小视空间形态而定。牌坊主要类型有功名坊、功德坊、节孝坊等。牌坊在皖南古村落中最为多见,构成古村落比较独特的景观。著名的牌坊有安徽徽州棠樾牌坊等。

3. 书院

书院也是一种封建礼制建筑,其目的主要为村落中的族人子弟读书和讲学之用。书院建筑形制多样,一般建筑规模较大。一些村落由于经济原因建不起专门的书院,祠堂往往也被作为书院。

4. 水塘和水口景观

在南方地区,非常重视对水的运用,开设水塘和水口,从文化意义而言,具有贮气运、聚财富的寓意;从景观角度讲,具有传统园林的构景特点;从生态角度讲,能调节村落小气候。因此水塘的标志作用除了水体本身之外,还具有一种历史联想和文化含义的环境标志。如皖南黟县宏村中心部分的半圆形水塘"月塘",成为宏村的重要标志,也是留给外来人印象最深刻的地方。

5. 寺庙

在民间村落自建的寺庙不同于官庙,它不仅有佛庙、道观,还包括大量供奉各路神仙的庙堂和神龛,或供佛祖观音,或拜土地龙王,也有各种祭祀行业宗神的寺庙。因而其建筑不拘形式及规模大小,风格异彩纷呈,有独到的艺术魅力。

6. 塔

塔最初是佛教专门的建筑,但流入民间之后,其价值和作用发生了转化。古村落中,塔往往是调节风水的"风水塔",景观构成上起到点景、借景作用的"景观塔",以及为纪念名人或大事记的"纪念塔"。此外在以耕读为主要内容的古村落,根据民间传说中的魁星主宰文运而建造有文风塔。由塔的功能价值的不同,衍生出各种造型丰富、用材考究、做工精致的塔式建筑。塔在少数民族村落也多见。

7. 古桥

古村落中的桥可谓一大景观建筑,不仅有江南水乡的石拱桥;还有山地村落中的木桥、索桥;更有在多雨地区用以遮风避雨的廊桥、屋桥等,它们不仅是联系两岸的交通设施,有时它还是调节风水的重要建筑。过街楼在江南村落中常见,利用高空又不阻碍交通,使楼两边的房屋连成一家;造型上也使单调狭窄的巷道产生变化,增加空间层次。

8. 防御建筑

从防卫和安全的角度出发,许多古村落在整个村子周围建起寨墙、留有寨门,构成了独特的景观。这种景观在曾经的战乱地区如山西、福建沿海和少数民族村落如藏族、侗族聚居地等较为常见。

此外还有古井、商业街巷、店铺和乡村园林等建筑景观,各地村落景观各不相同,多少不一。

(三)古村落保护主要内容

古村落文物古迹众多,传统文化内容形式多样,地域人文风格迥异,需保护内容要充分考虑其内,其保护内容大致可以分为以下几大方面。

1. 保护古村落极具特色的整体格局及空间风貌

古村落的存在是与其自身及周边整体环境密不可分的。保护其整体格局及环境风貌,就是保护古村落本身,而历史文化遗产环境具有更加重要的地位,它的存在就是无言的历史,失之,那么一切将无从谈起。与重要历史有关的地形地貌、山水田园、一花一木都要尽可能加以保护,使其保持原样。

2. 保护古老传统的街巷脉络和形态

重点保护古村落内历史街巷的整体格局、道路骨架、平面布局、方位轴线关系、水系河道等。

3. 保护具有文物价值的古建筑物、古文化遗址

古建筑物包括古民居、祠堂、牌坊、古商铺、寺庙、学堂以及依附其表面的雕刻艺术(石雕、木雕、砖雕等)及绘画艺术等。如果说古村落是一本书,其古建、古遗址等就是里边的字,原住民就是书写这部书的作者,它们共同构成了古村落这个神奇有内涵的传统著作,这正是古村落核心所在。它们反映了当地与众不同的文化与特色,是区别于其他地方的标志,因此,二者都是古村落保护的重点。在进行古村落建筑保护时要注意其当地建筑风格的连续性,保持其基本的建筑格局、材料、颜色、空间布局,以及与周围环境格调的一致性。对新增建筑,要良好地控制其建造的尺度规模、材质色调、样式风格、高度体量与周围建筑的和谐统一,切忌追求高尺度、大体量建筑,勿使其突兀于古村落整体环境中。

4. 保护具有特色的地貌、历史遗迹、古树名木

古村落多处在环境秀丽、山水资源丰富之地,周边自然地貌

形式多样,以及一些古人遗迹如诗词题作、古道等也是古村落整体资源的特色之一,也是旅游开发的重要吸引点。古村落历史悠久,通常会有一些珍贵的古木,有些被赋予传说、故事的神秘色彩,有些外形奇特,对其应加强管理与养护,好好保护这珍稀的历史遗产。

5. 保护具地方特色的传统产业、民风民俗

古村落经过千百年历史的积淀,往往受不同地域、不同民族等因素的影响,形成了自己的一套民俗文化,主要为古村落的传统产业、民俗民风。要保护古村落的地方方言、宗教信仰、节庆礼仪、戏曲、工艺等传统,只有保护好古村落民俗文化的良好发展态势,才能最大程度体现古村落乡土人文气息环境和氛围,古村落才能完好地得以保存和传承延续下去。

三、古村落旅游规划原则

(一)真实性、整体性、完整性原则

古村落是一个完整的、最基本的居住单元,是以居住为主要功能、以家族为纽带的聚落。塔顶、祠堂、牌坊、社屋、廊亭、民居以及周边自然环境都是村落构成的要素,因此古村落旅游规划首先要从保护整体环境以及构成古村落环境各个要素的外貌特征入手。

(二)动态保护原则

古村落具有一系列的二重性,既是文化遗产,也是一个社区;既是古村落,还必须是"新农村";古村落里的村民既是古村落保护的主体,也是古村落保护的客体。保护方法不是迁出居民实施静态保护,而是以古村落为实体环境、以居民生活为主的社区环境,因此规划保护物质实体环境的同时,更重要的是保持社区的稳定和居民生活的正常秩序,保持古村落的历史文化传

统,保证村民居住环境的改善和居住水平的提高。

图3-3 古村石牌坊、古村牌楼群

(三)公众参与原则

古村落内的建筑物是由村民祖上传下来的遗产,属于私人房产,因此,古村落旅游规划应当寻求村民们的理解和积极参与。村落中古建筑产权所有者以主人翁的姿态参与村落保护规划管理,在规划实施过程中才能减少村民对旅游规划的反感情绪和冲突行为,有利于旅游业走向健康发展之路。现在许多古村落的村民都自发组织"古村落保护委员会",积极参与古村落的依法保护整治管理工作。

(四)效益并重原则

经济效益是发展旅游业的直接目的和强大动力,社会效益是发展旅游业的根本宗旨和最终目的,生态环境和自然资源则是旅游业生存和发展的首要前提和先决条件。因此在古村落旅游业开发的过程中,不能只注重经济效益而不顾社会效益和环境效益。

(五) 改善生活原则

古村落中有将近八成的古建筑仍在继续居住使用,因此改善古村落的居住环境,包括改善基础设施条件,改善传统建筑的居住条件是古村落旅游规划要解决的现实问题之一。不能光强调保护而忽视村民的生活需求,古村落的规划应该在进行分级保护的基础上,对大多数非文物建筑应允许村民在保留历史风貌的前提下,改善其内部使用条件,满足现在居住生活采光通风、保暖卫生等使用功能需求。

四、古村落规划基本思路与内容

(一) 古村落规划基本思路

1. 保护为主,兼顾发展

古村落的核心是"古"——"古建、古色、古风"。没有了这些元素,也就没有了旅游的吸引物,也就没有了游客。因此,古村落旅游产品的开发要处理好保护与发展的关系,以旅游产品的升级、完善为主,适当开发新的旅游产品,对有文化价值的产品要加以保护,对有破损的加以修缮。对那些风格不一致的新建筑要加以取缔,保持新旧风格一致,使整个村庄和谐统一。"整旧如故,以存其真"才是古村落发展和保护的真谛,要把真东西留下来,将我们的优秀文化遗产留存,而不是让现代的旅游者看到虚假和充满着商业气息的"赝品"。

2. 动静结合,融入生活

古村落的旅游产品比较单调,缺乏动态的产品和生活元素。游客来此多以观光为主,景区与游客难以产生互动,游客无法更好地体会古村落的民俗风情和历史文化。因此,将动态元素、生活元素融入旅游产品,成为古村落旅游开发方向之一。

3. 休闲时代,体验之旅

中国旅游市场正面临着由观光旅游为主体向观光旅游和度假旅游为主体的转变,且单纯的观光旅游给旅游者留下的印象比较浅,存在停留时间短、重游率低、独特性少、吸引力差、竞争力较弱、经济效益不太高的缺点,因此,观光式旅游产品开发古村落的做法必将逐步让步于休闲体验式的产品综合开发模式。

4. 全局统一,突出个性

旅游产品的开发应统筹全局,注重整体性和连续性,充分考虑到地方的自然和文化特性;但也要注重特色的发掘,突出古村落的个性,将最能体现古村落旅游资源特色的东西展示出来。

(二)古村落规划编制基本内容

1. 文本部分

(1)村落概况:区位环境、历史沿革、土地、人口、文物古迹等。

(2)现状分析:特色分析、存在问题。

(3)历史文化价值概述:资源普查、分析、评价、价值体系。

(4)保护目标和原则。

(5)保护性质与保护范围的层次划定,确定保护内容与保护工作的重点。

(6)保护措施。

(7)对重要历史文化遗存修整、利用和展示的规划意见。

(8)重点保护、整治地区的详细规划意向方案。

(9)保护规划实施的保障措施。

(10)相关法规、政策、条例制定的参考意见。

2. 图纸部分

(1)文物古迹、传统街区、风景名胜分布图。

(2)古村落保护规划总图,表现各类保护控制区域范围、各级重点保护单位、风景名胜、保护区的位置、范围和保护措施示意

(3)保护区域界线图,划出重点文物、历史文化保护区、风景名胜保护区的保护范围和控制地带的具体界线。

(4)重点保护整治地区的详细规划意向方案图。

3. 附件部分

规划说明书(分析现状、论证规划意图、解释规划文本等)和基础资料汇编。

[案例]

束河古镇文化遗产及其开发保护

束河古镇在丽江古城西北4千米的地方。唐朝时是茶马古道的重要驿站,1997年被列入世界文化遗产——丽江古城保护区。丽江古城保护区由丽江古城、束河古镇、白沙民居建筑群三部分组成。据考察,束河古镇之所以能保留下比较原汁原味的茶马文化、农耕文化、纳西文化和生态文化,成为茶马古道上保持得比较好的茶马驿站,其缘由还是因为丽江古城的旅游开发比较顺利和火热,因此,当时就将束河古镇开发推后了。可见,相对迟缓或者低强度开发,也是对古镇的一种保护。

古镇历史特色的保留与弘扬,离不开无形的、与居民行为直接相关的非物质的本土传统的民族文化。古镇内当地居民民族文化氛围也是文化遗产的一个重要组成部分,它包括纳西族的语言、文字、歌舞、饮食、服饰、宗教节庆,是束河灵魂无形的载体。这就使我们想到非物质文化遗产与环境行为心理学有着密切的关系:环境行为是构成场所与空间属性的一个根本要素,同时环境与行为之间存在着相互渗透并循环的关系。

另一方面,非物质文化遗产的保护与本土文化密不可分。当地从事旅游业的古镇居民,在传承束河多元民族文化方面起着至关重要的作用,使得有形的建筑文化与无形的生活文化交相呼应，铸就了实在的束河古镇特色。如社区居民每天在四方听音广场组织的古乐演奏、歌舞表演和传统民族体育节目，在新区修建文化展演场所，扶持束河村的"纳西古乐队"，组织"茶马文化艺术团"，集中展演茶马古道沿线各少数民族的歌舞艺术。村民自发组建的 15 支民间打跳队，每天义务在茶马广场、四方听音广场和老四方街载歌载舞，向四方游客充分展示古老的纳西民族文化。企业还组织开办雪山音乐节、七夕情人节等大型节日。创建"茶马古道博物馆"，展示纳西文化、茶马文化、农耕文化和古镇的历史文化。

规划作为保护的一个先行工作，在束河的开发与保护中起到了重要的指引作用。《世界文化遗产丽江古城保护规划》将束河作为丽江古城的一个组成部分，将整个古镇划分为三个保护区，一级保护区为古镇核心区，在此区域内，所有房屋及街道布局都严格按照修旧如旧的原则进行整治；二级保护区为核心区外围保护区，在此区域内，所有建筑不得超过规定样式和高度，混合结构建筑必须"穿衣戴帽"用瓦屋面覆盖；三级保护区为新城市与镇的结合带，在这些区域，所有建筑控制标高，使整个古镇与外界自然过渡。三级保护区的划分和实施，使束河古镇的整体建筑风格实现了规范统一，青砖绿瓦、错落有致的纳西传统民居得到了最大限度的保护，宁静和谐的高原水乡风貌自然形成。

新开发区的街巷、广场的格局肌理和尺度空间延续了古镇的风貌，建筑形式采用了传统的丽江民居体系，深出檐、坡屋面、灰瓦白墙、雕花木门窗。规划力求古镇的整体格局保留完好、新开发区与古镇协调一致，同时还编制了《束河古镇旅游发展规划》，对古镇旅游线路的组织、旅游设施的建设作了统一的规划。对基础设施和绿化进行了针对性保护，同时建设了相应的旅游配套服务设施。为保护古建筑大觉宫和古镇的原有风貌，将学校迁出。古镇居民也是旅游业的重要参与者,使得纳西文化、纳西人也成为古镇的风景。

图3-4 束河古镇建筑图

资料来源:中外建筑,2014(1).因驿而兴——丽江束河古镇驿站建筑的保护与开发

第三节 乡村旅游带与沟域经济整合

沟域经济作为北京市创新提出的一种京郊旅游产品形态,是以山区自然沟域为单元,充分发掘沟域范围内的自然景观、历史文化遗迹和产业资源基础,打破行政区域界限,对山、水、林、田、路、村和产业发展进行整体科学规划,统一打造的旅游产业经济带。

一、乡村旅游带状发展的理论支撑

乡村旅游带的发展中以旅游景点作为发展极点,将沟域串联成线,再以公路、流域、峡谷作为发展轴线,通过对人口、产业的吸引力,集聚轴线两侧的旅游的产业,形成点轴系统,多个点轴发展,形成面状格局,呈现沟域经济立体的结构态势,充分发展资源环境优势,壮大产业规模。

乡村旅游带多以特定的山区沟域为地理空间,依据地域特色,融合其地理位置、历史人文、旅游资源等,形成各具特色的带状旅游线路,产生巨大的经济效应,从而实现山区增长极发展的一种经济形态,属于区域经济范畴。增长极理论认为并不是所有区域会同时出现经济增长,而是首先在一些增长点或增长极上,呈现不同的增长强度,然后通过不同渠道向外扩散,进而对整个经济产生不同的影响。这种扩散作用是由于增长极地区经济的快速发展,通过产品、资本、技术、人才、信息、游客等流动,对周边区域的发展发挥了辐射和带动作用,使之拥有更高的科技水平和智力支持,提高边际劳动生产率和消费水平。实践证明,乡村旅游带的存在、发展乃至壮大,就具备这种增长极的作用。以往通过城镇带动农村经济发展,具有局限性,而通过农业内部的经济增长极带动周边农村经济的发展,更加具有效率,带动辐射效用更加明显。

二、乡村旅游带的基本特征

(一)相对封闭区域

乡村旅游带的形成往往以一个可度量的相对封闭沟域作为地理特征基础,在环境容量允许范围内进行旅游经济开发。因此,旅游带的可度量特性,使进一步估算旅游带的生态承载力、旅游承载力等经济空间开发限制指标变得可行和必要。而且封闭旅游带还是一个可度量的经济主体,有沟域的GDP、人均收入、经济增长速度等考核指标。通过这些指标衡量整个旅游带经济发展程度、上下游发展差距,打破旅游带上的行政区划,优化配置资源,提高沟域整体协同作战能力,发挥经济以点带面、以点带线效用,协同发展。

(二)旅游带具有公共物品属性

旅游带内拥有的森林资源、野生动物资源、洁净空气、优质的水资源、交通道路等,都是跨行政区域、不可分割的共有资源,从而决定了旅游带是不具有排他性的公共物品。旅游带内的每个企业和个人从追求自身利益最大化出发,可以非排他地使用旅游带内的共有资源。但当一个区域使用了共有资源,就减少或影响了其他区域对共有资源的用量或使用的可能性。对于这些公共物品,市场"无形的手"在资源配置方面是无效或者低效的。因此,需要政府发挥"有形的手"的宏观调控作用,对旅游带内共有资源进行合理配置。

(三)旅游带经济具有很强的外部性

外部性是指旅游带内的旅游经济活动对他人和社会造成的非市场化的影响,可分为正外部性和负外部性。旅游带经济的正外部性表现为沟域内生态治理和碳汇经济发展,改善了区域生态并保护城市环境,享受优质环境的人们无须为此支付费用;旅游带经济的负外部性是指带域资源(矿藏、景观)的过度开发,造成的生态破坏、水体污染等,影响到下游人类的生产生活,也增加了社会边际成本。通常,山区旅游带地区为国民经济所做的贡献和牺牲很难进行科学的核算,往往难以得到承认和补偿。由于旅游带经济发展对自然资源合理开发和生态保护有很强的依赖性,因此,旅游带经济发展研究的一个关键问题就是要科学认识经济活动的外部性,正确处理治理保护与开发的关系,考虑对其给予合理补偿以克服负外部性,发挥正外部性,实现生态效应和经济效益,局部效益和整体效益协调的发展战略。

三、中国乡村旅游带发展模式

(一)龙头景区带动模式

以国家认定的景区为龙头,加快推进旅游项目建设,提升休闲旅游业发展水平和产业培育层次,带动周边地区产业发展,形成辐射面较大的经济区域。如广西环大明山乡村旅游带,是以大明山景区为旅游吸引物,通过环大明山周边4县,以及南宁市区部分处于环大明山旅游带上高品质的旅游资源的有效整合和相互补充,构成一个具有山、水、林、泉、洞、文化、民俗资源相辅相成的乡村旅游带。

(二)文化创意先导模式

通过创新思维改变人们现有的消费理念、方式和途径,依托自然、历史、文化资源开发文化创意产业,打造新的经济增长点。如密云汤河沟域"紫海香堤"以"浪漫香花,山水长城"为定位,以现有汤河农业和村庄人员为基础,以生态农业、花草种植为基地,以周边的水域环境和错落有致的山体为依托,建设融养生、度假、休闲旅游为一体的长城脚下最具时尚度、浪漫、国际型的香草庄园。庄园由香草艺术园、香草产业园、汤河香草亲水乐园、香草艺术庄园、生态农业与果园示范区5部分组成,种植了熏衣草、紫苏、万寿菊、马鞭草等品种。目前,紫海香堤艺术庄园直接吸纳劳动力300多人,带动340户,人均增收500元。

(三)都市农业驱动模式

现代都市农业驱动模式是以建设都市型现代化农业为核心,以科技创新和文化创意为动力,驱动高度关联的一、三产业不断融合,建设农游结合旅游沟谷带。采取这一发展模式的沟域,具有广袤的坡地,特殊的气候条件、洁净的空气、土壤和水资源,是生产绿色果蔬、粮食、畜禽、水产的绝佳场所。如果这些资源规模相对集中,经过合理整合就可形成规模经济效益,为发展现代都市农业驱动型沟域经济奠定基础。基于产业类型和开发形态不同,可将这一模式下沟域经济划分为特色种植业、种养复合农业、文化创意农业等具体开发类型。如四川省彭州北新线——都市农业示范带,沿线布局了多种涉农产业形态,以中国(彭州)蔬菜科技博览园为亮点、农产品物流为支撑、田园化绿色产业示范区为重点,推进以蔬菜为主题的一、三产业互动,串连成一条条独具风情的都市农业乡村旅游景观带,打造都市现代农业示范线,成为成都市民郊区休闲旅游的好去处。

(四)特色产业主导模式

利用已有的特色支柱产业资源,注入科技、绿色、健康内涵,配套发展环境友好型生态产业,延伸产业链,提升产业整体竞争力,发展特色产业。如平谷大华山镇依托大桃产业打造桃花谷沟域经济,昌平南口镇重点发展百合花主导产业,房山琉璃河镇建设以肉鸭加工、面粉加工为主的农产品加工园区,怀柔雁栖镇神堂峪的"虹鳟鱼一条沟"等。

(五)自然风光旅游模式

依托现有自然景区,重点发展休闲观光旅游业,并带动特色林果业、农业观光园区和休闲农业等产业发展。如延庆千家店充分利用优美的自然环境,启动了"黑白河沿线百里山水画廊工程",提高乡村旅游的硬件条件和接待能力,提升旅游环境档次和水平,打造出远近闻名的"百里山水画廊",大大推进了沟域经济发展;福建永泰大樟溪沿线田园山水乡村游带。

(六)民俗文化展示模式

依托传统民居、宗教寺庙、革命遗址等人文景观,重点发展民俗旅游、文化旅游和红色旅游,并带动特色林果业、休闲农业和农业科技园区的发展。如贵州巴拉河乡村旅游带,沿巴拉河流域的南花、上郎德、猫猫河等9座苗族村寨群落,形成一个乡村民俗旅游体验带。

四、乡村旅游带整合发展的关键要素

(一)政府有为,充分开发沟域内资源

对于山区这种特殊的地理环境而言,自身会具备一些平原缺乏的特色资源,具有一定的垄断性,经过合理充分地开发利用后会收到很好的经济效益,因此政府有动力进行必要的支持。如旅游带内生态涵养区的开发,针对沟域内溪流、河塘水面进行规划,适量养殖部分水禽类动物,开展湿地旅游、水鸟观赏等;要在植树造林、小流域治理所形成的人工景观开展旅游,深入挖掘旅游资源。

(二)结合沟域优势,调整产业结构和布局

立足旅游带内部资源和市场需求的实际情况,结合旅游带的功能定位,政府应引导进一步调整产业结构和布局,加快形成第二、三产业与旅游带资源和功能相适应的优势主导产业。同

时,按照优势互补的原则,充分利用旅游带周边地区的资源,加快发展相邻旅游带之间的合作,力争形成一定的规模。要为旅游带内产业融合创造有利条件,使产业之间相互联系,增强产业关联性,发展重点产业,使其充分发挥扩散效应,推动旅游带发展。

(三)给予资金支持,促进沟域经济发展

旅游带的发展与形成不仅前期需要大量的资金投入,若规划不到位会存在很大的不确定性。常规的商业银行作为自负盈亏的商业机构,从自身经营角度讲,本着资金追求利润最大化原则,难以对农业进行投资支持,仅仅靠资金的自由流向难以支撑旅游带发展。此时,政府应在精心规划以及可行性论证的基础上,大胆地给予资金拨发力度,解决乡村旅游带发展的资金瓶颈问题。

第四节 乡村旅游体验设计

由于社会的发展、人民生活水平的提高,人们在消费过程中需要的不仅仅是一种物质上的享受,更追求一种精神上的满足。体验经济是一种新的经济形态并已经成为发展趋势。乡村旅游不同于其他的旅游方式,不是以景区观赏为主,而是以体验乡村生活为主,这种旅游体验的效果直接决定着游客整体旅游的质量。因此乡村旅游开发必然要转向以体验为中心。

一、体验经济时代的乡村旅游游客需求

(一)体验经济时代游客的特征

一个体验经济时代的游客的典型特征是:

(1)更愿选择散客而非团队形式同游。

(2)选择个性化定制的旅游产品而非标准化产品。

(3)不是购买整体产品而是购买零件自己组装;从跟随他人去名胜古迹到自己发现旅游胜地。

(4)从"走马看花"式的巡游到"下马赏花"式的游览。

(5)从"旁观"到"参与",从"领受"到"奉献"。

(6)从只重视"到此一游"的结果到同时重视"结果"与"过程",从"被组织""被安排"到"自己组织""自己安排"。

(二)乡村旅游游客需求

乡村旅游能给予游客一种愉悦的、家的感觉的美好体验,主要是通过让游客感知到新鲜感、亲切感与自豪感来实现的。对于乡村体验旅游而言,这三种感觉正是游客的主要需求。

1. 新鲜感

新鲜感来自于差异,即新奇与鲜活。乡村旅游的新鲜感来自农村与城市不同的自然风光、传统习俗等日常生活的点点滴滴差异。这种差异越大,对游客的吸引力越大,游客参加乡村旅游活动时体验越深刻,旅游活动结束后收获越多,记忆也会越深刻。新鲜感也来源于同类型乡村旅游产品的独特性,在体验经济时代,个性化产品和服务越来越受欢迎。随着旅游者的消费经验日趋丰富,对乡村旅游产品更加挑剔,对"住农家院、吃农家饭、干农家活"的大众旅游产品感到厌倦,开始追求一种彰显自己个性的乡村旅游产品和服务。

2. 亲切感

亲切感主要是指游客的情感需求,在乡村旅游中主要是指"家"的感觉。体验经济时代,从旅游消费者的需求结构看,情感需求的比重增加。旅游消费者在注重产品质量的同时,更加注重情感的需求,偏好那些能与自我心理需求引起共鸣或者能实现自我价值的感性旅游产品。乡村旅游中"家"的感觉主要是通过与当地村民或者民俗接待户的交流来实现的。乡村旅游者在接触当地农村中,特别是与当地村民的接触中,体验到关心、理解及热情好客的环境,消除孤独并得到一种满足感和亲近感。

3. 自豪感

自豪感来自于赞美。每个人都觉得自己是个有价值的人、值得尊重的人、值得自己也值得别人爱的人。体验经济时代的旅游消费者从注重产品本身转移到注重接受产品时的感受。旅游消费者从被动接受旅游产品发展到对旅游产品提出个性化需求,希望能够亲身参与乡村旅游产品的设计和制作。在这一过程中,旅游者将充分发挥自己的想象力和创造力,积极参与旅游产品(物质产品和精神产品)的设计、制造和再加工,通过创造性消费来体现他们独特的个性与自身价值,获得更大的成就感、满意感。云南瑞丽推出了淘宝游,这种鲜活的旅游活动能够给旅游消费者带来美好的旅游体验。看到自己亲自淘出的宝石被加工成艺术品,旅游消费者的成就感油然而生。而旅游者亲身参与制作旅游纪念品,本身就是旅游经历的一部分,这种纪念品大多融入了旅游消费者的劳动和智慧,从而具有更高的价值。

游客的感知直接决定了游客对旅游产品的评价,是决定游客满意、游客忠诚最重要的因素。而游客忠诚既可以表现为高回头率,也可以表现为良好的口碑和对外推荐,这对于旅游地和旅游供应商而言至关重要,这决定了它们能否在激烈的市场竞争中取胜。尤其对于乡村旅游而言,其产品性质决定了游客保持较高的回头率是完全可能的,乡村旅游游客的满意度、忠诚度对于乡村旅游经营者而言更是关键。

二、乡村旅游产品的体验规划

(一)内容规划

将旅游地各种体验元素加以组合更新,提炼出合适的体验主题,并构造出具备特殊意象的体验场景和活动项目。主题来源于旅游地的各种特殊文化形态,要富有独有性和本土化特点,并且要具有感召力和实践性,使产品感知化和稀缺化,利于体验活动的开展。体验主题应该因地制宜,即必须符合乡村本身的特色。规划方与乡村在确定体验主题后,就应该设计一系列与主题有关的活动,进行主题加强,形成鲜明的主题印象。在此过程中,要尽量让旅游者在旅游产品的情境中感觉到原汁原味。此外,在乡村旅游的情景规划中还是必须要加以"编织"的情景,即必须要讲故事。好的旅游项目,核心就是编织故事。如果说一个旅游项目能够有主题故事,就搭起了一座通向目标游客较深层次旅游休闲趣味的桥梁,就形成了这个项目的核心。

(二)功能规划

旅游活动六要素分别为:食、住、行、游、购、娱,乡村旅游活动同样如此。通过对这六要素的不同的设计和组合可以营造出浓郁的乡村感觉和体验氛围。

1. 饮食:鼓励原生态与多样化

食材原料和制作方法原生态。如果来自城市的游客身在乡村,却吃着和在城市餐馆里一样的菜肴,心定会感到索然无味,且这种索然无味一定不仅仅是口感,更是精神上的综合感受。其次应是原生态的,食物原料的种植过程要符合绿色标准、天然健康。

就餐环境原生态。乡村餐馆的外观一定要与周边环境相协调,内部的装修、家具、餐具、菜单的设计都要与乡村的风貌相吻合。例如可以将菜单写在土布餐巾上、团扇上等,服务员的乡音乡貌也要到位,一句当地话的称呼语就能立即拉近与游客之间的距离。在保持乡土特色的同时,要注意就餐环境的卫生环境和条件。

就餐形式多样化。中国各地的特色食物众多,制作方法也各异,在吃之前,如能够观赏到特色食物的制作过程,无异于欣赏一次艺术表演,接受一次中国饮食文化的熏陶,让人吃出美味、吃出文化。为了增加游客的参与度,除了展示制作,还可以让顾客亲身体验美食的制作过程。此外,还可以一边观景一边就餐,如果乡村拥有独特的景观资源,可以将餐饮与观景相结合。如在瓜架下,渔船上建造露天餐厅,让游客在如画卷般的环境中尽享美食。有条件的话,也可让游客在品味美食的同时欣赏当地特色的文化表演,如昆曲、丝竹、纳西古乐等传统文化形式。要注意防止商业化与庸俗化现象的发生。

2. 住宿:体现乡村化和家庭化

建筑设计上体现乡村化和家庭化。度假乡村住宅最大的特点应是给人营造一种"家庭"的感觉。首先,尽量保持乡村建筑的原汁原味,为了迎合城市旅游者的住宿需求而拆掉原有的老建筑,建起的富丽堂皇的新楼房总有种不伦不类的感觉。其次,空间布局和设施设备的设计应尽量居家化,保持地地道道的乡村朴实风味。

游客自我服务。乡村住宅应为住客提供各项服务,但却不表露明显的服务痕迹,甚至可以不设服务生,只有房主,当房主交给游客钥匙之后,就不再来打扰。当然如何提供服务视游客的需求而定,需要时及时提供;如不需要,可以让游客自己做食物、收拾房间和洗衣服,充分体验在自然的乡村生活。有些住宿在农家且与农家成员共同生活的方式和租住的方式就更加体现出这种自然的状态。

3. 交通：真实性和趣味性

乡村旅游的交通分为内部交通和外部交通。对于外部交通而言，要注意通往目的地的公路两旁绿化和曲径通幽的设计，可以营造"山重水复疑无路，柳暗花明又一村"的世外桃源境界。停车场的设计，应距离核心旅游区一段距离，游客需背包自行进入，不方便的行程可由村民们有偿帮助，或挑担、或农家交通工具。

对于乡村旅游的内部交通的设计，可以开辟风景优美的乡间土路、田埂小道，以游客步行和乘坐乡村传统交通工具为主。如木质的马车、驴车、轿子、渔船等，能充分体现出当地特色，体现真实性和体验的趣味性。

4. 游览：多元化和线路化

旅游类型多元化。农事活动可以开展家畜家禽饲养、成熟果实和茶叶采摘、秋季庄稼收割和捕鱼活动等。当今乡村旅游中此类活动可以采摘园、垂钓园等形式展开，也可以"租赁农园"的形式展开，让市民全过程地从事农业生产劳动和农业经营活动，体验农业生产过程，享受耕作的乐趣。市民由此在乡村拥有自己的农园，会使重游率大大提高，有利于乡村旅游的发展。

民俗节庆活动类型，如龙舟竞渡、摔跤、赛马、射箭、斗牛、荡秋千等都具有较高的欣赏价值。我国农村几千年来形成的民俗文化，历史人物、知名人士、特色村落、民俗活动、宗教信仰活动、传统手工艺品、特色产品，还有充满情趣的乡土文化艺术，以及目的地举办的一系列游乐活动和特殊节日活动等，这是乡村旅游资源中最富魅力的成分。在美国，一些结合传统艺术的特色乡村旅游颇受游客青睐，例如"瓜果塑造""庄稼人艺术画"等。马来西亚的农业旅游则大力发展农场花卉旅游业，充分体现了花卉之国的特色。

学习活动类型则可学习欧美国家开设的各种市民感兴趣的农

业课堂,如骑马、捕鱼、打猎等,并可以冠名骑马农场、教学农场、探索农场和狩猎农场等加以营销,收取的费用相比城市优惠较多。

5. 购物:鼓励游客自制自购

对于乡村的土特产品,如蔬菜、茶叶等农产品及农副产品和刺绣、编织等手工艺品,让游客直接花钱购买是通常设置的购物方式。除此之外,还可以鼓励游客在乡村旅游期间尝试自己制作。对于游客而言,在返程的时候带上一些自己制作的食物和工艺品是很有纪念意义的。

6. 娱乐:注重创新性

为了更好地满足旅游者追新猎奇、求乐求知、求健求美等需求,目的地村应尽可能地开发多种形式的娱乐休闲活动。节庆活动形式需要创新,如美国许多农场就举办西红柿节、甜洋葱节、土豆装袋节等活动;还可以请专家将田地种植设计成迷宫形式,推出迷宫游览活动;再例如麦田作画,在年复一年的插秧收割中"画"上麦田油画,甚至是一些艺术家平日也无法企及的艺术梦想。这些都会给旅游者带来极大的乐趣,不仅拓展了乡村旅游的产品类型,还能避免了农场资源的闲置浪费。

(三) 空间规划

空间布局是研究在既定的空间内安排什么样的项目以及每个项目设在什么位置。其中的关键是项目与主题的关系。在实践中,要努力做到主题指导项目、项目服从主题,而不能相反为之,更不能各唱各的调。

可以学习景区开发的方式,将周边零星分散的地方文化和景点联系起来,开发出相关旅游线路,形成区域联动效益。在景点选择上应注意求同存异,游客在游览过程中会形成一个视线走廊,要使游客始终保持一个美好的视线感觉,有的地方需要贯通,有的地方需要遮蔽,总体来说应该是形断神不断,通过视线走廊把各个景观连接起来。无边无垠的绿色麦田或是金灿灿一大片油菜花,会形成较强的视觉冲击力甚至是视觉震撼。春天,来到乡村休闲旅游点,租一辆自行车在乡间小路上穿行,首先映入眼帘的是金黄的油菜花,蜂飞蝶舞,充满了生机和活力;绿油油的小麦,起伏的麦浪如同绿色的绸缎在空中舞动;穿过满眼青翠令人赏心悦目的蔬菜园,粉红的桃花又跃入眼帘,桃林到了……这样的视线走廊,简直是一场视觉盛宴。

(四)时间规划

1. 游览时间规划

首先要解决的问题是游览时间从哪里开始,即到哪个地方算是进入景区。一般来说,离开干线公路,到了支线公路,就应该算进入景区,但由于景区经营者普遍存在误区,所以支线公路的状况和景观不是很好。干线要求畅通,而支线已经进入景区,对客人来说,就要求缓慢了,在规划设计方面,这条路的主要功能除了交通以外,应该是景观路、文化路、生态路,应该尽可能使旅游者感觉兴奋,这就需要一路上规划设计一些景观;从进了景区门口开始,要规划设计客人的活动,争取达到每5分钟有一个兴奋点,每15分钟有一个高潮,设计的方式可以不拘一格,但必须要有兴奋点。

游览时间是指以游览时间为主体,加上其他消费时间的总和。总体来说是3个小时有一顿饭,6个小时可住一个晚上。很多景区之所以摆脱不了单一的门票经济,就是没有在时间规划上下工夫。游客走马观花,行色匆匆,经营者没有其他的收入来源,只好在门票上做文章。如果增加一些综合消费项目,就会增加游客停留时间,在增加了收入来源的同时,最终也要累积到综合消费时间上。而综合消费时间一旦超过了3小时、6小时的临界线,收入模式就会上台阶。

2.全年时间利用

一个景区景点,需要研究资源全年性的利用能达到什么样的程度、季节性的利用能达到什么样的程度。北方最普遍的现象是冬季旅游不景气,有些景区,一年实际经营也就3个月,长年亏损运营。一个经营性的项目,必须考虑全年时间利用的问题,争取其全年的利用时间更长,方式一是增加冬游项目,二是增加室内项目,三是改变市场形象,四是调整消费观念,五是开展复合旅游。现在很多地方推出的冬季旅游节目,就是一种尝试。

第五节 发展乡村旅游推进"美丽乡村"建设

"美丽乡村"是社会主义新农村建设的升级版,是社会主义新农村建设的一个有效载体。为建设"美丽乡村",要求达到"规划科学布局美、村庄整治环境美、创业增收生活美、乡风文明素质美"等4个美。发展乡村旅游是推进美丽乡村建设的有效途径。

一、发展乡村旅游对建设"美丽乡村"的推动作用

(一)有利于促进农业产业化发展

乡村旅游能够有效地促进当地农业的产业化经营,延伸产业链,带动农副产品和手工艺品加工、交通运输、房地产等相关产业发展。

(二)有利于促进农村生产发展和农民生活富裕

乡村旅游使许多农民成为旅游从业者,一批农民老板、农民总经理应运而生,直接增加了农民收入。农民可以通过打零工、办旅馆、摆小摊、开餐馆、加工纪念品等方式增收,还可以通过参与乡村旅游项目的入股分红增收。

(三)有利于促进农民素质提高和乡风文明

乡村旅游把城市的许多新信息、新理念带到农村,对农民素

质和乡风民俗具有潜移默化的影响,使学文化、学技术成了一些农民的自觉行动,许多村民学起了普通话、外语和电脑,素质得到全面提升。农民通过学习掌握了知识技术,更好地促进乡村旅游发展。

(四)有利于促进环境保护和可持续发展

发展乡村旅游的农村乡镇,通过开发和保护旅游资源,增强了农民的环保意识,促进了当地环境资源、生态资源和文化资源的保护,提升了农村地区的可持续发展能力。

二、发展乡村旅游推进"美丽乡村"建设中存在的问题

"美丽乡村"建设是一项系统工程,涉及方方面面,需要各部门间的密切配合和社会各方力量的大力支持。当前,在推进"美丽乡村"建设过程中,普遍存在各部门各自为战,涉及农村建设项目没有统筹考虑,有些政策还"撞车",致使"美丽乡村"建设得不到统筹推进。

(一)村庄整治过程中未能很好地保护古村古建筑

村庄整治以农办和建设部门为主,按照建设部门的政策要求,农村建房必须"拆老屋、建新屋",一户只允许有一处住宅。因此,很大一批有历史价值的古建筑被拆除,取而代之的是一幢幢拔地而起的水泥楼房。即使目前为数不多的老房子,也掩盖在了钢筋水泥中。有些村庄因人口稀少或地点偏僻,而向中心村、中心镇进行整体搬迁,更是落得全村拆除的下场。

(二)新村环境整治过程中未能很好地考虑旅游元素

村庄环境整治、小流域治理、新村建设规划等项目建设中没有考虑到旅游元素,尤其是一些旅游资源比较丰富的村镇,等到搞旅游再去建设补充,已经造成投资浪费。

(三)城乡一体化推进过程中未能很好地保留农村原有味道

统筹城乡发展、推进城乡一体化,是新农村建设的方向。但

在推进过程中,不能搞千篇一律。目前,村庄改造没有很好体现本地文化特色,建筑风格大同小异,"走过一村又一村,村村像城镇;走过一镇又一镇,镇镇像农村"的现象还没有根本扭转。此外,在统筹发展中,城市的资金、信息向农村流动,基础设施等公共服务向农村覆盖,乡村旅游带来的商业气息使农村原有的"农韵"逐渐消失,如很多农家乐办得像城市酒店,还专门聘请厨师掌勺,农家菜成了点缀。

三、发展乡村旅游推动"美丽乡村"建设的政府对策

旅游具有"兴一业,旺百业"的作用,发展乡村旅游是推进"美丽乡村"建设的有效途径。因此,在建设"美丽乡村"过程中,有条件的村镇要把发展乡村旅游放到更加突出的位置,在发展乡村旅游、增加经济收入的同时,推进"美丽乡村建设"。

(一)突出地域特色,体现差异性和多元化

乡村之美,固然在于乡村优美的自然风光和田园野趣,但如果千村一面,也会缺乏吸引力,容易引起审美疲劳。因此,"美丽乡村"建设必须因地制宜,尊重自然和生态,培育地域特色和个性之美。对旅游资源较丰富的地区,可把一个市当作一个大景区来规划,把一个镇当作一个功能区块来建设,把一个村当作一个景点来设计,把一户农家当作一个小品来改造……要善于挖掘整合当地的生态资源与人文资源,挖掘利用当地的历史古迹、传统习俗、风土人情,使乡村建设注入人文内涵,展现独特的魅力,既提升和展现乡村的文化品位,也让绵延的地方历史文脉得以有效传承。此外,还可从产业发展、景观改造等方面入手,实现"一村一景""一村一品",充分彰显乡村的特色和韵味。

(二)加大资金投入,做好各渠道项目建设的整合

建设"美丽乡村"需要大量资金投入,发展乡村旅游前期的

基础设施建设同样需要资金投入。两者在资金投入方面,尤其是基础设施投入上可以共享。各村镇在建设项目包装上报时,要善于打"擦边球",把一些没有上级补助的项目变通纳入有资金补助的项目,整合支农政策和项目,主动做好项目衔接,积极争取上级立项支持。

(三)突出农民主体,注重调动农民建设积极性

要尊重农民的主体地位。通过教育、宣传、培训来强化农民的主体意识,充分激发农民群众主动性、创造性,实行民主决策,民主管理,促使他们自觉地投身到"中国美丽乡村"行动中来。要做好引导,通过让农民得实惠,激发农民共建美丽乡村的主动性。

(四)强化记忆乡愁,让美丽乡愁印记品牌塑造的标签

"乡愁"是忧伤的,也是温暖的;是怀旧的,也是美丽的。"乡愁"是乡村旅游最重要的文化体验,没有文化的旅游是没有灵魂的。乡村旅游品牌的塑造,来源于特色"乡愁"的挖掘。只有这样才能从"低、散、小",走向"新、聚、大",才可能从产品创新走向业态多元,进而实现产业融合。

图3-5 台湾休闲农业园区的"乡愁记忆"

第四章
乡村旅游基础建设

第一节　公共基础设施建设
第二节　乡村旅游土地利用
第三节　智慧乡村旅游

第一节 公共基础设施建设

旅游基础设施,是指为适应旅游者在旅行游览中的需要而建设的各项物质设施的总称。它是发展旅游业不可缺少的物质基础,主要包括旅游饭店(宾馆)、旅游交通以及各种文化娱乐、体育、疗养等物质设备。我国的乡村旅游,是伴随着社会主义新农村建设而兴起、并与之相辅相成的新兴产业。新农村建设,首先是改善农村落后于城市的物质条件;乡村旅游的发展,首先也要求农村具有基本而良好的旅游基础设施。以北京市为例,从2006年起,北京市开始实施农村五项基础设施建设工程,即:村庄街坊路硬化、供水老化管网改造和一户一表、污水处理、垃圾处理、厕所改造五项工程。目前,全市所有行政村已实现"五项基础设施"全覆盖,全市300万农民的生产生活条件因此得到大大改善,乡村旅游的发展进入了快车道。但是,乡村旅游有其固有的发展规律,对基础设施建设有一些特定的发展要求,既要考虑到为本地的农村居民、农业发展服务,也要考虑满足外来旅游者的需求。本节就各级政府应该承担的乡村旅游公共基础设施建设进行阐述。

一、乡村旅游公路建设

乡村旅游公路是指经过拥有旅游景点的城镇、乡村或者直接通达旅游景点的,能够满足游客的审美要求并为其提供符合生理、心理需求的服务设施及要求,且整体安全、环保、美观、管理有序的公路。"要想富,先修路",乡村旅游发展也是如此。在自驾车乡村游呈现井喷式发展的今天,通过旅游公路网规划将公路资源与公路沿线(即城郊与乡村地区)的各类旅游资源高度整合已成为当前乡村旅游交通发展的主题。

[案例]

江苏——农村公路火了乡村游

为期两个月的"2012年溱湖八鲜美食节"日前在江苏省姜堰市溱湖国家湿地公园开幕,近万名游客通过宽阔整洁的溱湖大道抵达景区。目前,"金秋乡村游"正在江苏广大农村红红火火地开展着。

江苏农村公路目前已达14万千米,管养水平得到极大提升,全省已创建34个省级"乡村公路管养及安保工程示范乡镇"。到2015年,该省每个县(市、区)都将创建一个省级示范乡镇。

村路带动乡村游。2010年起,江苏省开展了创建"乡村公路管养及安保工程示范乡镇"活动,主动与发展高效农业、推进生态旅游、建设乡村文化、整治农村环境、开通镇村公交结合起来。

江苏省各级地方政府结合本地实际情况,提升通往高效农业基地、生态自然景点、历史文化遗址、红色旅游景区农村公路的等级,提升农村公路绿化水平,提升服务功能。沭阳县北丁集乡投入1000多万元打造镇中心大道,引来新加坡绿芽集团投资建立高效农业蔬菜基地。溧阳市天目湖镇打造多层次沿线绿化带,该镇桂林村已建成农业生产基地933.3公顷、旅游农庄10余家,2011年,该村累计接待游客50万人次。2011年,常熟市凤凰镇投入1.6亿元将金谷路和凤恬路改造成具有江南水乡吴歌文化特色的景观路。盱眙县投资5000万元修筑了通往新四军军部纪念馆的黄花塘军部大道……

鼓了农民钱袋子

兴化市地处水网密布的里下河地区,上千垛田金灿灿,美不胜收。大规模的农村公路建设,使兴化市缸顾乡东旺村成为全国闻名的"千岛菜花风景区"。今年菜花节期间,东旺村接待游客77万人次,实现旅游收入3.9亿元。

四通八达的农村公路,使许多乡村生态景点声名鹊起。金湖县闵桥镇横桥村的万亩荷花荡,沭阳县新河镇周圈村的古栗林公园,九龙山中句容市茅山风景区潘冲村的湖光山色……都已成为城里人体验民俗乡村游的首选。苏州市吴中区旺山村生态文化底蕴深厚,农村公路建成后,该村去年接待游客超过100万人次,村民年人均纯收入已超过2.2万元。

2011年,江苏省接待"乡村游"游客达5800万人次,综合收入超过150亿元。

乐了下乡城里人

农村路网的不断完善,使城里人对乡村游更加情有独钟。今年中秋、国庆8天长假,溱湖景区共接待游客25万人次,溧阳天目湖共接待游客71.4万人次。

为鼓励城里人选择"乡村游",从2009年起,江苏省每年都举办"乡村旅游节"。今年8月,江苏省文明办、省旅游局等10家单位开展了首届"江苏最美乡村"评选活动。目前,江苏具备不同规模的乡村旅游点有4000多处,其中,省级四星级乡村旅游点有108家,全国休闲农业与乡村旅游示范县有3个、示范点有8个。

资料来源:中国公路网"江苏——农村公路火了乡村游"
http://www.chinahighway.com/news/2012/705628.php

乡村旅游公路规划建设的时候,主要把握以下要点。

(一)注重景观性

旅游公路除了提供必要的交通功能以外,更多的是将旅游公路本身作为区域景观资源的重要组成部分。良好的旅游公路作为旅游景观的一个重要组成部分融入了整个旅游景区系统中,成为构筑当地历史文化氛围的桥梁和展示当地文脉的风景线。旅游公路单独成为一道风景,体现出"旅游公路"的"公路旅游"价值性,拥有道路本身的视觉、自然、历史、娱乐、文化等特色价值。乡村旅游公路两侧应该利用乔木、灌木、花草等进行绿化美化,形成富有层次、随季节变换的景观廊道。在保证主干道畅通、安全的前提下,可因地制宜地采用多圆卵形曲线和随弯就势的连续S形曲线,改善线路的连续性、流畅性及公路路容景观的协调性,充分利用弯道、坡道,营造出一种"曲径通幽""柳暗花明"的效果,而不是过分强调道路笔直。村庄内部道路应顺应地形,做到不推山、不填塘、不砍树。以现有道路为基础,顺应现有村庄格局和建筑肌理,延续村庄乡土气息,传承传统文化脉络。

(二)注重网络性

走回头路是旅游线路设计之大忌。在一定区域内,旅游公路要成为环线,形成网络,合理地沟通链接区域内重要的乡村旅游点。要建设以旅游服务为主的干线公路(城市枢纽—景区旅游公路)和依托于干线公路的其他旅游公路(景区—景区旅游公路和景区内部旅游公路)。合理的旅游公路网一般应具备以下几个条件:①具有必要的旅游资源通达深度和里程长度;②具有特定的旅游价值;

图4-1 山川环路

③要有与旅游资源和旅游交通相适应的道路技术标准和内在品质;④具有经济合理的平面网络。

(三)注重生态性

一般来说,乡村地区的自然生态环境均处于一个较好的水平,在乡村旅游公路网规划修建的过程中,环境问题一旦把握不好,势必会对乡村环境造成一定的影响,极有可能破坏乡村旅游的可持续发展。环境遭到破坏是旅游资源的无形消耗,旅游资源的耗尽意味着区域旅游经济的崩溃和旅游公路网旅游经济功能的瘫痪。因此,乡村旅游公路要与周边环境协调,绿化方案根据公路所在的不同生态区进行分段设计,要最大限度地减少边坡的开挖和保护原有植被,路线布设上尽量使路基不伤及原有边坡,对开挖的边坡要采取铺挂植被网和铁丝网进行生态防护或栽种乔木进行掩饰。

[案例]

中国第一条生态环保示范路

四川省的川主寺至九寨沟口公路(简称川九路)起于四川省阿坝州松潘县川主寺镇,止于九寨沟县九寨沟口,是四川省规划的重要旅游干线九寨环线的一段,也是九寨黄龙机场通往九寨沟风景区和九寨天堂国际会议中心的唯一通道。

这条旅游公路在建设理念上创新性地确定了"设计上最大限度地保护环境、施工中最小限度地破坏环境、施工后最大限度地恢复环境"的建设原则,并在施工中采取各种有效措施坚持这一原则,使建成的川九路成为全国第一条生态环保示范路。

设计上因地制宜地大量采用多圆卵形曲线和随弯就势的连续S形曲线,改善线路的连续性、流畅性及公路路容景观的协调性。绿化上借景与造景结合,以借景为主,即按"露、透、封、诱"

的原则,让公路沿线景色展现在游人面前。同时借鉴藏式建筑风格修建了藏式挡墙等,丰富了川九路的文化气息。在项目实施过程中进行了"川主寺至九寨沟口公路改建项目环保景观关键技术研究",达到国际先进水平。创新了公路建设管理模式,业主从管理型业主转向管理服务型业主;设计从封闭式独家设计转向开放式动态设计;施工和监理单位从被动接受管理转向主动参与管理;专家组从局部咨询服务转向全过程咨询服务。

建成后的川九路,几乎看不见人工雕琢的痕迹,公路与自然环境融为一体,实现了公路建设与环境保护的协调发展,已成为九寨沟景区一道亮丽的风景线。

资料来源:中国交通年鉴2004,四川川主寺至九寨沟公路示范工程

(四)注重舒适性

在乡村旅游公路规划建设中,要尽可能改善路线平纵线形,使道路线形连续、流畅,要提高路面等级和平整度,减少车辆颠簸。同时,要提高旅游服务水平,在道路系统中设置与旅游功能相匹配的设施,如每隔一段距离修建停车休息区、观景平台等。

(五)注重指示性

自驾车已经成为乡村旅游的主要出行模式,因此乡村旅游公路的建设一定要注重指示系统的构建。原则上讲,旅游标识设置的地点一般在公路出口前方的适当位置,每个出口处设置一套旅游标识,内容不超过2~3个景点,文字必须中英文对照,但不得影响其他公路指路标识的效果。在设置安排上,先重点后一般,其中国家级风景旅游景点可设置在高速公路上,省级重点旅游景点设置在国、省道上,并严格控制,防止过多、过滥。县、乡道路可以适当多设置指示标志,包括区域内所有的乡村旅

游点，并且应该采用突出区域特色的个性化设计方案。

图4-2　密云县乡村旅游指路牌

图4-3　平谷区国际徒步大道指路牌

图4-4　怀柔区乡村旅游指路牌

二、道路设施建设

道路设施包括道路绿化、道路排水、停车等。一般情况下，村庄主、次道路绿化是在道路两侧种植 1~2 排乔木，树下不做维护，自然生长的野草更富有趣味；也可在乔木之间种植常绿小乔木、灌木和地被植物，以减少土壤裸露和道路污染，提高防护功能，加强绿化效果。道路两侧绿化布置以简单、实用、大方为主，也可在不妨碍通行的地方种植绿叶阔叶树种，起到为村民提供遮阴、纳凉和交往空间的作用。宅前道两侧可考虑统一树种，统一各家门前植树位置，形成一街一树、一街一景的特色。对于道路一侧的开阔地带，可种植一些枝下高度较高的观赏大树，布置少量座椅，形成村民纳凉、聊天的场所。对于村民宅前屋后的空间，在统一绿化的同时添加村民自主种植的蔬菜，突出乡土特色。

当道路周边有水体时，应引导地块排水就近排入附近水体；道路周边无水体时，根据实际需要布置道路排水设施。一般情况下，道路紧邻建筑时，路面应适当低于周边地块，利于周边地块雨水排放。道路两侧为农田、菜地时，路面宜高于周边地块，有利于将道路积水漫排至农田、菜地。村庄停车有集中停车和路边停靠两种方式。集中停车可结合村庄入口或主要道路，设置机动车集中停放场地，减少机动车辆进入村庄内部对村民生活的干扰；发展乡村旅游的村庄，应根据旅游线路设置旅游车辆集中停放场地。路边停靠一般沿村庄道路，在不影响道路通行的情况下，选择合适的位置设置路边停车位。

三、民居立面改造

村落景观是乡村旅游资源的有机组成部分,构成了乡村旅游区的重要特色。在我国广大的农村地区,住宅大多为自建自搭,缺乏整体规划,这就造成建筑色彩、格局、样式区域大体雷同,与周围环境不相协调,破坏了乡村的美感。农村民居的改建大量使用预制板、瓷砖等构件,缺乏地域特征,进而丢弃了本地的地域特色,造成南北农村建筑趋同的现象,陷入"千街一面""千村一面"的境地。这种"趋同化"的农村建设环境,割裂了文脉和历史,进行乡村旅游时往往会给旅游者心理上带来失落感。

新农村建设为农村民居的改建提供了良好的契机,乡村旅游的大发展又为农村民居的改建提供了方向——新农村住宅社区的造型设计和风格取向,应与当地自然、天际轮廓线及周围环境的景色相协调,还要体现当地历史、文化、心理与社会生活等地域文化和文脉,以传统文化要素为切入点来探求农村民居立面改造手法,把村庄当作景点来改造提升。

(一)确立整体风貌

根据本地区的历史文化传统,或者乡村旅游发展规划中希望打造的总体目标(如法兰西风情小镇、荷兰村等)确立整个村庄的建筑风格。在开展乡村旅游的村庄,不同类型的农家乐可以采用不同类型的建筑和装修,根据展开的活动和服务增加相应的设施,但总体来说要保持乡土特色,体现出爱乡爱土的责任感和使命感。同时注意建筑布局的科学合理性,建筑风格、活动区域的地面处理、墙面处理以及建筑外观等都应该与乡村环境相协调。

图4-5 怀柔区八宝堂村改造后的效果

(二)保留传统符号

立面改造中,要提取传统建筑符号(如坡屋顶、马头墙、穿斗栱等),组织建筑元素,符合整体建筑风貌形式特色要求,结合环境特征,形成具有地方特点的新农村民居。

(三)注意细节处理

要使住宅的立面造型具有独特风格,就必须在立面造型元素及细部处理这些方面多下工夫,充分利用屋顶型式、底层、顶层、尽端转角、楼梯间、阳台露台、外廊和出入口以及门窗洞口等特殊部位的特点,对建筑造型的组成元素进行精心组织,在经济、实用的原则下,丰富新农村社区住宅的立面造型。

(四)注重社区参与

民居改建涉及村民自身利益,一定要充分尊重当地村民的意愿,根据当地村民发展乡村旅游的需求进行设计、施工。

[案例]

又好又快推进神宜路沿线民居立面改造

自启动神宜公路黄花段生态景观建设工作以来,宜昌市夷陵区黄花乡把民居立面改造作为首要民生工程来抓,坚持"政府引导、工程队统一施工、农户自建、社会参与"的思路,用非常之策,举全乡之力,克服各种困难和问题,神宜公路沿线民居立面改造工作得以又好又快地稳步推进。

一是统一思想认识。及时召开专题办公会议,成立工程建设领导小组,细化、量化实施方案。在调查摸底的基础上明确、规范建设范围和任务,抽调干部组建专班,按照"突出重点、体现特色、注重细节、统筹推进、确保工期"的工作要求,进行全面动员、全员上阵。通过责任分工,职责人给担子,工程队给压力,形成了人人有责、齐抓共管的责任氛围。

二是营造建设氛围。注重利用电视、报刊、网站等媒体进行专题会议、优惠政策、立面改造标准等宣传报道,利用各种宣传板报、现场咨询会、印发政策宣传单和《致黄花乡广大村民的一封公开信》等形式宣传建设的意义、目标、任务,召开6个沿线村的干部群众会,营造出了社会关心、施工队热心、群众放心、干部齐心的宣传氛围。

三是建立奖惩机制。实行主要领导督阵、班子成员坐镇、机关干部上阵、村组干部负责的办法,落实"四包(群众思想、施工协调、进度督导、社会稳定)"责任制,健全、完善农户补助和奖励标准,增强责任感。对农户自行施工和工程队统一施工的,按期签订承诺书,不同期限完工的农户分别给予奖励资金、领取太阳能热水器和落实"一建三改"项目政策,营造出了你追我赶、奋勇当先的争先氛围。

四是强化指导服务。多次请区建设局、区规划设计院领导和专家到沿线修订生态景观节点规划;与区旅游、交通、环保、林业、发改等区直相关部门和中央在夷企业积极配合,对建设中遇到的资金、用地等诸多困难和问题进行多渠道的协调加以解决。

同时,通过聘请有三级以上资质的施工队伍,对沿线农户房屋进行"峡江风格"立面改造,并统一民居立面改造标准,乡村干部带头深入现场指导督办,严格工程质量和建设标准,对来咨询的农户热情接待、热情服务,既帮助其与施工队联系,又与城建、国土等有关职能部门衔接,营造出了一个全过程、全方位的服务氛围。

目前,神宜公路黄花段民居旧貌换新颜,建筑风格统一、外观整齐亮化、房前统一硬化、四周环境净化,过去"乱搭乱建、乱停乱靠、乱堆乱放、乱牵乱挂"传统而杂乱无章的旧房焕然一新,成为神宜路上一道道靓丽的"低山河谷村镇"风景线。

资料来源:中国夷陵网 http://www.10.gov.cn/art/2010/4/14

四、文化墙建设

文化墙是农村精神文明建设的重要载体和阵地。在乡村旅游发展中,也应该成为传播乡风文明、传递历史文化的风景。文化墙上的语言应该亲切自然,避免喊口号。文化墙上的内容,应该突出本地的历史文化,反映乡村民俗;在表现手法上,可以利用当地的农民画,也可以采用浮雕、砖雕、彩绘等形式。

[案例]

铜陵农村文化墙建设打造乡村靓丽风景线

铜陵"文化墙"成为农村精神文明建设工作新品牌。铜陵农村精神文明建设工作中,紧紧围绕"以文化人,以德育人"这个根本,以"四创"为抓手,创新摸索出农村文化建设新载体——文化墙,大力传播社会主义新农村的新文化、新风尚,成为新农村建设的一道靓丽的风景线。

一是丰富文化内涵,设立农村教育"新课标"。按照分步组织实施,以点带面,逐步推广农村"文化墙"的原则,铜陵市在全市各乡村深入开展了"靓丽新农村,文明促精致"农村文化墙建设活动,并采用群众喜欢看且看得懂的漫画、诗歌、顺口溜等形式,寓教于乐地将政策法规、道德文化、计划生育、卫生保健等知识生动活泼地展现在村民面前,使村民们变"被动看"为"主动看",让农民潜移默化地受到了教育,促进了村风、民风进一步改善。全市目前累计投入资金100余万元,在近百个示范自然村创作墙作书画千多幅,绘画面积近万平方米。一幅幅色彩鲜丽、图文并茂的"文化墙",成为一道道赏心悦目的乡村美景。

二是注重文化引领,打造农村教育"新课堂"。铜陵市把文化墙设在村民活动广场及道路两旁等场地开阔、人员密集的场所,同时,还把文化墙布点与新农村建设整体规划相结合,既突出就近、便民,又使文化墙形成独特的人文景观,成为新农村建设的亮点。该市以文化墙更新活动为载体,调动农民群众参与乡风文明建设的积极性、主动性和创造性,做好利民惠民的好事实事,使农民朋友在文化墙设计更新过程中享受新农村建设成果的同时,达到提升农村居民文明素质的效果。"文化墙"不仅为新农村建设环境美化增添色彩,也成为宣传党的方针政策、提高村民素质的"固定的课堂"。

三是彰显"本土"文化,催生农村教育"新导师"。该市各乡镇请村民们自己创作文化墙,创绘人员以当地村民、乡镇文化站职工、中小学校师生等为主。他们来自农村,生活在农民中,有书画功底,热心宣传工作,他们创作的文化墙更具当地特色、更加贴近生活。这样一来,村民参与宣传的积极性大大增加,效果也更加突出。铜陵市还将"文化墙"列入村容村貌整治活动中,与文明村镇、卫生村镇建设融为一体,并通过"四百工程"联合党委"结对帮扶"等有效形式,争取相关部门支持帮助,充分挖掘农村现有人才资源,加强本地创作人员队伍建设,该市文明办、市文广新局、市文联等部门有针对性地定期开展指导、培训和帮扶,不断提高农村"文化墙"创作水平。

资料来源:铜陵文明网 http://tl.wenming.cn/qtwh/201204/t20120401_200610.html

五、给排水设施建设

水在村庄宜居要素中扮演着重要的角色。我们的先人在村庄给排水设施方面有着丰富的经验。纵观我国诸多古村落,不难看出它们在水利用方面都有相似之处,体现在亲水的规划选址原则、便利的水利设施、完备的雨水系统和实用的生活给排水设施等方面。在乡村旅游开发中,给排水设施建设应当遵循以下原则。

(一)优先实施区域供水

区域供水是指水源相对集中、供水范围覆盖多个区域、管网连成一片的供水系统。城乡统筹区域供水可合理利用水资源,能有效保障农村供水水质、水量,是统筹城乡建设的重要基础性工作之一。靠近城镇和区域供水管网的村庄要优先选择区域供水管网延伸供水,加快推进供水管网进村、入户。在测算用水量时,应当考虑旅游接待旺季时的需求。

(二)保障饮用水安全

距离城镇较远或无条件时,应建设给水工程,联村、联片供水或单村供水;无条件建设集中式给水工程的村庄,可选择单户或联户分散式给水方式,采用手动泵或小型水泵供水,水源井周围应保持环境卫生,并有排水设施。生活饮用水必须经过消毒处理,凡与生活饮用水接触的材料、设备和化学药剂等应符合国家现行有关生活饮用水卫生安全规定。给水厂站生产建筑物和构筑物周边30米范围内应无厕所、化粪池和畜禽养殖场,且不得堆放垃圾、粪便、废渣和铺设污水管道。供水管材应选用PE等新型塑料管或球墨铸铁管,使用年限较长、陈旧失修或漏水严重的管道应及时更换。原水含铁、锰、氟、砷和含盐量以及藻类、氨氮、有机物超标的,应相应采取特殊处理工艺。

(三)排水沟渠雨水收集

可根据实际采用沟渠、管道收集或就地自然排放,可与道路边沟结合,应充分利用地形以自流方式及时就近排入池塘、河流等水体。选择沟渠排放雨水时,断面一般采用梯形或矩形,可选用混凝土或砖石、条(块)石、鹅卵石等材料砌筑。采用管道收集雨水时,管材可采用混凝土管、硬聚氯乙烯塑料管、高密度聚乙烯塑料管等,管径一般为直径300~400毫米,每隔20~30米设置雨水检查井。排水沟渠应加强日常清理维护,防止生活垃圾、淤泥淤积堵塞,保证排水畅通,也可结合排水沟渠砌筑形式进行沿沟绿化。

(四)污水处理

乡村旅游的发展,为农村带来大量的人流,也带来了污水和垃圾。城镇周边和邻近城镇污水管网的村庄,应优先选择接入城镇污水收集处理系统统一处置;村民居住相对集中的规划布点村庄,应选择建设小型污水处理设施相对集中处理;地形地貌复杂、居住分散、污水不易集中收集的村庄,可采用相对分散的方式处理生活污水。村庄小型污水处理设施的处理工艺应经济有效、简便易行、资源节约、工艺可靠。一般宜采用"生物—生态"组合模式,推荐选用"厌氧池—自流充氧接触氧化渠—人工湿地""厌氧池—脉冲生物滤池—人工湿地""厌氧池—风帽滤池—人工湿地"等工艺;有条件的村庄也可选用"水解酸化—好氧生物处理"等处理效率较高、运行费用较高的传统生化处理工艺;位于环境敏感区域并对排放水质要求高的村庄,可选用膜生物反应器等工艺。

六、垃圾收运设施建设

大量游客的涌入使农村的自然环境受到一定程度影响,在一些客流较大的乡村旅游景区,游客带来大量的垃圾给当地环境保护带来压力。乡村旅游发展地区应该率先建立完善"户分类、组保洁、村收集、镇转运、县处理"的城乡统筹生活垃圾收运处置体系,积极推动村庄生活垃圾分类收集、源头减量、资源利用。垃圾收运设施建设包括配置收集设施、建立保洁机制和引导分类利用三部分内容。

(一)配置收集设施

垃圾收运提倡保洁人员定时上门收集后直接送至镇垃圾中转站转运处理,也可在村内适宜位置设置收集设施,宜使用垃圾箱。一般5~10户设置1个垃圾箱,服务半径一般不超过70米。垃圾桶容积由容纳服务范围和清运周期内的垃圾投放量确定,一般以200~500升为宜。垃圾箱的选址应方便村民投放,避免直接临村庄主要道路,垃圾投放点应布置在村庄主次道路旁,位置相对固定,方便村民使用。垃圾清运车的配备应根据服务范围、垃圾产量及车辆运输能力确定。采用机械清运的村庄,原则上总人口3000人以下的村配1辆,总人口3000~5000人的村配2辆,总人口5000人以上的村配3辆;若采用人力车清运垃圾,可在此基础上适当增加清运车辆。垃圾运输设施主要有专用人力收集车、专用机动三轮收集车、专用运输汽车等。

(二)建立保洁机制

提倡由清运车直接收集运输的垃圾收运模式,尽量减少设置村庄垃圾收集点,既可节约投资,也可防止因渗滤液漏出、蚊蝇滋生而带来的二次污染。鼓励农村发展生活垃圾源头分类收集、资源利用,实现就地减量。一般来说,生活垃圾可分为有机垃圾、可回收垃圾、有毒有害垃圾和其他垃圾等四类,或者进一步简化为干垃圾和湿垃圾(可沤渍的有机类垃圾)。可回收垃圾如纸板、书报、塑料制品、金属器物等通过分类收集或分拣后回收利用。有机垃圾可生物降解,宜分类收集后就地处理,也可结合粪便、污泥及秸秆等农业废弃物进行资源化处理。资源化处理包括堆肥处理、结合沼气工程厌氧消化处理、生物转化等方式。设置人畜粪便制沼气的村庄,可将有机垃圾粉碎后与畜禽粪混合加入,增加沼气产量。砖、瓦、石块、渣土等无机垃圾可作为建筑材料回收利用,或在土地整理时回填使用。

[案例]

建设美丽乡村,从垃圾分类开始

"瓜果皮、黄菜叶分解到农田去沤肥,牛奶盒、易拉罐可另外作回收处理。"昨天早上,锡山区锡北镇周家阁村庄里自然村76岁的周老伯,吃过早饭后,就念叨着将前天家中的生活垃圾"分家",这也几乎成为他4月中旬以来每天的"必修课"。而在从前,周老伯家的垃圾基本上随意抛在房前屋后。

垃圾分类回收,在偏远的庄里村为何做得井井有条?昨天,记者踏进庄里村采访时,许多村民异口同声:这一不寻常的转变,缘由起自于年初的一场村庄环境整治。

庄里村仅有27户人家,100个村民,在锡北镇百余个自然村中属"袖珍村庄"。前几年,村庄虽经过多轮环境整治,但环境面貌改观并不大,原因是村民们的生活垃圾难以得到妥善处置,导致污染回潮。今年初春,庄里村经过新一轮环境整治后,决定将垃圾分类作为"大事"来抓。"建设美丽乡村,就必须从垃圾分类开始。"年逾六旬的村民小组长叶四妹再次使出年轻时泼辣果断的作风,决心将垃圾分类抓出实实在在的成效。

叶四妹与村公共卫生委员挨家挨户做思想工作,27户人家都收到了一本详细写着垃圾分类知识的小册子。每户村民家除收到村里发放的一只大垃圾桶,自己又按照村民小组的要求,特地购置两个颜色不同的卫生桶,用以垃圾分类。"即使所有垃圾起先都放置在一个大垃圾桶中,但出门前许多人家都会及时分类。"叶四妹坦言,村里将"垃圾分类"写入村规民约,让大家相互监督,"垃圾分类"已逐渐成为村民们的自觉行动。

胡彩娣是周家阁村6个保洁员之一,自从庄里实施垃圾分类后,她又多了一份"差事"——担当可回收物收购信息员,只要村民一个电话或一声招呼,她就马上联系附近废品收购站为村民上门收购。"这样既能让自己的清运工作轻松些,又能让可回收物找到再利用的好去处。"胡彩娣乐呵呵地说,在她看来,引导乡亲们改变乱抛垃圾陋习实行分类处理,是一举多得的好事,自己应义不容辞地当好"领路人"的角色。

正是凭着村干部、村民和保洁员的共同努力,如今,庄里村已彻底杜绝脏乱差回潮的现象。最近,在锡山区新一轮"美丽乡村"评选中,这个百人小村庄成功胜出,成为当地最美丽的"样板村庄"之一。

资料来源:无锡日报,2013-12-23

第二节 乡村旅游土地利用

一、乡村旅游与土地利用的关系

乡村旅游资源实际上是乡村土地利用的结果,乡村旅游发展如果离开了乡村土地利用,乡村景观和乡土文化也就不复存在。另外,乡村土地利用的主体是农民,他们祖祖辈辈在土地上耕作生息,既是乡土文化的创造者,又是乡村民俗文化的传承者,这种文化的形成与传承实际上也是通过土地利用而沿袭下来的。因此,乡村旅游如果离开了乡村土地利用,就会失去发展的基础。因此,在乡村旅游发展中,改变乡村土地利用方式或者是把农用地改成建设用地,都可能使乡村旅游发展走入困境。

乡村旅游要求乡村土地实现产业化规模经营,更加突出农业产品的特色和优势,从而使农产品的价值增值。乡村旅游促使乡村土地利用进行结构调整,转移农业剩余劳动力,从事旅游餐饮服务,改善农村社区环境,实现土地利用的经济效益、社会效益和生态效益。

二、乡村旅游用地的特点

乡村旅游与乡村土地利用的关系,也使乡村旅游土地利用不同于其他类型的旅游土地利用,它具有以下特点。

(一)以农用地类型为主的用地结构

乡村旅游土地利用不同于风景区旅游用地。风景区土地利用类型主要以生态型用地为主,乡村旅游土地利用则以农业用地类型为主,如耕地、园地、林地等。正是这种用地结构格局,才称得上乡村景观风貌。

(二) 用地的复杂性

乡村旅游用地从用地类型来看，不仅有农业用地类型，包括耕地、林地、园地、水田、坑塘水面、农村宅基地等类型，而且有与旅游服务相配套的基础设施的用地类型，如道路、停车场、接待中心等，这些用地类型之间不是彼此孤立，而是构成一个统一的整体。这就需要我们在乡村土地利用中考虑各种用地类型之间功能的协调，既要实现土地生产农产品的功能，又要实现观光、休闲、体验等旅游功能，因此，在用地上体现出复杂性。

(三) 多效益性

一般的乡村用地在用地效益上主要表现为农业经济效益。而作为乡村旅游的土地利用除了农业生产的直接经济效益外，其效益上的最大特点是突出农业土地利用的间接效益，将农业用地的耕作方式、生产周期的景观变化、生态功能、农家习俗、文化理念，甚至农村地区的构筑物和环境总和，都作为旅游产品，增加了农业土地利用的收入渠道。同时，乡村旅游能够加强对乡村景观环境的保护，增加绿化面积，减少水土流失，保护生物多样性，增加农业景观斑块，提高自然环境的美学价值和舒适性，延缓生态环境影响向负面发展，对乡村基础设施建设、现代环境和生态理念的普及、城乡文化交流、解决农村劳动力就业等具有显著的正效应。因此，乡村旅游土地利用的效益不仅表现为经济效益，也还表现为社会效益和生态效益。

三、乡村旅游产业化发展中土地流转的模式选择

(一) 土地互换或置换式

乡村旅游开发模式土地互换式是农村集体经济组织内部的农户为方便耕种和各自需要，通过集体出面协商或农户自愿协商的办法，将农户经营的地块相互交换经营权，此种形式多出现

在农业生产基地,是实现土地集中连片最为原始的方式。土地置换是指在占补平衡的原则下,发包方(即农村集体)以置换的方式,将农民部分或全部承包地块相互调换经营,以重新配置面积相当的耕地或宅基地。土地被互换或置换后,可以使农民的居住环境与配套设施得到改观,集中起来的农民以聚居村落开展旅游接待,发展餐饮、娱乐以及旅游商店等,使乡村旅游得到规模化发展。例如,河南商丘市虞城县在坚持"保留原有分地人口不变原则,保留原有耕地面积不变原则"的两不变原则下,提出了"小块并大块、多块变一块"的土地流转新模式。截至 2010 年 9 月,虞城作为试点县已发展土地流转面积在 66.7 公顷以上的经营大户 7 户、33.3 公顷以上的经营大户 19 户、6.7 公顷以上的经营大户 71 户,整合、优化了土地的潜力,为农业规模化、产业化、集约化和机械化经营提供了坚实的基础,有效地破解了加快推进现代农业发展的"瓶颈",为特色乡村旅游产业化发展奠定了基础。

(二)土地租赁式

乡村旅游开发模式土地租赁主要包括出租或反租倒包两种形式。出租是指土地承包经营权人将自己承包期内的土地在一定期限内部分或全部租赁给本村或外村种植大户或龙头企业等从事生产经营,业主一次性或分期付给农户一定租金。反租倒包是指以乡村组织的名义,将土地承包经营权人承包期内的部分或全部土地以一定的租金、期限统一承租,进行整合、规划,经调整、改造、建设配套,再反包给本村或村外个体、经营大户发展农业或参与乡村旅游经营。例如,成都市郫县新民场镇凌云村从 2008 年开始进行大规模土地流转和土地整理,先由村集体与农户签订土地租用协议,再由村集体与企业签订土地流转协议。新增耕地 40 公顷,将腾出的 9 公顷建设用地用于发展第三产业,按照基地 + 合作社 + 社员的农业产业化经营模式,将基地、农民和企业捆绑在一起,形成较为紧密的利益共同体,并以凌云村为中心向周边辐射,建成了 300 公顷集生产、展销、观光、休闲于一身的"西部花乡"综合性产业基地。赋有宁夏"甘草之乡"美誉的盐池县青山乡通过整体出租或股份合作的方式流转 133.3 公顷休闲农庄,进行"农家乐"生态旅游开发、"夕阳红"清新庄园建设,形成特色规模化生产。在该种模式下,衍生出一种新型的比农家乐、观光农业更为深入的乡村旅游经营模式,即"市民农园"模式。"市民农园"模式是指在典型特色村镇中,将农民多余的良田、果园等土地通过出租或对外发包的方式流转给种植大户或旅游开发公司,在实现农业规模化运作的同时,建成农业生态旅游观光基地。基地也可以将土地出租给游客,由游客自行种植或委托当地农民种植,收获的农作物由游客支配,也可以由合作社代卖。这种模式不仅解决了农民的收入问题,同时也解决了对"三农"有感情的市民休闲问题,使旅游者体验返璞归真的乐趣,通过收获劳动成果获取一定的知识,满足其寓教于乐的需求,形成一种城乡互动的良好局面。

(三)土地股份合作制乡村旅游开发模式

土地股份合作制模式是指在乡村旅游开发中,农民以承包的土地入股为核心,参与乡村旅游开发及多种形式的旅游服务。这种模式是当今市场经济条件下土地有效流转和规模经营的重要方式方法,市场化程度较高。在利益分配方面,遵循"风险共担、利益共享、多投入多得"的原则,实行按股分红、按劳分配、按投入生产要素(包括土地、资金、劳动力等方式)分配相结合的方式分享乡村旅游开发的成果,如景区门票的分红等。最终使农民与经营者形成"利益共同体",形成旅游开发与农民致富和谐共生的景象。2006 年,青海省湟中县拦隆口镇扎什营村村民集体将10多公顷土地承包给某家公司,实行土地入股的生产经营模式,开办了以种植、赏花、观光、休闲、采摘等为一体的油桃基地,经过四年的发展,油桃基地不仅有了可观的经济收入,同时也解决了当地几个村村民的就业问题。

[案例]

土地流转助推乡村旅游提档升级
——房山十渡镇平峪村乡村旅游发展实践

平峪村位于十渡镇西南,村域35平方千米,全村共711户1903人。近年来,该村拓宽视野,引导村民由低效的传统农业向高效的旅游农业转型,利用先期流转的33.3公顷土地,在拒马河畔建起"田园超市",农户年均增收5000元。今年9月,该村再次流转66.7公顷土地,拟于明年重点建设婚纱摄影项目,进一步促进农民增收。

1. 主要做法

(1) 创新思路,选准发展突破口

平峪村"两委"班子结合兄弟村近年来凭借"十渡"品牌吃香旅游饭的现实,深入反思本村存在的差距和潜能,客观分析自身的比较优势,即地域广阔、拒马河河道长(11.5千米)、临近去往野三坡景区重要通道及群众迫切盼望增收。在此基础上,选准通过土地流转发展旅游农业,推进差异化竞争,进而分享"旅游饭"的突破口。

(2) 对比算账,调动村民积极性

由于受传统观念束缚,该村村民最初普遍担心土地流转后自家收益无保障,存在抵触情绪。为此,村"两委"干部深入村民家中逐户宣传流转后土地的用途、综合优势及预期收益,并与农户自家种植小麦、玉米的亩效益进行对比。同时,村"两委"

还组织党员干部和村民代表现场参观了解其他村土地流转后规模经营情况,有效消除了村民的思想顾虑,进而坚定了通过土地流转发展旅游农业的信心。

(3)坚持原则,保障操作规范化

一是依法。村经联社与村民签订土地流转合同,在合同中明确规定将来经营过程中不改变土地性质和村民收益权。二是自愿。村民在自愿的基础上将土地流转给村经联社,促成连片规模经营旅游农业。三是有偿。村集体按照每年每亩土地600元的标准对相关农户进行补偿,比村民自己经营的收益高出一倍。四是透明。村"两委"在村内公开土地使用去向、补偿标准及办法,打消村民的疑虑。

(4)次序动员,党员干部做表率

在推进土地流转工作中,该村"两委"班子带头将自家经营的土地先流转出来,并严格执行"'两委'班子成员流转在前,得租金、拿分红在后"的规定。党员和村民代表也积极行动,在率先完成自家土地流转的同时,主动做通亲戚朋友的思想工作,有力保障了土地流转工作的速度和质量。

2. 取得成效

(1)有效改变了传统农耕观念

该村村民通过参与经营"田园超市",亲身体会到旅游农业的产品多样性、热销度和高效益,与传统农业的产品单一、滞销和低效益形成鲜明对比,引导村民自觉改变传统的农耕观念,真正从思想深处接受并支持发展旅游农业。今年9月,十渡镇计划在平峪村重点打造婚纱摄影基地,在村民自愿的基础上,该村仅用21天即完成了66.7公顷土地流转。

(2)村民和集体均实现了增收

土地流转前,该村村民通过传统经营,每年亩效益约300元左右;而土地流转后,村民每年可一次性获得每亩土地600元的补偿费,还可通过年终分红及就业进一步增加收入。2011年,该村村民人均纯收入实现7500多元,较2009年增长40%。此外,2011年,村集体通过土地流转实行规模经营,农村经济总收入实现4500万元,较2009年增长50%。

(3)促进了旅游综合开发

该村通过兴办"田园超市",使游客可以采摘及品尝葡萄、樱桃和黄瓜等应季果蔬,方便大家体验乡野田园生活乐趣,吸引了大量游客,并促成了沿线11.5千米拒马河河道的旅游开发,为本村民俗旅游提供了大量客源。目前,旅游业已成为该村的主导产业。

资料来源:北京市休闲农业与乡村旅游发展报告(2013)

第三节 智慧乡村旅游

一、智慧旅游的概念与内涵

智慧旅游,就是利用移动云计算、互联网等新技术,借助便携的终端上网设备,主动感知旅游相关信息,并及时安排和调整旅游计划。简单地说,就是游客与网络实时互动,尤其是利用智能手机为代表的移动终端,让游程安排进入触摸时代。

[案例]

一部手机畅游美丽乡村 奉化开建智慧乡村游

智慧旅游,开始拼入美丽乡村"拼图"。最近,奉化在全省率先开启智慧乡村旅游建设,区域内乡村景点将逐步实现智能化全覆盖。游客只需一部手机,就可实现奉化乡村游导游、导航、导购。奉化乡村旅游,由此进入了智能化时代。

奉化的智慧旅游项目起步较早。2004年,奉化就在全省率先推出溪口风景区电子门禁系统,相继开发了视频导游、网上虚拟旅游系统、旅游行程DIY系统等平台,并发布了国内首张县级城市智慧旅游手绘地图。去年,溪口—滕头国家AAAAA级景区作为全国首批智慧旅游试点景区之一,建设成为国内"智慧景区"的样板工程。

眼下,乡村旅游日益成为都市人的新宠,可乡村旅游资源点多面广分布零散,难以满足游客日益增多的个性化需求。目前仅奉化一地,就拥有省星级乡村旅游点8家,省特色旅游村6个,农家乐休闲旅游特色村5个,农家乐休闲旅游特色点9个等。"智慧乡村旅游"建设,就是利用网络整合乡村旅游的各个要素,将为游客提供低成本、高效率的智能服务模式。

据悉,奉化"智慧乡村旅游"建设,主要包括标注有二维码的乡村智慧旅游手绘地图这样的平面载体,以奉化旅游商务网、WAP网、手机App客户端为网络支撑的智能平台以及无线宽带网的覆盖等。届时,乡村旅游点将免费开通WIFI热点,乡村景点怎么走、玩什么、吃什么等,游客只需在手机上动动手指,或扫描免费发放的乡村旅游手绘地图上的二维码,乡村旅游点的相关信息就会一览无余。同时,游客对乡村景点的相关服务,也可以通过智能平台进行评价或投诉。

目前,奉化已开始就区域内主要乡村旅游景点和农家乐进行定点定位、视频拍摄、图片、文字等信息采集。接下来将在全市主要乡村旅游点设置网络预订、无线网络、二维码和视频导游等系统,未来还将推广到全市乡村旅游点。

资料来源:一部手机畅游美丽乡村 奉化开建智慧乡村游
http://zjnews.zjol.com.cn/05zjnews/system/2013/06/27/019428941

近年来，智能移动终端用户数也实现井喷式增长，移动互联网及应用已经变成生活中不可缺少的一部分。越来越多的人成为移动互联网用户，并充分享受到了科技发展带来的实惠与便利——出行导航路线，了解实时路况并获取最优路线；获取附近的餐饮住宿优惠信息；功能各异的App……目前乡村旅游产业面临转型发展的挑战和契机，要认识把乡村旅游融入文化并向智慧化发展的必要性和紧迫性。

"智慧旅游"是一个全新的命题。它是一种以物联网、云计算、下一代通信网络、高性能信息处理、智能数据挖掘等技术在旅游体验、产业发展、行政管理等方面的应用，使旅游物理资源和信息资源得到高度系统化整合和深度开发激活，并服务于公众、企业、政府等的面向未来的全新的旅游形态。它以融合的通信与信息技术为基础，以游客互动体验为中心，以一体化的行业信息管理为保障，以激励产业创新、促进产业结构升级为特色。

二、智慧乡村旅游的主要内容

智慧乡村旅游建设的内容主要包括以下方面。

（1）建立乡村旅游数据库。

（2）建立区域性的乡村旅游网站平台，尤其是手机网站。建立和完善在线查询、导航、预订、支付功能，能够支持游客在网上购买电子票，能够扫描识别二维码电子票或其他形式的电子票。

（3）建立新媒体营销平台，充分利用微信、微博的手机客户端发布、推送信息，有专人维护。

（4）加强银农合作，在乡村旅游消费区域加大刷卡支付能力建设，应可以提供借记卡、信用卡刷卡服务，方便游客消费，POS终端符合国家相关标准。

(5)加大乡村旅游区域网络覆盖。全村民俗旅游接待户客房、休闲渔场、观光果园和观光农园等各乡村旅游接待单位应实现室内有线网络的无线覆盖,并免费向游客提供无线上网服务。全村民俗旅游接待户客房、休闲渔场、观光果园和观光农园等应达到 10M 及以上光纤接入覆盖率超过 80%,20M 及以上光纤接入覆盖率超过 20%。村内的游客服务中心、小广场等游客聚集地点应实现无线网络(WLAN)热点覆盖,能够与室内无线网络无缝切换,双点畅游。

(6)在旅游乡村出入口、重点旅游项目等位置利用定位技术能够向游客手机提供各类旅游信息,包括民俗村介绍信息、周边餐饮信息、周边住宿信息、周边游玩项目信息等自助导览、自助导游信息。

(7)在游客服务中心、重点旅游项目等位置应设置信息触摸屏,提供自助导游导览信息、旅游资讯信息、地图交通信息、天气预报等信息查询,语音公用电话服务和免费上网服务。

(8)能够实现网络在线监控、实时远程控制与调度、集中上联,在保障乡村、景区安全的前提下,便于管理部门统计了解人流、车流情况,方便管理。能够通过视频监控系统实现对人员、车辆进行识别、统计,实现对旅游景区、民俗旅游户的人员安全监控、人车流量统计等功能,对安全风险服务进行提示,包括人车流信息情况通报、气象交通信息提示、安全信息提示等。

(9)能够对旅游乡村中休闲渔场、观光果园、观光农园等高端农产品的种植、养殖、生产等环节,采用先进的通信技术、物联网技术、视频技术等实现对农作物生长环境的监控及集中展现,保障农产品有良好的生长环境,吸引城镇居民消费。

第五章
乡村旅游公共服务

第一节　乡村旅游政府规制
第二节　乡村旅游专业合作社建设
第三节　乡村旅游培训
第四节　乡村遗产保护
第五节　政府激励政策

第一节　乡村旅游政府规制

一、政府规制的概念

"规制"一词来源于英文"Regulation",是规制理论和规制经济学中最重要的一个概念,主要是指政府通过法律、规章、政策、制度等因素对微观经济活动加以控制和制约。政府规制是一个十分复杂的问题,涉及社会、政治、经济、法律等多个层面。从发展的轨道来看,规制的目的主要是为了解决市场机制本身无法有效解决的自然垄断、信息不对称、外部性等问题。代表公众利益的政府希望通过一系列行政手段,控制受规制企业对消费者滥用权力或实施价格垄断,进而提高资源配置效率,实现"帕累托最优",增进社会福利,这也是以福利经济学和市场失灵为根基的公共利益理论的基本主张。

根据以上分析可以认为:"政府规制"是指政府相关机构依据一定的政策、法规及规则,对构成特定经济行为的经济主体的活动进行规范和制约的行为。在公共经济学中,其基本含义是政府为了克服市场失灵带来的社会和经济弊端,运用法律法规对经济主体的活动和行为进行规制以实现"帕累托改进"而作出的一种制度安排。政府规制的主体是广义上的政府,规制的对象是经济主体的经济行为,规制的依据主要是政策法规。

二、乡村旅游政府规制

目前,我国旅游市场的监管涉及旅游、工商、物价、质量技术监督、卫生、林业、农业、城建、国土、文化、宗教、环保、公安、交通等多个部门。乡村旅游政府规制分以下几个方面。

(一) 防止不正当竞争

竞争是市场经济的根本法则,没有竞争,市场就是一潭死水,但是没有竞争的规范,市场就会失序、混乱。随着乡村旅游业的发展和市场竞争的加剧,乡村旅游市场上的不正当竞争行为日益普遍,主要包括抄袭他人创意、复制他人产品、冒用他人招牌、恶意宰客、街头拉客、恶意串联哄抬价格或者恶性削价竞争等行为。

(二) 规范产品服务质量

乡村旅游产业在我国还是一个新兴产业,发展初期主要以农民副业的形式开发经营,在产品服务质量方面参差不齐,难以控制。政府相关部门,如旅游、卫生、公安、环保、国土、税务等部门,应该采取达标创建、星级评定等手段引导良性竞争,对手续不全、卫生不达标的农家乐、乡村旅游点应予以关闭,对服务优质的农家乐、乡村旅游点则予以认证,并积极协助其开辟市场。

(三) 设定准入门槛

根据市场容量设定必要的准入机制,防止重复建造导致的浪费,更防止由此导致的恶性竞争。

(四) 保护消费者权益

由于市场信息不对称,旅游消费者经常处于弱势地位,政府部门应该建立完善旅游消费者投诉处理机制,保障旅游消费者权益,促进旅游可持续消费。

[案例]

霍山杜绝农家乐"宰客"行为

为促进霍山县农家乐健康有序快速发展,进一步规范农家经营行为,促进农民就业和增收,今年以来,霍山县旅游局采取得力措施,通过引导、培育、加强对农家乐旅游休闲项目发展的服务与监管,实现全县各乡村旅游经营者明码标价,从而有效杜绝"宰客"行为,推动当地旅游经济发展。截至目前,全县星级农家乐已达20多户,农家乐旅游经济规模初显。

为做好农家乐的管理工作,该县疏堵结合,治理农家乐无照经营现象。派专人上门摸排农家乐实际情况,全面掌握经营户的户数、执照办理情况、经营场所性质等,做到"底数清、情况明"。针对农家乐经营形式多样的特点,该县采取分类管理的方式,一方面积极疏导符合条件的经营户办照,另一方面加强对涉及食品、餐饮行业的无照经营户的宣传教育,督促其改善卫生环境,尽快办理许可证和营业执照,合法经营农家乐。

旅游部门通过政策咨询、与业主交心、制定了农家乐星级评定标准,评定出星级农家乐,拿出专项资金制作农家乐VI形象,为农家乐生态旅游发展起到了良好的示范带头作用,从而促进农家乐上档升级。

同时,加强管理,规范农家乐经营行为。与美好乡村建设相结合,开展农民素质培训,积极组织农家乐经营户和乡村旅游管理人员到浙江安吉县、淳安县等地考察农家乐经营情况,进行农家乐创业技能培训,引导农家乐经营户规范经营,实现全县各乡村旅游经营者明码标价,从而有效杜绝"宰客"行为。

资料来源:六安网 http://luanw.com/travel/detail/234147.html

三、加强乡村旅游市场规制的对策

(一)提高旅游行政管理部门的权威性

提高旅游行政管理部门的权威,不仅是加强乡村旅游行业管理的客观要求,同时也是乡村旅游能否持续发展的关键所在。旅游行政管理部门作为主管旅游的政府机构,除现有的职权外,根据旅游行业管理及乡村旅游市场监管的需要,应适当扩大一些行业管理职权。如重点景点和重大旅游建设项目的初步设计审查权;乡村旅游饭店和餐馆的审批权;乡村旅游景点(线路)的审批权;旅游价格审批权;牵头组织开展旅游市场的监察权,等等。此外,加大旅游行政执法力度,提高旅游质量监督工作效能。建立健全旅游消费者保护机制,扎实做好旅游投诉服务工作,依法维护旅游经营者和旅游消费者的合法权益,通过实实在在的工作成效来树立行业管理在旅游经营者和游客心目中的威信。

(二)建立联合执法的长效机制

在当前国家旅游法律法规还不健全及旅游市场中的一些违法违规行为无法查处的情况下,要管住、管好乡村旅游市场,仅仅靠旅游行政管理部门是远远不够的,必须依靠全社会力量,需要政府各职能部门的全力支持和密切配合。因此,乡村旅游行业管理,必须要走旅游专业执法和联合执法相结合的路子,且必须建立长效机制,使二者结合的办法成为一种制度化的乡村旅游行业管理模式。

借鉴一些地方乡村旅游发展的成功经验,当前市、县旅游局应下设旅游联合执法大队,长期抽调公安、工商、交通、技术监督、交警、城管、卫生等部门工作人员参加,进行联合执法。联合执法大队由旅游行政管理部门直接领导,但业务上接受各相关部门的指导。各部门人员的身份不变,编制不变,工作上接受旅游行政部门及其编制所属部门的双重领导。

(三)发挥社会监督作用

当前,社会监督越来越得到旅游行政管理部门的重视,成为各旅游目的地加强和改进旅游行业管理的一个重要手段。一方面,建立举报制度。旅游行政部门开设乡村旅游举报、投诉热线电话,随时受理有关乡村旅游开发、经营及服务等方面的举报和投诉。在乡村旅游村落设立举报箱,实行举报奖励制度,使监督公开化、透明化。另一方面,强化新闻监督。利用新闻媒体信息面广、影响面宽、舆论强大的特点,对旅游经营中的违规行为进行曝光,借助新闻的力量实现行业管理的目标。

(四)扶持建立行业协会,推动行业自律

除了政府部门使用立法、行政手段进行市场规制,还应该积极扶持行业协会的建立。乡村旅游行业协会是乡村旅游经营者自发成立的市场中介性组织,是政府管理职能的延伸,其实质是介于政府和经营者之间的非政府行业管理机构。随着我国乡村旅游经营管理的不断完善、政府行政管理逐步向行业管理的转变,行业协会在乡村旅游的管理中将发挥着越来越重要的重要。

一方面,行政部门要赋予乡村旅游行业协会一定的权力。理论上,我国行业协会是按《社会团体登记管理条例》注册登记的社会团体法人,具有民间性、非政府性、非营利性、行业代表性等特征。但实际社会经济生活中,行业协会行政依附性强,受政府干预大,缺乏独立性,行业公信力不足,代表性差成为普遍现象。政府部门应全面落实党的十八大和十八届三中全会精神,积极推动政社分开,尽快形成权责明确、依法自治的现代社会组织体制,完善"政府、市场、社会"三者的协调互动机制,使市场在资源配置中起决定性作用和更好发挥政府作用,充分激发行业协会活力,让行业协会更多地承接行业管理职能,增强行业协会的权威,使其更好地发挥作用。另一方面,加强对乡村旅游行业协会负责人的培训。乡村旅游行业协会负责人及其工作人员大都为当地农民,缺乏行业协会相关知识和业务技能,通过培训增强他们的法律意识和民主观念,提高他们的组织领导水平和协调能力,让协会真正起到政府、经营者、市场之间联系的纽带和桥梁作用。

[案例]

法国乡村旅游行业协会发展情况

法国乡村旅游起步之际,政府与行业协会的合作便应运而生。协会在政府的政策范围制定行业规范、制度及质量标准,以达到行业自律,最终实现乡村旅游可持续发展。乡村旅游的主要规范、质量评级标准由法国农会下属协会制定。

法国农会是公共职业联合机构,具有半官方、半民间性质。一方面代理或协助政府主持农业行政事务,另一方面要为农民提供各种服务,并代表农民与政府交涉,拥有政府和民间的双重身份,也是它们之间的重要桥梁。农会常设委员会(APCA)下属成立了农业及旅游接待处并研发了"欢迎你到农庄来"的组织网络。

APCA与农业及旅游接待处制定严格的乡村旅游管理条例。例如,提供饭店餐饮类型的"农场客栈",是农场动、植物生产与经营的外延,因而"农场客栈"管理条例规定:餐饮必须使用当地生产的农产品,不得贩售或采买其他远方农场的某些农产品,不得使用罐头食品(酒与奶酪除外);必须使用本地的烹调方法,呈现本土乡间美食特色,餐饮提供的主要食品,必须是新鲜食品,不得用冰冻食品。农庄外观必须遵照当地风格,农庄餐具应用粗陶、瓷器或其他具有代表性材质,以凸显农庄质朴及对环境保护禁止用纸质的桌布、餐巾纸。规定"暂住型农庄"主人必须亲自向来客介绍农庄的历史、运作等方面的知识,以帮助游客了解风土民情,在餐饮方面也有相当具体的规定,要求提供具有地方特色的家庭式简单多样化的菜式。笔者曾经在一个生产葡萄酒的农庄参观,农庄70多岁的主人,站在农庄入口处一块壁画面前为我们介绍了1个多小时农庄的起源与葡萄酒的特点。

另一方面,协会担负起全方位指导农民、教育农民、帮助农民的重任。协会对于加入协会的会员从房屋的修缮、经营、定价、财务管理等方面进行指导、培训与帮助。APCA 与农业及旅游接待处下设的"欢迎你到农庄来"为法国乡村住所联合会,是一个为居民家庭接待旅游、度假提供服务的协会组织,该组织每年对遗产建筑提供 1.8 亿欧元的维护、修缮费用,在当地发展与领土治理中承担了重要作用。该组织通过提供营销的服务、标识系统的服务以及技术咨询方面的服务,使业主具有遗产价值的物业得到恢复、保护以及增值;增加业主收入,土地减损增益为未来退休做好准备;业主在个人职业发展多样化,拓展在接待业方面的业务,并使业主发展更多的人际交往,与他人分享对乡村的认识与热爱;参与社区旅游活动,提升每一处土地、一种文化、一段历史的社会价值。

以安茹省乡村旅馆联合会为例,协会为家庭旅馆业主提供的服务主要有:①建筑师或 CAUE(城市与环境建筑委员会)风景设计师的咨询服务;②5 天以上的培训,培训内容主要有市场调查、法律与税收制度与条款、项目管理、价格标准与定价原则、筹资计划与津贴申请;③提供与有关管理部门(安全、水资源管理、卫生与消毒、泳池水质管理、餐饮质量管理、卫生标准管理)合作管理的指导;④与旅游委员会共同组织对项目利益相关者的培训;⑤对投诉处理提供咨询和协助调解;⑥个人网站的制作;⑦出版或更新国家旅游指南,帮助业主联合促销。

资料来源:法国乡村旅游路径揭示 http://www.chinanews.com/cj/kong/news/2009/02-17/1567057.shtml

第二节　乡村旅游专业合作社建设

农民专业合作社是在农村家庭承包经营基础上,同类农产品的生产经营者或者同类农业生产经营服务的提供者、利用者,自愿联合、民主管理的互助性经济组织。农民专业合作社以其成员为主要服务对象,提供农业生产资料的购买,农产品的销售、加工、运输、贮藏以及与农业生产经营有关的技术、信息等服务。设立发展农民专业合作社是推进体制创新、完善基层组织体系的重要手段,是农民合作经济组织的必然要求,是提高农民组织化程度、促进农业结构调整和农民增收致富的重要途径。乡村旅游产业作为依托农业、设在农村、农民经营的产业,应该主动运用合作组织来发展壮大自己。

2007年7月1日,《中华人民共和国农民专业合作社法》开始实施。2013年年底,党的十八届三中全会作出的《中共中央关于全面深化改革若干重大问题的决定》,对深化农村改革作出了全面部署。决定提出,推进家庭经营、集体经营、合作经营、企业经营等共同发展的农业经营方式创新,允许财政项目资金直接投向符合条件的合作社,允许合作社开展信用合作,鼓励承包经营权在公开市场上向专业大户、家庭农场、农民合作社、农业企业流转。国家旅游局发布的《全国乡村旅游发展纲要(2009—2015年)》中也明确提出,在自愿、依法、有偿的前提下,进一步完善农村土地使用权流转机制,引导土地向业主集中,改变传统的分散经营模式,大力推进乡村旅游用地向规模化、集约化发展。农民专业合作社迎来了大发展的历史契机。以北京市为例,根据北京市农经办的数据,

2012年全市融合三次产业的专业合作社达到826家,占到全市合作社总数的17.3%。

图5-1 旅游合作示范基地

一、充分认识农民专业合作社对乡村旅游发展的重要意义

农民专业合作社作为带动农户进入市场的基本主体,作为发展农村集体经济的新型实体,作为创新农村社会管理的有效载体,应当并且能够在这一时期发挥至关重要的作用。通过发展乡村旅游专业合作社,一是有利于优化资源配置和生产力要素配置,以合作促进分工,以分工促分业,以分业促专业,提高资源使用效率和生产效率;二是有利于农民获取真正的市场主体地位,保障农民的利益诉求和发展壮大集体经济;三是有利于引入社会化服务,提高产业的整体服务能力;四是有利于对接城乡居民消费需求,提升宣传能力和营销规模;五是有利于减少恶性竞争,有效解决低水平同质化的问题,实现差异共赢。各级主管部门要进一步统一思想,提高认识,增强责任感和紧迫感,切实加强领导,创新工作思路,加大扶持力度,推动乡村旅游专业合作社又好又快发展。

二、发展乡村旅游合作社的工作原则

(一) 因地制宜,特色发展

必须根据本地区资源禀赋和发展水平,坚持一社一策,加强分类指导,同时与本区域的其他特色产业、优势产业融合,形成地域特色,达到"培育一个组织、搞活一个产业、富裕一方百姓、成就一个品牌"的目标。

(二) 农民主体,自主自愿

必须充分发挥农民主体作用,确保农民物质利益和民主权利。坚持合作社民办、民管、民受益。要充分发挥农民的首创精神,放手让农民独立自主开展业务经营,使之成为生产经营的主人。

(三) 市场导向,政策扶持

必须遵守市场规则、参与市场竞争、服从市场规律。在发展过程中,要始终坚持强化政策扶持这个重要保障,做到引导不强迫、服务不干预、支持不包办。

三、发展乡村旅游合作社的工作重点

(一) 积极培育

积极推休闲农业园区、民俗旅游村和民俗旅游户组建乡村旅游专业合作社。一是可以由民俗旅游户联合兴办。二是通过休闲农业园区牵头联合农民兴办,建立"园区+合作社+民俗户"的产业化经营模式。三是民俗旅游村可以由集体经济组织领办。四是休闲农业与乡村旅游专业合作社联合其他种、养及购销合作社,成立合作联社,发展产、供、销结合和农、工、贸一体化的合作社。五是休闲农业与乡村旅游专业合作社与周边景区组建联合社或者联盟,在更大范围和空间、层面整合要素。

(二) 加强规范

引导乡村旅游专业合作社严格按照《农民专业合作社法》的要求,建立、健全章程和制度,规范财务制度和会计核算。要建立、健全组织机构,严格按章程规定行使职权。要建立良好的内部积累和风险保障机制,按照一定比例提取公积金、公益金和风险基金,具有较强的可持续发展能力。要建立合理的利益分配联结机制,按照章程和制度分配盈余。

(三) 完善服务

乡村旅游专业合作社要订立和完善服务标准。乡村民俗旅游村要做到"七统一",即统一床上用品洗涤配送、统一采购主要外购食材、统一订立服务标准和规范、统一主要菜品和住宿价格、统一形象标识和门头牌匾、统一协调分派客源、统一市场宣传推广。要充分发挥社员的各方面优势,加强横向合作,不断开发新的农业休闲项目,满足市场需求。成立或加入乡村旅游专业合作社的民俗旅游村和休闲农业园区要率先实现垃圾源头分类、污水景观化处理,率先实现物质文明、精神文明、生态文明三丰收。

[案例]

专业合作组织促进密云县石城镇乡村旅游提档升级

乡村旅游如何提档升级,摘掉"小、散、低、乱"的帽子,是各级领导非常关心、广大市民非常关注、从业农民非常困惑的一个问题。北京市农村经济研究中心、北京观光休闲农业行业协会在多年的具体工作中对此问题进行了认真思考,并于2009年在全市进行了为期一年的调查,研究得出:借助专业合作组织力量,将广大从业农民组织起来,是在保证农民主体地位不变的基础上,促进休闲农业与乡村旅游提档升级的最佳路径选择。2010年开始,我们通过项目试验的形式,将此结论在密云县石城镇进行试验,得到了当地政府和广大从业者的一致认同。

1. 主要做法

(1) 成立民俗旅游合作联社

密云县石城镇地处密云水库上游,下辖15个行政村,其中有8个市级民俗旅游村,共有市级民俗旅游经营户274户。在各村建有民俗旅游合作社的基础上,2007年石城镇成立了石城镇民俗旅游合作联社。2008年之后,在市农研中心课题组的建议下,石城镇进一步强化了合作联社的协调、服务功能。至此,农民合作组织在整合资源、促进分工、统一服务标准和价格、避免恶性竞争、引领发展等方面具备了更加牢固的基础。

(2) 统一床上用品洗涤配送

2012年4月30日,1.6万余套按宾馆标准制作的床单、被罩统一配发到石城镇民俗旅游合作联社274户社员家中,完全可以满足接待高峰期"一客一换"的使用需求。合作联社在每个民俗旅游村设立"中转站",聘请1~2名村民负责本村床上用品的统一保管、收发,由专业洗涤公司洗涤、消毒、熨烫。合作联社制订了完善的规章制度,对押金、正常洗涤费用、特殊洗涤费用(顽固污渍)、损坏赔偿等方面做了明确的规定。目前,这一套机制已经良好运作半年,受到了村民拥护和游客欢迎。

(3) 统一主要菜品价格

合作联社针对餐饮市场不规范、压价压质、恶性竞争、哄抬价格、宰客欺客等问题,统一制作了点菜单,对一些主要的菜品实施统一定价。值得一提的是,统一的定价是指导性的,各户可以根据自己家的具体情况在统一定价的基础上少许浮动。这样既给游客一个可靠的参考,又给民俗户留下了发展特色的空间。游客普遍反映:钱花得明白,心情上舒畅。

(4)统一采购主要外购食材

石城镇耕地少,不少蔬菜、肉类以及辅料、调料需要外购。民俗旅游合作社购置了货车,统计了社员的需求,每天一大早就到正规的批发市场应需采购,既保证了食材的新鲜、安全,又极大地方便了民俗户,同时还降低了采购成本。

(5)统一订立服务标准和规范

农民从伺候庄稼到服务游客,角色转变的跨度很大,在乡村旅游服务中不可避免地存在着不规范的现象。合作联社统一制定了服务标准,从如何摆桌上菜、沏茶倒酒,到如何接打电话、招呼客人,从饭菜质量到住宿接待,都做了较为详细的规范,并且通过经常性的培训、交流,使这些标准和规范真正深入人心。农民真正意识到,只有遵守这些标准和规范,才能把石城旅游的蛋糕做大,自己才能从中获得更多的收益。现在合作联社70%的社员都拥有劳动部门颁发的初级厨师证书。这样的规范在单打独斗的情况下是难以想象的。

2.主要成效

(1)提升了软、硬件服务标准

由于上述措施的综合效应,极大地提升了石城镇乡村旅游的服务水平。不少游客反映,如今到石城休闲、度假,绝对没有目前不少地区还存在的拉抢客人、蒙骗客人、强制消费的现象,到处是安宁、和谐、世外桃源般的景象。连续光顾了多年的回头客感叹"变得都不认识了";看了报道专程来"探奇"的新客人惊叹"农村真是太好了";原本游览了"桃源仙谷""黑龙潭"景区就打道回府的市民,也抵挡不住雪白床单和可口农家饭的诱惑,留下来体验山村安宁的夜晚。在101国道施工影响了正常环境和通行的情况下,2011年前三季度全镇民俗旅游户仍接待游客67.3万人次,同比增加10.9万人次,增幅达到19.3%。

(2)增加了农民收入

按照优质优价的原则,今年年初,合作社统一提高了房价。带卫生间、空调、电视的标准间,由以前的80元/间/夜提高到120元/间/夜;普通间床位由过去的10元/床/夜提高到30元/床/夜。2000年时,张老师到石塘路村农家院吃住一天是50元/人/天,现在多年的回头客主动提出加价,涨到100元/人/天(普通间),实现了优质优价。

2011年国庆黄金周,石城镇民俗旅游接待25 640人次,比2010年国庆黄金周减少7.8%(2170人次),但是总收入却由259.3万元增加到298.7万元,人均消费额从93元增加到116.5元,增长了25.3%。2012年"五一"小长假三天,全镇迎来游客6万人,实现旅游总收入650万元!

(3)节约了用水,保护了生态

石城镇地处一级水源保护区。按照过去的做法,仅274户民俗旅游经营户床上用品的洗涤,就会耗费大量珍贵的水资源,排污对生态也构成了威胁。如今,这些矛盾和担忧迎刃而解了。根据石塘路村中转站工作人员算的账,按照洗一遍清两遍的标准,家里用洗衣机,洗1套平均下来大约耗费10千克水;而洗涤厂使用大型设备,洗一套仅需约2千克水。按照洗涤一套节水8千克计算,石塘路村2823套床上用品都洗一遍,即节水22.584吨。国庆黄金周期间,全镇按照接待2.5万人次算,一客一换就是洗涤2.5万套,节水达到200吨。更为重要的是,洗涤远离了水库。集中洗涤,既便于污水的集中处理,又彻底消灭了274个污染源。

(4) 产生了很好的社会影响

2012年以来,《北京日报》《京郊日报》等媒体对石城镇的创新做法进行了热情地报道。密云县委、县政府,及时发现和肯定了石城镇的思路和做法,在今年的支农资金中专门列出450万元,先期支持古北口镇、溪翁庄镇与石城镇同时开展床上用品统一规格、统一洗涤、统一配送,收到了很好的效果。该县决定在一两年内,在全县民俗旅游村普遍推广这种模式。

(5) 改善了全镇的整体投资环境

由于有了强有力的制度保障、组织保障、基础设施保障,特别是村民思想观念转变的保障,极大地改善了全镇的投资环境。镇域内8个A级景区与合作联社签订门票代销协议,合作联社入股经营,实现了在更大范围内整合资源、互利互惠、减少重复投资的和谐共生局面。投资商满意,农民满意,当地政府满意。凤凰择良木而栖,前来洽谈合作、投资的客商络绎不绝。如合作社与市民政局合作建设的"喜庆婚庆文化城"项目,已经完成了论证、签约环节。该项目的实施,将给石城镇带来更旺的人气,石城镇优美的生态环境将产出巨大的经济效益,促进农民收入更快增长。正如石城人认识到的,"贫穷不能保护生态",以乡村旅游合作联社为保障,开发农业多功能,进行产业融合,实现了保护生态与发家致富的良性循环。

3. 工作启示

(1) 农民专业合作社解决了乡村旅游利用社会化服务交易成本过高的难题

在市场经济条件下,任何一个产业的发展,都离不开社会化的大协作,乡村旅游产业的发展也是如此。农村居住分散,社会化服务成本高,使得既有的、成熟的社会化服务(如洗涤公司服务、规划服务、培训服务、管理咨询服务等)进不了村,严重阻碍了乡村旅游产业的提档升级。提高农民的组织化程度，有效地降低了交易成本，使农民享受到了现代化的社会服务。

(2)农民专业合作组织保证了政府扶持资金的有效利用

农民专业合作社依据《农民专业合作社法》进行企业法人登记，有理事会、监事会等一套完善的组织机构和章程的约束，有各级经管站的服务与监督，能够建立起一套承接政府扶持的管理机制与保障机制。以石城镇为例，民俗旅游合作联社配合镇党委、镇政府，利用政府扶持资金先后完成了街道、停车场硬化、公厕改建等多项基础设施建设，实行每户"门前三包"（包卫生、包绿化、包秩序）、垃圾源头分类处理，在密云水库上游消灭了垃圾桶。上级的扶持政策像是阳光雨露，一个一个的扶持项目就像种子，农民专业合作社的有效管理、合理经营则是肥沃的土壤，有了这三者的配合，才能生根、发芽、开花、结果，而不是昙花一现或表面文章。

(3)农民专业合作组织增强了乡村旅游发展过程中农民的主动权

乡村旅游的开发建设与提档升级，离不开社会资本的进入，也不应该排斥社会资本的进入。但是，农民只有在党和政府的领导下，自己组织起来，才能真正保证主人翁地位。刘淇书记就指出："首都的农民是拥有集体资产的市民。"随着乡村旅游产业竞争的加剧和乡村旅游产业的升级转型，从事乡村旅游产业的农民只有组织起来，通过合作经济组织实现规模经营和集约经营，才能维护好、利用好和发展好自己手中的集体资产，真正成为休闲农业与乡村旅游产业的投资主体、经营主体和受益主体。

资料来源：农民日报 http://szb.farmer.com.cn/nmrb/html/2012-09-01

第三节　乡村旅游培训

世间一切事物中,人是第一个可宝贵的,一切物的因素只有通过人的因素才能加以开发利用。乡村旅游业是农村面向城市的窗口,是城乡居民直接交流的平台。农民从伺候庄稼到经营服务业,角色的转型跨度比我们想象中大很多。因此,开展乡村旅游培训工作是非常必要且急迫的任务。

一、培训目标

农家乐、乡村旅游经过几十年的发展,必须不断地发现需求、创造需求、满足需求。首先,经过几十年城乡二元体制的隔阂,城乡居民在生活方式、生活理念上的差别巨大。其次,随着农村劳动力特别是年轻、有文化的劳动力大规模外移,农业劳动者的素质呈结构性下降,推广先进适用技术、普及现代经营管理知识的难度加大。如果我们的农民还是老观念、老思想,不知道城市人的口味,不研究城市人的生活习惯、消费心理,不跟上当前的市场潮流,不提高自身的生活品位,整个乡村旅游产业就只能在低水平的层次徘徊不前。乡村旅游的发展,呼唤有文化、懂技术、会经营的新型农民。这就是乡村旅游培训工作的目标。

二、培训形式

(一)请进来

请专家到本地讲课。这里的专家包括高校里的学者、教授,也应该包括从事乡村旅游规划、管理咨询的专业人士和从事行业管理的政府官员等。应该充分发挥这几类专家各自的专长,使培训既有理论深度,又契合实践需要。

(二)走出去

俗话说,百闻不如一见。尤其是对文化水平并不高的乡村旅游经营者,走出去现场参观考察,有更加直接的效果。农业部、国家旅游局在全国各地评选出一批"乡村旅游与休闲农业示范县""乡村旅游与休闲农业示范点",各省市也有各自的"星级休闲农庄""乡村旅游示范点",包括我国的台湾地区,乡村旅游起步早,发展规范,这些地方都是考察学习的好选择。走出去要注重实效,要提前与当地的主管部门联系,这样才能获得专业人士的协助,带领参观、讲解,安排交流活动,而不是仅仅像旅游团那样走马观花。

(三)互相观摩

身边的成功是最好的老师。乡村旅游经营者互相观摩、交流也是培训的重要一环。主管部门应该定期或者不定期地组织观摩,在互相参观的过程中,让经营成功的典型走上讲台介绍经验,大家取长补短、共同提高。

三、培训内容

(一)乡村旅游基本理论

包括乡村旅游的发展理念、基本规律,国内外乡村旅游发展经验,目的是让经营者了解乡村旅游业发展的普遍规律,树立正确的、科学的发展观。

(二)乡村旅游服务技能

包括仪容仪表、端茶倒水、待人接物、整理客房、导游解说、外语技能、农家饭烹饪技术等,目的是让经营者提高服务能力,为旅游者提供规范的服务。

图5-2 农家饭烹饪技术培训

（三）乡村旅游行业规范

包括《旅游法》以及其他相关法律法规、行业管理规定、行业标准以及达标参评途径等，目的是提高经营者的法律意识，规范经营者的经营行为，引导经营者按照政府出台的各项规范、标准开展各项达标创建活动。

（四）乡村旅游市场需求与提档升级

把握需求是做好服务的第一步。这方面的培训是帮助经营者把握乡村旅游市场需求，改进自身的经营，迎合城市旅游者的口味和需求，从而使乡村旅游服务的品质得到提升，经营者合理合法地获得更多的收入。

（五）其他相关培训

包括历史文化、乡村非物质文化遗产、民俗手工技艺、乡土动植物知识、农村发展等内容。由于乡村旅游产业涉及旅游、农业、文化、历史、建筑、乡村治理等多方面的内容，需要经营者拓宽知识面，加深对本地文化的认识，提高乡土文化的自信与开发乡土文化、保护乡土文化的自觉，这样才能以乡村主人的身份接待好游客，才能给乡村旅游的发展注入文化创意要素，提升乡村旅游的文化品位，保证乡村旅游的永续发展。

图5-3　编织培训

四、培训合作伙伴的选择

乡村旅游培训,可以委托有相关专业的高校进行,也可以通过招标在社会上选择有资质的培训机构,充分利用社会资源。农业部、国家旅游局、各省市旅游和农业部门都会举办乡村旅游和休闲农业的培训活动,大部分是公益性的,各级政府应该充分把握机会,积极组织经营者、基层干部参加培训。

第四节　乡村遗产保护

乡村遗产是融活态性、动态性等特点为一体,包含生物资源、生态景观、民俗文化、传统村落、传统知识与技术体系等在内的复合型农业生产系统,具有生态与环境、经济与生计、社会与文化、科研与教育、示范与推广等多种功能与价值。乡村遗产不是落后农业与农村的代名词,乡村遗产地是开展农业科学研究的平台、展示传统农业辉煌成就的窗口、传承独特乡土文化的载体、生产生态文化型农产品的基地、发展乡村旅游的资源。

乡村遗产保护的核心目的是在做好农业生物多样性、农业文化多样性和乡村景观多样性保护的前提下,通过发展优势特色产业、农产品加工业和休闲农业等途径,实现农业文化遗产的直接、间接抑或是潜在的价值,从而增加农业收益和农民收入,促进地区经济发展和居民生活水平的提高,并为现代农业发展提供支持。本节简要介绍生态博物馆、农业文化遗产、非物质文化遗产等相关概念。

一、生态博物馆

生态博物馆是一种以村寨社区为单位,没有围墙的"活体博物馆"。它强调保护和保存文化遗产的真实性、完整性和原生性。

生态博物馆的概念最早于1971年由法国人弗朗索瓦·于贝尔和乔治·亨利·里维埃提出,其"生态"的涵义既包括自然生态也包括人文生态。目前,全世界的生态博物馆已发展到300多座,1995年中国和挪威两国政府联合在贵州省六枝特区梭嘎乡建立中国乃至亚洲第一个生态博物馆,即梭嘎苗族生态博物馆。

图5-4　梭嘎苗族生态博物馆

目前,我国主要的生态博物馆有贵州的梭嘎苗族生态博物馆、镇山布依族生态博物馆、隆里古城汉族生态博物馆、堂安侗族生态博物馆;广西的南丹里湖白裤瑶生态博物馆、三江侗族生态博物馆;内蒙古的敖伦苏木蒙古族生态博物馆;浙江的安吉生态博物馆。

[案例]

安吉建成世界最大的生态博物馆群

竹文化生态博物馆,百万亩竹海绿浪翻滚;白茶生态博物馆,10万亩白茶苍翠欲滴;生态能源博物馆,矗立高山之巅让抽水蓄能电站的装机容量成为"亚洲第一"……安吉的山峦秀水间,由1个中心馆、12个专题生态博物馆和26个村落文化展示馆组成的安吉生态博物馆群,覆盖全县1886平方千米的面积,这群没有"围墙"的、世界上规模最大的生态博物馆今天正式开馆。

安吉历史悠久,在溪龙乡上马坎出土的旧石器证明,距今80多万年前的旧石器时代就有古人类在此繁衍生息;该县是全国第一个生态县、全国文物工作先进县。2008年起,安吉启动"中国美丽乡村"建设,提出了把安吉建设成"村村优美、家家创业、处处和谐、人人幸福"的美丽乡村,并在建设中力求保护和发掘自然与文化遗存。与此同时,在国家文物局的指导下开始生态博物馆建设的实践,提出将县域范围内最具特色的人文、生态资源纳入展示范围,系统展示安吉的过去、现在和未来。

今天同时对外开放的安吉生态博物馆中心馆,承吴越遗风,镌苕溪历史,外形为城市方印,神隽味永,浑穆古朴,总建筑面积为15 414平方米,总投资超过1亿元。馆内分为历史文化厅、生态文化厅、铜镜专题厅和临时展厅4个厅,馆藏文物2万多件。除了1个中心馆外,12个专题生态博物馆以原真、活态的形式散落于12个乡镇,26个文化展示馆则分布在各个村落,这些展示馆从书画文化、孝文化、手工造纸文化、桥文化等多方面,全面展示了安吉乡村的历史渊源和现代成就,呈现出各具特色的"一村一韵""一村一景"的乡村文化景观。

安吉县文广新局局长彭忠心告诉记者,与所有博物馆不同,安吉生态博物馆建设最大的意义在于使文化遗产和与之相关的生态环境得到整体的、原真的、活态的保护,并使之不断延续和可持续发展。

在今天举行的开馆仪式上,文化部党组成员、故宫博物院院长单霁翔说,安吉县从传统博物馆的"馆舍天地"走向丰富多彩的大千世界,面对多样化的文化资源,进入无限的发展空间,这种将自然生态资源与历史人文资源融为一体,将馆内宝贵的藏品与馆外原真、活态的陈列品紧密相连,突破了传统博物馆与环境之间、可移动与不可移动的物品之间、信息与实物之间的障碍,让全县人民成为博物馆管理的主人,是中国博物馆建设模式的重大创举,具有里程碑式的意义。

资料来源:新浪新闻 http://news.sina.com.cn/o/2012-10-30/050925467171.shtml

二、农业文化遗产保护

根据《农业部关于开展重要农业文化遗产发掘工作的通知》,中国重要农业文化遗产是指人类与其所处环境长期协同发展中,创造并传承至今的独特的农业生产系统,这些系统具有丰富的农业生物多样性、传统知识与技术体系和独特的生态与文化景观等,对我国农业文化传承、农业可持续发展和农业功能拓展具有重要的科学价值和实践意义。中国重要农业文化遗产应在活态性、适应性、复合性、战略性、多功能性和濒危性方面有显著特征,具有悠久的历史渊源、独特的农业产品,丰富的生物资源,完善的知识技术体系,较高的美学和文化价值,以及较强的示范带动能力。

[案例]

全球农业文化遗产江苏入围,兴化年投3000万保垛田风貌

2014年4月底,在罗马举行的联合国粮农组织全球重要农业文化遗产专题评审会上,兴化垛田传统农业系统被列入全球重要农业文化遗产,成为江苏首个入选项目。来自联合国粮农组织以及中、日、韩等国近百位代表,上个月实地考察兴化垛田风貌,称赞这是"中国乃至全世界独一无二、弥足珍贵的农业文化遗产"。

兴化地势低洼、湖荡纵横,曾饱受洪涝侵害。当地先民在沼泽高地之处垒土成垛,逐渐发展出一种独特的土地利用方式和垛田农耕文化。如今,兴化垛田总面积达47万亩(注:约合3.1公顷),核心区6万亩(注:合0.4公顷),因通风好、光线足、四面环水,孕育了油菜、龙香芋、小香葱等特色产业,兴化由此成为"中国最美油菜花海"和亚洲最大的脱水蔬菜出口基地。

兴化市市长李卫国告诉记者,为实现兴化垛田的可持续利用,市里在修订规划实施遗产地核心区保护的同时,正规划打造100万亩(注:约合6.7公顷)水乡生态涵养区。今年将筹建垛田文化博物馆,建立垛田传统农业系统保护基金,市财政每年投入3000万元以上用于恢复水垛相依的垛田原貌,并实施垛田农产品与旅游产业同步开发,打造兴化新的经济增长点。

图5-5 兴化垛田传统农业系统

资料来源:东方网 http://news.eastday.com/eastday/13news/auto/news

三、农业非物质文化遗产

在农业文化遗产系统中,一个非常重要的方面是那些以符号表征的、与农业相关的文化特质,即"农业非物质文化遗产"。它包括语言、集体记忆、价值观、社会组织、民俗与节庆、传统知识与技术、信仰与禁忌等,反映在契合当地气候、环境与资源条件的建筑文化、饮食文化与服饰文化,符合当地自然条件反映生物生长物候节律的农事历法,能够推动遗产地资源可持续利用与生态环境保护的可持续生计方式及理念与行为模式,以及其他协助人类形塑造集体记忆的物质和非物质遗存等。它是农业文化遗产系统的重要组成部分,也是系统持续传承与发展的基础,是农业文化遗产保护的重要内容。

农业文化遗产是人类继承的传统农业千年积累传承下来的共同财富,是文化与自然的协同进化的结晶。农业非物质文化遗产是农业文化遗产系统中人与自然、人与人、人与社会、历史与现实之间的关联集合,它将系统中各个静态环节联系起来成为一个动态性的整体,并随着历史发展与社会进步不断适应。它的保护和传承,有助于遗产地社区了解和继承历史记忆,保存传统知识和技术,传承社区集体价值观,促进民众的文化自觉;有助于保护乡村文化的多样性,进而使其各项功能良好发挥,对于农业文化遗产中生物多样性的保护、农业生态与农村环境保护和农业景观保护有着积极的作用;有助于有效保存文化资源,为休闲农业、乡村旅游和农业文化产业的发展提供资源基础。

随着城市化的快速发展和外来文化的冲击,农业非物质文化的保护与传承面临严峻挑战,出现了传统知识和技术流失、社会结构解体及价值观变异等问题。农业文化遗产是一个复合性、整体性、动态性和适应性的农业生产系统,而非简单的历史遗存或文化特质。因此,农业非物质文化遗产保护也必须符合整体性、系统性、动态性等特征。

农业非物质文化遗产保护,首先要强调社区居民在文化保护中的作用,提高民众的文化自觉;其次应当注重文化适应,注意保护特定的、于系统持续性和社区发展有益的人类智慧结晶;还应注意与农业物质性遗产、农业技术、农业生态环境和农业景观保护相结合。可通过以下途径实现:

第一,通过集体教育和讲习,带动传统知识与社会价值观的社区传承。中国传统社会中的文化传承是通过家庭和社会组织进行的。但是,在传统社会结构普遍解体的今天,这种教育便只能借助外力来组织进行。这种教育应当以中国传统文化中的优秀内核、社区文化资源、传统农业文化知识和技术为依托,编制培训教材,针对学生、干部、社区居民等不同文化素质与角色的主体,开展多种形式的教学活动。在此过程中,传统知识和社会价值观能够更好地被理解、学习和传递。

第二,进行项目设计对农业非物质文化遗产进行保护。在国际、国家乃至地方层面上,涉及非物质文化遗产保护的项目很多。农业非物质文化遗产也是非物质文化遗产的重要组成部分,如"二十四节气"等已被列为国家级非物质文化遗产。特别是2011年中共中央十七届六中全会形成的《中共中央推动文化大发展大繁荣的决定》发布后,各省、市的传统文化保护类项目更为丰富,文化产业发展相关的配套项目和政策相继大量出台。这些项目都为农业非物质文化遗产保护提供了基础。

第三,科学规划、大力推动农业文化产业的发展,以产业发展带动农业非物质文化遗产保护。文化产业的发展是有效促进区域文化保护与传承的重要方式。参照农业部《农业文化遗产保护与发展规划编写导则》及其他部委相关文件,结合遗产地自身的文化资源特征,合理规划和发展与农业非物质文化遗产相关的农业文化产业。注重农业文化产品的生产,包括广播电影电视服务、文化艺术服务、文化信息传输服务、文化创意和设计服务、文化休闲娱乐服务和工艺美术品生产等。需要注意的是,在农业文化产业发展中必须注意突出地方文化个性,保障文化持有者的产权,并注重文化产业发展的可持续性。

第五节 政府激励政策

给资金不如给政策。纵观国内外乡村旅游发展比较早的地区,最初开始发展时,政府都不同程度地出台了一些优惠扶持政策,以保证乡村旅游能够较快较好地发展起来。一般是通过减免税收、提供补贴或低息投资贷款、小额贷款等方式,改善公共基础设施和乡村旅游经营者的提档升级。目前我国出台了一系列强农惠农政策,各部门也应该将这些政策用好用足,并且适当地向乡村旅游发展的地区倾斜。根据我国大部分地区的发展情况,政府激励扶持政策可以从以下几方面入手。

一、完善融资政策

加强与各级金融机构的沟通协调,鼓励金融机构开展旅游企业建设用地使用权抵押、水域滩涂养殖使用权抵押、林权抵押、养殖物抵押等抵押贷款业务,探索旅游景区经营权质押和门票收入权质押业务。支持市场前景好、具有稳定现金流的景区探索资产证券化试点。推动涉农金融机构加大对乡村旅游的信贷投放和金融服务力度。

二、完善落实税费优惠政策

充分发挥全域乡村旅游工作领导小组办公室的综合协调作用,进一步完善落实税费优惠政策:星级饭店、旅游景区、旅游度假区、温泉企业、旅游商品生产企业等单位,实行与一般工业企业同等的用水、用电、用气价格政策;城市游客中转站(游客集散中心)设施建设,参照城市公交站场、道路客运站场的相关政策,免征城镇土地使用税;经批准利用开山、填海整治的土地和改造的废弃土地开发旅游项目的,从使用月份起免缴城镇土地使用税10年;符合条件的旅游演艺项目,享受文化产业税费优惠政策;新开办的乡村旅游项目,按照规定减免有关行政事业性收费;落实国家有关规定,对经营采摘、观光农业的单位和个人,其直接用于采摘、观光的种植、养殖、饲养的土地,免征城镇土地使用税。

三、完善财政投入政策

设立乡村旅游发展资金,主要用于乡村旅游规划编制、基础设施建设补贴、宣传促销、人才培训等,形成政策扶持引导保障体系。对新评定的国家级、省级旅游度假区,国家级、省级生态旅游示范区,国家级、省级休闲农业与乡村旅游示范点,省级强乡镇,省级农业旅游示范点,省级特色村,星级农家乐以及星级旅游厕所等将分别给予一定的现金奖励。有关部门在安排各类支农、扶农、涉农资金和项目时,适当增加乡村旅游元素,在满足专项用途的同时促进乡村旅游发展。各区(市)设立专项资金,扶持发展乡村旅游。

四、完善人才培养政策

深入实施"人才兴旅"战略,大力发展旅游教育,实施旅游人才培育计划。实施乡村旅游从业人员持证上岗制度。

[案例]

淳安县关于进一步扶持乡村旅游发展相关政策措施的通知

淳政发〔2010〕61号

各乡、镇人民政府,县政府直属各单位:

根据《关于进一步加快乡村旅游发展的若干意见》(县委〔2010〕56号)精神,为扎实推进乡村旅游发展,现就进一步扶持乡村旅游发展相关政策措施通知如下:

一、优化发展环境

(1)建立发展资金。进一步加大政府投入,建立淳安县乡村旅游发展专项资金,县财政每年安排1000万元作为发展资金(从旅游大门票安排600万和服务业发展引导资金、生态建设资金统筹安排),主要用于乡村旅游规划编制、项目建设、宣传促销、评优评先等方面的补助和奖励。

(2)实行税收优惠。凡经县乡村旅游办认定的属税收优惠范围的农家乐经营户,自认定年度起,三年内由县政府安排相当于该农家乐经营户当年度缴纳的营业税全额予以奖励,每年最高奖励金额不超过 5 万元。新开办的休闲观光农业园区、乡村旅游景点,经县乡村旅游办认定,自认定年度起,三年内由县政府安排相当于该企业当年度缴纳的营业税全额予以奖励,每年最高奖励金额不超过 10 万元。

(3) 提供信贷服务。县信用联社等金融机构要积极为乡村旅游经营户提供信贷服务,解决乡村旅游发展项目所需的小额信贷。对农家乐经营户的贷款,县财政按照其贷款利息的 50% 给予贴息奖励,最高贷款额度不超过 10 万元。贴息奖励由农家乐经营户提出申请,由所在乡镇乡村旅游办公室报县乡村旅游办审批后,办理贴息奖励手续。

(4) 鼓励合作经营。引导和扶持乡村旅游发展重点乡镇、村实施"中心(协会)+农户"等形式,对农家乐实行统一宣传促销,统一接团分客,统一收费标准,统一结算账目,创出农家乐品牌。对按"中心(协会)+农户"等模式运作、作用发挥明显、正常经营的乡村旅游服务中心(协会),由乡镇申报,县乡村旅游办确认,一次性给予 2 万元的奖励。

(5) 实施教育培训。加强乡村旅游从业人员教育培训,提高从业人员素质和服务水平。每年安排农家乐从业人员职业技能和素质培训 400 人,培训经费从农村劳动力培训统筹安排。

(6) 给予用地支持。对农家乐经营户因现经营面积不够,需要利用房屋周边非耕地搭建临时建筑的,可审批 100 平方米以内临时用地用于接待游客。对休闲观光农业园区、乡村旅游景点可采取土地流转与出让相结合方式取得建设用地。一时难以办理土地出让又确需建设必要的旅游接待配套服务设施的,可审批 1000 平方米以内的临时用地,同时可审批 3000 平方米以内的停车场临时用地,但不得占用耕地,停车场不得硬化,不得破坏耕作层。临时建筑原则上为简易结构,只限一层,且不得用于住宿。临时用地、临时建筑审批仍按淳政发〔2009〕50号文件执行。

二、支持项目建设

(1)实行项目补助。对新建和改造提升的乡村旅游景点和休闲观光农业园区,经验收合格,按审计后并由县乡村旅游办认可的项目投资决算,报县服务业领导小组办公室审定,给予当年实际投资额(不含土地出让金)1%–3%的补助。新建的补助金额最高不超过20万元,改造提升的补助金额最高不超过10万元。鼓励农家乐板块村和农家乐示范村农户按县里设计的样板房图纸建设房屋,对经县乡村旅游办和县规划局验收符合村庄整体建筑风貌的,根据房屋建筑面积给予15元/平方米补助。

(2)补助规划经费。鼓励乡镇和重点旅游村编制乡村旅游规划,由乡镇在每年年底前向县乡村旅游办提出下年度规划编制申请,同意后委托有乙级以上资质的旅游规划单位编制,规划评审通过后,给予编制经费50%的补助,最高补助不超过10万元。

(3)支持用电改造。解决农家乐用电困难,农家乐板块和农家乐经营户因经营需要对变压器等用电设施进行增容扩容,须提出申请,经所在乡镇初审,报县乡村旅游办审核同意后,着手实施用电改造,改造完工验收合格后,享受150元/KVA的补助,最高补助不超过5万元。

(4)实施污水治理。实施农家乐污水治理工程,对各农家乐板块,优先将其纳入到新农村建设整治村、示范村之中,按要求建设污水处理设施,享受污水治理补助政策;对单个农家乐按要求建设污水处理设施的,经县乡村旅游办会同环保、农办等部门验收合格后,给予污水处理设施工程投资额50%的补助,最高补助金额不超过2万元;对新开办的农家乐经营户,必须按环评要求解决污水处理设施,对未达到环评要求的,县环保局不予审批。相关补助从生态县建设资金中安排。

三、实行示范奖励

(1)奖励各类先进。凡被评为年度县级优秀农家乐经营户的,一次性给予奖励3000元;凡被评为四、五星级农家乐的,一次性分别给予奖励1万元、2万元;凡被评为县级农家乐特色村、休闲观光农业示范园区的,一次性给予奖励5万元;凡被评为县级"乡村旅游工作突出贡献乡镇"的,一次性给予奖励10万元;凡被评为市级、省级、国家级农家乐特色村、休闲观光农业示范园区及省级旅游强乡镇、省级旅游强村的,除上级奖励外,县按照不同级别给予一次性配套奖励,市级奖励10万元,省级奖励15万元,国家级奖励20万元;凡被评为AAA级、AAAA级旅游景点的,分别一次性给予奖励10万元、20万元。

(2)扶持示范村建设。鼓励扶持乡村旅游示范村建设,被列入乡村旅游示范村的,县财政统筹安排补助每个示范村300万元。补助资金在项目启动时先拨付30%,项目建设中按进度拨付,但不超过补助款的70%,项目竣工验收合格审计后拨付剩余资金。

四、鼓励市场开发

(1)扶持宣传促销。鼓励乡村旅游服务中心、农家乐经营户、休闲观光农业园区、乡村旅游景点积极参与市场宣传促销,对组团参加省、市、县统一组织推介促销活动的,每个参展摊位给予50%的摊位费补助,一年一个单位补助金额最高不超过1万元。巩固促进农家乐板块发展,鼓励县内旅行社组团入住农家乐,对县内旅行社组团到规定农家乐板块中的农家乐住宿的,按住宿游客3元/人的标准给予一次性奖励。

（2）补助节庆活动。鼓励乡镇、村挖掘乡村特色产品优势和乡村民间民俗文化，举办各类旅游节庆活动，凡事先向县乡村旅游办申报，事后经县乡村旅游办认可的，每个节庆活动根据规模、内容、效果给予3万元、5万元不等的资金补助。

（3）鼓励网站建设。加大乡村旅游信息化建设，鼓励乡镇、乡村旅游景点、休闲观光农业园区、乡村旅游服务中心、农家乐经营户开展网络营销、网络预订，对拥有独立域名、内容翔实、更新及时、运营正常、页面在20个以上的农家乐网站，根据网站建设投入资金和实际效果，经县乡村旅游办认可，按网站建设费的50%给予一次性奖励，最高奖励金额不超过1万元。

五、完善项目审批

明确审批程序。乡村旅游景点项目、休闲观光农业园区由建设单位向县乡村旅游办公室提出书面申请，经县乡村旅游办初审认可后，报县乡村旅游发展协调领导小组审核。县乡村旅游发展协调领导小组召集相关部门进行论证，通过后报县规划和土地联席会议审定，再依法按项目建设基本程序审批后方可动工建设，项目审批部门负责跟踪督促和指导。工程竣工，单项工程经主管部门验收后，县乡村旅游办组织综合验收。验收合格，建设单位向县物价局提出确定门票价格的申请，县物价局须征求县乡村旅游办意见后予以批复。按照"谁审批，谁监管"的原则，审批部门要加强乡村旅游项目日常监管。农家乐项目审批仍按淳政发〔2009〕50号文件执行。乡村旅游项目变更的，须事先征得县乡村旅游办同意。

上述各项扶持资金从县乡村旅游发展专项资金中列支，具体由县乡村旅游办组织实施，并报县乡村旅游发展协调领导小组审定后兑现。本通知自下文之日起执行，原出台的有关政策与本通知不一致的,以本通知为准。

二〇一〇年十一月十八日

资料来源:淳安县供销合作总社 http://www.qdh.gov.cn/issue/root/sub/gxs_gxs/index.shtml

[案例]

泗水县出台山东省首个县域乡村旅游支持政策

2013年8月8日,山东省泗水县正式出台《关于加快全县乡村旅游发展意见的通知》文件,这是继山东省政府出台《关于提升旅游业综合竞争力加快建成旅游强省的意见》文件后,全省范围内首个县域乡村旅游支持政策。

该政策结合山东省泗水县旅游现状,借鉴外地乡村旅游发展的成功经验,对乡村旅游规划的编制、乡村旅游产品的开发、乡村旅游设施的配套、乡村旅游市场的培育、乡村旅游的管理和乡村旅游人才培训等6项重点工作作了安排。力争到2017年新建成10个省级旅游特色村、100家三星级以上好客人家农家乐,每年培训1000名乡村旅游从业人员,乡村旅游游客接待量每年递增10万人次。

据悉,山东省泗水县成立乡村旅游突破发展工作领导小组,设置乡村旅游发展专项资金,将乡村旅游工作考核纳入科学发展观综合考核。重点突出泗张、泉林、中册和济河街道四大片区,打造农家乐、特色村、农业观光园、旅游小镇、休闲度假旅游区和乡村节庆6种类型的乡村旅游产品,打响"泉乡人家""泗水人家"乡村旅游品牌。

资料来源:大众日报2013-08-19 http://tour.dzwww.com/lvnews/201308/t20130819780884.htm

第六章
乡村旅游营销

第一节　乡村旅游市场分析
第二节　乡村旅游营销策略组合
第三节　乡村旅游目的地品牌建设

第一节 乡村旅游市场分析

乡村旅游市场分析是指以目标市场为导向,对乡村旅游市场进行的分析。乡村旅游区别于其他形式的旅游,根植于乡村旅游的资源为基础,是以市场为导向的旅游。乡村旅游的发展要面向客源市场,针对客源市场进行开发与建设。

一、乡村旅游的客源市场定位与目标市场选择

乡村旅游主要是为了满足现代城市居民返璞归真、回归自然、对乡村的一种好奇、怀旧而发展起来的一种旅游。主要的客源市场主体为城市居民,根据年龄这一人文因素,又可将城市居民分为少年儿童、青年、中年、老年4个细分市场。

表6-1 乡村旅游产品及其目标市场

乡村旅游产品	特征	目标客源市场
乡村自然生态观光游	展现独特田园风光,如油菜花田、农场牧景等。一般分布在城市近郊。	少年儿童修学游市场;追求生态环保的青年市场;怀旧、返璞的中老年市场。
各种参与农事活动的体验游	是乡村自然生态观光游的延伸,如摘水果、种菜及各种制作简单的手工艺。突出了游客的参与性与娱乐性。	少年儿童修学游市场;追求生态环保、体验多彩生活的青年市场;怀旧、返璞的中老年市场;喜好绿色的都市居民旅游市场。
乡村民居建筑游	如福建土楼,综合显示出地方的建筑特色及传统历史文化。	对建筑及文化感兴趣且受教育程度较高的中、老年市场。

续表

乡村旅游产品	特征	目标客源市场
展现乡村独特的民风民俗、风土人情、土特产的旅游产品	独具地方特色,并在一定的地域范围内占据垄断地位。	以体验城乡差异为主要动机的城市文化旅游者。
高科技农业技术类乡村旅游产品	可供观赏兼学习。	青少年、儿童修学游市场;前来取经的旅游者。
乡村度假旅游产品	在乡村旅游产品中价格较高。	城市中、青年阶层中收入较高的部分及其家庭。

二、乡村旅游市场开发

乡村旅游市场开发,要以市场为导向,针对不同的客源市场,开发不同的旅游产品,常见的有五大类:①"农家乐",主要面向近郊的大中城市居民,满足大中城市的"上班族"在较短的休息日内,放松身心、体验乡村生活的需要;② 农业新村,主要是面向城市居民、周边居民以及外来游客,满足其观光考察的需要;③古村落,如皖南古村落——西递、宏村等,面向全国乃至国际游客;④农业绝景与盛景,如 2013 年被评世界文化遗产的红河哈尼水稻梯田文化景观,面向全国及国际的游客市场;⑤高科技农业观光园,主要面向以中小学生为主体的农业科普教育市场、亲子活动市场和农业行业内部的科技交流市场,如上海的孙桥现代农业科技园、北京的小汤山现代农业科技园、陕西杨凌农业科技园等。

第二节 乡村旅游营销策略组合

一、乡村旅游营销的分工与合作

近年来,随着社会经济的快速发展和进步、人们生活质量的提高,乡村旅游已逐渐成为旅游业的重要组成部分,在各地区的社会经济发展中占据着越来越重要的地位。而如何提高乡村旅游在旅游市场上的竞争力,做好乡村旅游的营销宣传是至关重要的一个影响因素。各地的政府部门、当地社区居民、相关旅游企业、行业协会以及各类宣传媒体应积极发挥各自所长,展开全方位、深层次的分工与合作。

各地政府部门,如:旅游局、农业部、林业部、水利部以及宣传部等之间相互协调、统筹兼顾积极发挥在乡村旅游营销中的主导作用。这种主导作用包括:制定乡村旅游目的地营销战略、选择并确定乡村旅游目的地形象、组织并参与大型旅游促销活动、旅游促销经费的投入、对当地旅游企业的促销活动进行组织协调、开展公关活动和邀请有关人士来访、设立驻外旅游办事处、签订政府间合作协议、推进旅游村的信息化建设,开展节庆和事件对民俗旅游进行宣传促销,加强乡村旅游的培训工作、指导和推进乡村旅游协会等非政府组织的建设,尤其重视建立乡村旅游公平的客源分配制度,防止干部利用职权垄断客源、强化行业自律,支持互荐客源,避免恶性价格竞争等。总之,政府在充当旅游业、行业协会与旅游企业的中间桥梁和宏观调控的角色,致力于旅游基础设施、旅游环境氛围营造、旅游形象推广等方面的工作。

当地社区居民对乡村旅游营销的态度和参与程度,也是乡村旅游营销能否成功的关键。因为居民是当地社区的主体,同时也是乡村旅游吸引物里面的一部分,只有当地居民最大限度地参与到乡村旅游营销中来,才能在保护当地的乡村生态环境和乡村文化景观的基础上,最大限度地实现乡村旅游营销的效果。

乡村旅游企业不但要注重利用先进的科学技术对旅游产品的销售进行管理,在对旅游地进行推广时,利用报刊、杂志、节庆活动、展会等方式吸引顾客,促使其对旅游产品进行消费;在企业经营时,通过对话、邀请、联合等方式,把与对手的竞争关系转化为合作关系;还要注重对顾客信息的管理和沟通,建立客户信息数据库,对客户信息进行分类管理,及时把最新信息传达至目标客户。

乡村旅游行业协会是乡村旅游自我协调和自我监督的行业组织,未来乡村旅游的发展趋势是主要依靠行业协会进行协助促销、培训和行业自律管理。通过乡村旅游行业协会开展行业认证,进行质量控制和宣传,有效吸引游客的眼球和扩大产品的宣传效果。

乡村旅游营销是利用多种媒体的整合营销,将传统的乡村旅游宣传媒介——报刊、杂志、电视、收音机、宣传手册等与基于互联网基础之上的网站、微博、SNS、视频等数字新媒体渠道和传播方式相结合,准确把握住受众需求的脉搏,潜移默化引导影响,实时监测反馈,增强与受众之间的互动。

由于乡村旅游涉及当地政府、社区居民、行业协会、旅游企业以及旅游者等多个利益相关者的利益,各利益方只有相互合作、协调发展,本着和谐、以诚为本的思想,才能实现乡村旅游的"多赢"局面,促使乡村旅游更好地发展。

二、乡村旅游营销策略组合

在各个参与乡村旅游的相关利益主体分工与合作的基础上,只有综合运用传统的 4P 营销策略组合(产品策略、价格策略、营销渠道和促销策略)与紧跟时代潮流、满足游客新需求的新营销策略(网络营销、节事营销、互动营销、体验营销、品牌营销),才能更有效地提高乡村旅游竞争力,实现乡村旅游真正意义上的可持续发展。

(一)传统的 4P 营销策略组合

1. 产品策略

乡村旅游产品的精髓是乡村自然生态景观与民风民俗等传统文化的结合。针对乡村旅游产品的打造,首先,要遵循"一村一品"的原则,所谓"一村一品",是指充分利用当地资源优势,因地制宜发展特色主导旅游产品的一种经营模式和经营理念。发展乡村旅游要注意突出特色,不能搞同质化竞争,力戒千村一面,力求一村一品。其次,从广度方面来说,综合乡村生态景观观光、农事参与、民风民俗、节日庆典、休闲体验等方面,开发出组合型的乡村旅游产品,在拓宽乡村旅游产品广度的同时,实现不同类型产品的结合;从深度方面来说,每一种乡村旅游产品的打造,不仅要着眼于表面的美观感受,更要突出其内在的乡土文化蕴涵,从而提高乡村旅游产品的价值。

闻名远扬的四川省成都市锦江区三圣乡,村村开展乡村旅游,但又村村不同,实现了一村一品的乡村旅游开发,打造了著名的"五朵金花"品牌。

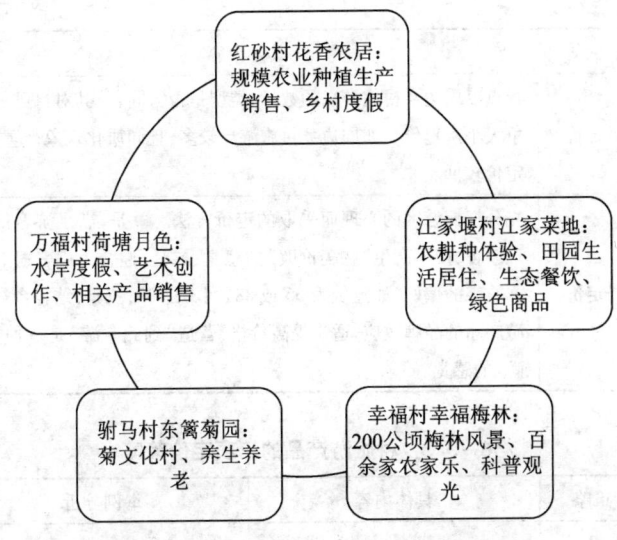

图 6-1 四川三圣乡"一村一品"示意图

2. 价格策略

乡村旅游产品的价格影响着消费者的需求欲望,并在一定程度上反映了产品的价值。因此,要针对不同的客源市场、消费者群体采取不同的价格策略以满足不同的价格需求。在乡村旅游产品市场上,常见的有 4 种定价方法与 3 项定价策略。

表 6-2 乡村旅游产品的 4 种定价方法

定价方法	具体内容
"成本"定价	以乡村旅游的经营成本为基础,兼顾预期利润,游客规模,确定乡村旅游产品价格的高低,是一种常用的定价方法。
"需求"定价	重点以周边旅游市场的情况为依据,来制定价格。若周边市场发展较好,潜在顾客较多,定价可稍高,反之,则低。因旅游季节性较强,"需求"定价是针对淡、旺季常用的方法。

续表

定价方法	具体内容
"竞争"定价	重点以周边乡村旅游点的数量、类型是否雷同,及其对自己的竞争大小来定价。如周边乡村旅游点较多,且同质化现象严重,则定价较低。
"心理"定价	充分把握游客的心理而采取的定价方法。一是,满足游客的心理取舍,使其产生"物美价廉"的感觉;二是,迎合人们普遍对吉祥数字的偏好,如定价为 66 或 88,而不是 33;三是,结合乡村旅游产品的品牌效应,适当提高价格,营造"到此一游"是一种"时尚"的感觉。

表6-3 乡村旅游产品的三项定价策略

定价策略	具体内容	举例分析
"差别"定价	一是,不同类的乡村旅游产品制定不同的价格;二是,对一定数量乡村旅游产品制定一种价格;三是,按照人数逐渐优惠,游客的数量达到一定数值后,可以打折,若再超过此数值后,可进行折上折,此做法可吸引团队、组织、集体型游客。	以淡季 150 元的农家院为例,游客连续住三天。可设第一天 150 元,第二天 130 元,第三天 100 元。餐饮也可采取此种递减式收费,此种收费方式,可刺激游客的消费欲望,变"淡"为"旺"。
"捆绑"定价	将两种有明显差异性的乡村旅游产品捆绑一起进行销售,此种做法与单个销售相比可获得更大利润。	一家乡村旅游地主要经营田园观光和农事体验两大类旅游产品,各自定价为 10 元,有甲、乙两名游客,甲喜欢观光,乙喜欢农事体验,则收益为 20 元。若二者捆绑一块,定价 15 元,则甲、乙的消费为 30 元。

续表

定价策略	具体内容	举例分析
"转移"定价	也叫"隐藏"定价,是指将一种旅游产品价格定得较低,通过相关旅游产品的连带效应,使游客在其他产品的消费中,补偿了前一种产品的损失。	一家乡村旅游地有两块地方分别经营田园观光和农事体验,且二者距离较远,各自定价为10元。通过提供免费游览车,可促使游客同时体验两处活动,除去交通费,可获利15元,大于单个的10元。

3. 营销渠道

乡村旅游产品营销并不只是吸引游客来玩,走时带走当地的土特产,而是要使游客不但玩得高兴,并能对当地乡村旅游的特点有一个深刻的认识,在回去之后,真心自觉地向自己的亲朋好友做一个正面形象的宣传。常见的乡村旅游营销渠道有6种,各有优势、劣势,立足于实际情况,选择最佳营销渠道。

(1)纸媒营销

纸媒营销主要是借助期刊、杂志、报纸、平面广告、宣传册、旅游地图等形式进行的宣传营销。乡村旅游季节性很强,采用具有时效性的纸媒营销,针对性很强;图文并茂,效果显著;便于在城市居民的人群中散发,保留时期较长,尤其是旅游地图,作为一种特殊的纸媒营销方式,虽然制作较麻烦,但对游客有很强的引导作用,同时,在其他相关地图上刊登的旅游信息,也同样会引起顾客高度的关注。

(2)广播电视营销

广播电视的普及率高、受众面较广,不同收入阶层,从出租车司机、学生到上班族中的高级白领均会受到其影响。虽然成本相对较高,但是通过公交车上和地铁里的移动电视、火车和汽车站的大型电视屏幕、写字楼里的广告电视等特殊电视广告形式,往往会收获很好的宣传效果。

(3)户外路牌营销

一般来说,在接近乡村旅游地的周围树立路牌同样也能起到很好的宣传与造势作用。

(4)手机短信、微信、易信营销

把乡村旅游产品的最新资讯通过手机短信、微信、易信等方式发送至目标顾客,具有很强的针对性,也便于培育回头客和实行会员制管理。但是,此种方式不可滥用,否则会引起人们的反感。

(5)网络营销

在互联网的背景下,人们的生活与消费行为渐渐发生改变。紧跟时代潮流,利用网络进行乡村旅游产品的宣传营销,是当今最流行、最快捷的一种营销方式。相比较其他营销渠道而言,网络营销的成本低、传播迅速、受众群体更广。网络营销主要有以下4种方式:在有影响力的农业、旅游论坛上发布信息;在综合介绍乡村旅游的网站上创建自己的宣传网页;实力雄厚的乡村旅游点可通过创建专门网站发布信息;建立官方微博,借助名人效应,通过微博用户的相互转发,扩大乡村旅游的影响。

(二)促销策略

乡村旅游的促销策略主要包括人员推销、广告、公共关系和营销推广等各种促销手段。通过这些促销手段,向游客传递乡村旅游产品信息,引起其兴趣,激发其购买欲望和购买行为,从而达到扩大销售的目的。乡村旅游主要有以下四种促销手段。

1. 人员推销

通过对旅游业从业人员的培训,提高其服务技能,强化其服务意识,提升服务人员的综合素质,使人人树立起"全员营销"的意识。

2. 广告

综合运用报纸、杂志、广播、电视与互联网等进行广告宣传,尤其是在互联网高速发展的今天,充分发挥互联网的作用,做好广告宣传,往往可以收到事半功倍的效果。

3. 公共关系

可间断性地策划系列庆典活动,如彰显本土特色的祭祀、庆典、民俗节事活动等。另外,还可以具有全国知名度的媒体、微博为媒介,开展乡村旅游美景摄影、写生、文章征集大赛、帖子等系列活动,潜移默化地扩大乡村旅游的影响与知名度。

4. 营业推广

分为对旅游者的促销和对旅游中间商的促销两大类。针对旅游者的促销方式为:散发旅游宣传手册,向游客赠送一些带有乡村旅游信息的小物品,举办乡村旅游产品展览会等。最近随着微信的流行,诞生一种新的促销方式——转发乡村旅游地制作的一些宣传语和图片并搜集到一定数量的"赞",可免门票或是获得其他一些优惠活动。针对旅游中间商的促销方式有:积极与一些学校、企业开展合作,鼓励它们前来考察与旅游,并提供一定程度的优惠。组建促销联合体,给予带团队、组织前来旅游的旅行社或其他相关中间商一些价格优惠与津贴,争取与之建立长期的良好合作关系。

(三)新营销策略组合

1. 网络营销:网络"嫁衣",裁出营销新意

(1)概念界定

网络营销是在互联网的基础上,通过其他媒体进行整合,并以互联网特性和理念去实施营销活动,更有效地促成品牌的延

伸或个人和组织交易活动的实现的营销方式。

(2)产生背景

首先,随着科学技术的进步、互联网的普及,人们的生活与消费行为渐渐发生改变。紧跟时代潮流,利用网络进行产品的宣传营销,是当今最流行、最快捷的一种营销方式。尤其是就乡村旅游而言,根据乡村旅游市场分析,可知其主要的客源市场是城市居民。针对城市居民中的工薪阶层、青少年学生、家庭出游以及入境游客等,大部分或多或少地接触到网络,并且使用频率相当高,这就为乡村旅游进行网络营销奠定了基础。其次,以网络为媒介,达到营销产品的目的,顺应可持续发展的潮流。目前,乡村旅游的发展更加注重与自然生态环境相和谐,以实现真正的绿色生态旅游。同样,在产品的销售与消费环节,通过全面的相关信息传递,来树立乡村旅游产品的绿色形象,从而获得游客的认可。第三,营销策略更加注重与游客的沟通和协调。乡村旅游主要是为满足城市居民返璞归真、怀旧及回归自然的心理需求,因此,是否能准确及时地把握游客的需求显得格外重要。最后,营销方式逐渐网络化。在互联网的背景下,随着乡村旅游的进一步发展,乡村旅游企业要逐渐学会运用先进的网络技术,开展旅游电子商务服务成为乡村旅游企业发展的必然趋势。

(3)优势分析

首先,网络营销的成本低、传播迅速、受众群体较广。相较于其他行业而言,旅游业因其无形性、整体性、脆弱性等特点更适合通过网络开展旅游电子商务。就旅游目的地及其经营者而言,互联网为其降低向消费者、客户发布信息抑或提供各种咨询预订服务的成本提供了可能性;就旅游者而言,可以通过互联网及时获得旅游目的地及旅游产品的最新信息。其次,展示灵活、效果更佳。相较于一般的旅游资源,乡村旅游资源更包括一些人们通过感觉器官无法直接准确感悟到的一些非物质成分,诸如乡村居民的生活方式、价值观念、民风民俗、宗教信仰等。这些乡村旅游资源纵使运用传统的"4P"营销方式,也很难传达出其原有的魅力,而通过网络的图、文、声等多媒体的传播形式,则可以使游客更直观地感受乡村旅游的独特景观和文化。

[案例]

浙江安吉——微营销,博未来

浙江省安吉县就是借助互联网技术运用微博开展乡村旅游网络营销的一个典型例子,不仅紧跟时代潮流、与时俱进、满足了游客不断变化的需求,更是达到了扩大其影响覆盖面,以吸引更多游客、增加旅游收入的营销目的。

浙江省安吉县位于浙江省西北部,是浙江省农家乐产业的发祥地。安吉的乡村旅游业自农家乐起步,历经了10余年的培育和发展,呈现出规模不断扩大、管理日趋规范、质量稳步提升的良好态势,成为安吉休闲旅游产业重要而又独立的特色品牌之一。自2008年以来,安吉县围绕落实"生态立县"战略,在全县启动实施了"中国美丽乡村"建设行动,为安吉县乡村旅游大发展又注入了新的生机和活力。

为了宣传其"中国美丽乡村"品牌,深度挖掘乡村旅游产品资源,适应自驾游比例逐年上升的强劲态势、为年轻的自驾游客提供更多的信息和更好的服务,安吉县旅委注册开通了主题为"玩转安吉"的官方微博,借助官方微博的权威性对安吉旅游信息、旅游线路、动态新闻等进行网络推广,将安吉旅游资源历史文化、信息产品、民俗风情等各方面与粉丝进行多层次、多方位、多角度、有创意的介绍,并与网友进行回复互动,转发网友的微博,实现线上线下互动,大力推介安吉的旅游特色。另外,还把安吉县各个景点所推出的活动、优美的风景照片以及游客在安吉县旅游时发生的趣事发布在微博上,以吸引更多的"粉丝们"对其所推出的活动的关心。安吉县旅委良苦用心的微博营销很快取得了显著成效:玩转安吉微博自2010年的11月下旬开通后,短短5个月的时间,迅速集聚了7403名微博迷的网络人气;开通后的3年多时间里,发表微博近7000篇,安吉"粉丝"从最初几千人疯涨到现在的67.8万人,每个月"粉丝"数量增加近3万,2012年,全县旅游人数达到875.9万次。玩转安吉微博在2011年度荣获浙江优秀旅游微博,2012年度荣获浙江人民网舆情监测室十大旅游微博,同时,安吉县被评为"2012浙江年度旅游发展十佳县"。

资料来源:新浪江苏网"玩转安吉:如何把握旅游政务微博未来的走势方向" http://jiangsu. sina. com. cn/news/general/2013-09-07/120270604. html

2.节事营销:舞台造势,演绎别样精彩
(1)概念界定

在节庆或特殊事件期间,利用或触发消费者节事活动心理、行为,进而开展一系列旨在提高产品销售力和影响力的营销活动的营销方式。

产生背景:中华五千年文明源远流长,相伴而生的民族节庆总是在传统和现代、本土和外来文化元素的相互碰撞中融合、创新与发展,并使之成为一条捆绑历史的文化绳索。在这条文化绳索的两头分别牵着古人与今人,在变化中有不变的文化核心价值,不变的文化价值总是在变化的形态中得到更新的诠释。我国节事共分为五大类,一是多彩祈福,解读五千载文化的传统节事;二是千姿百态,尽展特色中华万般魅力的民族节庆;三是百花齐放,彰显创新世纪时代华章的文化节庆;四是激情变革,浓缩神州品牌势力变迁的经济节庆;五是产业创兴,召令五湖四海汇集民生的旅游节庆。众多乡村旅游目的地良好的自然环境、深厚的文化内涵为其开展节庆营销活动提供了有效的资源依托。节事营销促进了文化保护与传承,提升了目的地品牌形象,乡村旅游目的地的节庆营销活动日趋丰富。

(2)优势分析

①能有效拉动地方经济的发展。通过举办别具匠心、多姿多彩的旅游活动不仅可以弥补乡村旅游淡季需求不足的情况,而且这些节庆期间来访的游客还为当地旅游经营者提供了大量的商业机会,调整了旅游资源结构,拉动淡季的市场经济;②能有效塑造乡村旅游目的地的整体形象。旅游节事既是乡村旅游的一个重要组成部分,又是乡村旅游营销的一种重要方式;③节事活动可以有效塑造乡村旅游目的地形象,宣传乡村旅游目的地品牌形象。能充分展现乡村旅游目的地民俗文化。乡村旅游节庆的举行,使得乡村的民族文化得以保护与传承。能加快乡村旅游目的地的基础设施建设;④乡村旅游节庆活动的举办,能促使乡村所属县、乡政府加强基础设施建设,不仅使当地的群众受益,也可使旅游者全面了解乡村的自然景观、历史景观、人文景观,从而提升对乡村的整体感知。⑤能带来强劲的经济后续效益。乡村旅游节庆的举办,不仅为乡村旅游经营者带来大量商机,也展示了乡村优美的自然环境、深厚的文化内涵和良好的投资环境,创造一批潜在的投资者。

[案例]

重庆潼南——小小油菜花,撬动大发展

重庆潼南是西部的绿色菜都,蔬菜种植面积和产量均居全国县域级第二。每年3月,上万公顷油菜花在潼南县崇龛镇的田野竞相怒放,处处是耀眼的金色。就是这小小油菜花在经过旅游节庆的包装后,更是吸引了四方眼球,引来了八方游客,不仅促进了当地乡村旅游产业的发展,同时,为缩差致富、促农增收也做出了积极贡献。

从2008年3月起,重庆市潼南县开始依托2万公顷连片种植的油菜花举办油菜花节,连续举办了7届。而且当年这一并不是太知名的旅游节一个月即吸引游客约36万人次,实现门票、餐饮、住宿等旅游综合收入1亿多元。2009年,潼南被评为中国最美的油菜花海之一;2010年,被评为"重庆十大春季旅游目的地"之一。从此,潼南成为游客踏青出游的目的地之一,也因此被评为"春天最美的地方"。

图6-2 油菜花海

一朵小菜花,撬动大发展。随着油菜花节连续7年的成功举办,油菜花节已从无到有、从有到旺。当地政府以旅游节会活

动为"敲门砖",实行土地、税收、融资等一揽子优惠政策,为潼南引入了上百亿投资,构筑了区域发展的产业支撑,推进了各产业协调发展,实现了主要经济指标的快速增长。另外,在各种节会中,农民从事第三产业、饮食业等,增加了劳动就业;农村新农房、巴渝新居、危旧房得到建设和改造,农村面貌也得到了改善。

资料来源:第一旅游网"重庆潼南:油菜花节引领乡村旅游发展"http://www.toptour.cn/detail/info58205.htm

3. 互动营销:城乡联谊,社区互动情长

(1)概念界定

城乡社区互动营销是以社区服务中心和社区文化广场为固定场所,以城乡互动为基本方式,通过展板、图片展览、讲座等形式,生动、灵活、持久地传播旅游目的地信息的营销方式。

(2)产生背景

城市化建设的进程造就越来越多的居住社区,人员聚集必然会带来巨大的消费人群,社区自然也成为一个广阔的市场。大众媒体的数量急剧增加,媒体受众人群分散,造成收视率、有效率普遍下降。爱森尼尔公司对媒体的调研发现,消费者广告免疫力增强,媒体收视率在逐步下降。国家大力提倡社区服务。1986年,为配合城市经济体制改革,民政部首先倡导社区服务,旨在城市开展以民政对象为主的福利服务和便民利民服务。从此之后,社区服务进入千家万户,深受群众欢迎,为方便城市居民生活起到了积极的作用。

(3)优势分析

①影响面广,受众面大。城乡社区互动营销活动可以在整个旅游客源地城市和乡村全面开展,直接影响大量中高收入、最具消费潜力的城市中产阶级以上人群。②传播时间长,影响效

果好。城乡互动营销活动受其他因素影响较小,且传播时间可自由选择。③静动结合,方式灵活。城乡互动营销可综合采用图片展览、展板展示、广场文艺演出、讲座和现场咨询等静动结合的方式开展营销。④信息损耗低。城乡互动营销可直接将全面且丰富的信息传达给潜在的消费者,减少了中间传播渠道,从而避免信息在中间渠道传播过程中的损耗。

[案例]

北京——从"寻找'最美乡村'"到"寻找'最美乡村路'"评选活动

为了深化和提升"寻找'北京最美乡村'宣传评选活动",北京市委农工委指导并支持北京交通广播台主办了"寻找'北京最美乡村路'主题宣传活动"。在整个"寻找'最美乡村路'"的评选活动中,以媒体为中介,通过对候选道路的介绍,展现道路上的各色景观,让市民能够通过报道欣赏京郊的自然山水和乡村景观、发现各具特色的农家美食。实现了乡村旅游与城市居民间的互动营销,在一定程度上促进了城市和乡村、特别是城镇居民和乡村居民之间的互动和交流,让城镇居民能够更加深入、全面地了解乡村道路,了解新农村。同时,"北京最美乡村路"的评选也为城镇居民提供了多样化的休闲郊游选择方案。

"寻找'最美乡村路'"评选活动以"走上最美乡村路、升级幸福好生活"为主题,自 2012 年 2 月 22 日正式启动以来,有序推进了候选道路推荐、集中采访宣传、综合评选表彰三个阶段的工作。13 个涉农区县按照"道路沿线环境美、道路建设养护好、道路彰显文化特点"的基本标准共推荐了 35 条候选道路。北京交通广播组织 13 路记者对每条道路进行了深入采访并陆续播发了 92 条报道及两版宣传语,全天滚动播出 8 次,且每周重点介绍一条候选道路,在每周二、四、六分三期节目报道道路的基本信息、沿线人文或自然景观,以及乡村路带来的新变化等内容,并在北京交通广播具有较大影响力的《1039新闻早报》《一路畅通》和《新闻直通车》等栏目中安排首播和重播。另外,在"北京广播网""SOHU网""北京美丽乡村网"开辟专栏宣传。进入投票评选环节,市民可通过网络、短信和纸面选票等方式给自己心中最美乡村路投下一票,活动组委会最终将汇集主办单位、专家和社会公众代表意见,评出10条北京最美的乡村路。

最终评选结果在2012年12月15日北京交通广播19周年庆晚会揭晓:延庆县百里画廊·四季花海路、平谷区十八弯景观大道、密云县云蒙风情大道、房山区四马台村白草畔旅游景区路、通州区运河左堤新路、丰台区长青路、门头沟区灵山路、顺义区白马路、怀柔区悠然山水大道、大兴区庞安路等10条道路被授予"北京最美乡村路"荣誉称号,授予其他25条道路"北京最美乡村路(提名)"荣誉称号。

资料来源:北京广播网"北京最美乡村路评选活动"http://topic.rbc.cn/12zt/xcl/hdjs/201202/t20120222_2551833.htm

4.品牌营销:品牌"亮剑",融合虚实两界
(1)概念界定

品牌是消费者对产品整体形象认知的总和。通常来讲,品牌可分为两个层面:一是品牌的实体层面,如质量、功能、价格和外观等;二是品牌的精神层面,如价值、个性、信誉、形象和时尚度等。品牌营销就是各营销主体通过一系列的营销活动将品牌的实体层面与精神层面结合起来,培养品牌差异,建立品牌个性,并获得消费者认知、青睐,最终提高品牌的知名度与美誉度的营销方式。

(2)产生背景

在旅游消费日益个性化、理性化、享乐化、生态化、体验化的今天,乡村旅游品牌化趋势日益明显,旅游市场竞争逐渐白痴化,粗放的、低水平的旅游开发与管理以及落后的旅游营销理念很难再能满足消费者更高层面的需求。品牌营销观念落后已经严重制约着乡村旅游的发展。

(3)优势分析

①迎合旅游者的需求,吸引旅游者。现在的旅游者不再仅仅满足于简单的观光等视觉体验,而是越来越追求身心的愉悦、情操的陶冶以满足其对旅游高水平身心享受的追求和对旅游产品增值消费的期望。旅游者对乡村旅游品牌的要求与呼声是越来越高。②提高竞争力。乡村旅游品牌营销不但能够提高旅游产品的美誉度和知名度,还可以吸引更多旅游者,增加旅游收入,从而提高竞争力。③挖掘持续发展的潜力。乡村旅游品牌营销可以提高旅游者的忠诚度,具有很好的营销效果,拥有广阔的潜在客源市场。

[案例]

四川锦江——五朵金花,朵朵致富千万家

四川省成都市锦江区三圣乡的5个村子打造五种特色,形成贯穿春、夏、秋、冬四季的五个子品牌,春有红砂村的"花乡农居春满园";夏有万福村的"荷塘月色画意浓"和江家堰村的"江家菜地瓜果青";秋有驸马村的"东篱菊园秋无边";冬有幸福村的"幸福梅林"。最终整合成以"花香农居""幸福梅林""江家菜地""东篱菊园""荷塘月色"命名的远近闻名的"五朵金花"大品牌。

以"五朵金花"为品牌的休闲观光农业区,占地12平方千

米,不仅整合了成都市城郊区域的农村旅游资源,而且还将农村旅游与农业休闲观光、古镇旅游、节庆活动有机地结合起来,形成了以农家乐、乡村酒店、国家农业旅游示范区、旅游古镇等为主体的农村旅游发展业态,在不断提升成都市旅游总体实力的同时,还丰富了农村旅游的内涵,促进了农村休闲观光农业的可持续协调发展。现已成为国内外享有盛名的休闲旅游娱乐度假区,被评为国家AAAA级风景旅游区。胡锦涛、温家宝等数位中央领导前往亲临视察。近6年来,年接待游客900万人次左右,年产值达1.8亿元,村集体收入达到3583万元;直接或间接从事多种开发经营的3000多户农民(11 500多人),全部就地转为市民,解决了9790个农民的就业安置;带动了商贸业、服务业等相关产业和县域经济发展。

由此可见,"五朵金花"之所以能够取得如此大的成功,与其致力于整合资源、深入挖掘文化内涵,创新旅游品牌是分不开的。其既体现了浓郁的文化品味,又体现了兼收并蓄、博采众长的品格,同时还彰显了积极吸收外来文化的风格等。在综合因素的作用下,打造出的国家AAAA旅游景区知名品牌。

资料来源:四川省成都市锦江区"五朵金花"专题片http://wenku.baidu.com/view/622b188102d276a200292e1d.html

5. 体验营销:体验参与,品味个性需求

(1) 概念界定

伯恩德·施密特在《体验式营销》中,对体验营销的定义为:企业以满足消费者的体验需求为目标,以服务产品为舞台,以有形产品为载体,营造、提供一个全新的环境或者氛围,让客户进行高质量体验的经济活动。体验营销在提供产品和服务的同时,将消费过程看成一种整体体验,以体验为导向设计、制作

和销售产品,注重顾客的参与和氛围的营造,力图通过满足顾客的体验要求从而达到长期吸引和保留顾客、获取利润的目的。

(2)产生背景

21世纪是体验经济的时代。随着乡村旅游日新月异的发展,人们对乡村旅游的需求并不仅仅满足于简单的"吃农家饭、住农家院",而是越来越注重在乡村旅游过程中所获得的一种特殊的体验与经历。目前乡村旅游企业所提供的旅游产品多为粗放的、体验层次较浅的初级旅游产品,游客参与体验的旅游产品不足。对体验营销新的方式认识不足、营销手段落后,因此乡村旅游企业开展乡村旅游体验营销迫在眉睫。

(3)优势分析

①注重体验,满足消费者个性需求。在体验经济时代,情感寄托、回归自然、展示个性和交流沟通逐渐成为消费趋向。旅游者已不再满足于走马观花式的农业观光游,强调的是一种参与和体验。"体验"已成为旅游者购买乡村旅游产品的核心,这为开展乡村旅游体验营销提供了更广阔的空间。②理性与感性相结合,满足游客的情感诉求,易于形成顾客忠诚。乡村旅游体验营销通过各种各样的途径和手段来营造一种综合的效应以增强旅游者的体验,真正做到从旅游者的整体感受出发,并融于其心里,最终留下美好而难忘的旅游回忆或体验,并形成顾客忠诚,自发地向亲朋好友宣传。

[案例]

北京密云——渔樵耕读,细品山风水韵

位于北京市密云县穆家峪镇的圣水渔村在综合考虑自身旅游资源特色的基础上,整合推出了渔、樵、耕、读4类体验型旅游产品。使游客能够分别从嗅觉、视觉、味觉、触觉、听觉等不同的角

度全身心地去体验渔村旅游,从而留下一个深刻且美好的印象。

圣水渔村坐落在密云水库南岸潮河副坝下,占地约6.7公顷,养鱼水面面积约2.7公顷,是一个集养殖、垂钓、食宿、登山、休闲娱乐于一身的旅游企业。圣水渔村于2010年入选北京市乡村旅游八大新业态之一的"生态渔家"。

圣水渔村在综合考虑自身差异性的资源优势的基础上,整合推出具有渔村特色的旅游休闲项目,突出发展4类体验式休闲产品:一是,渔,以密云县京华水源地文化为背景,发展养鱼、捕鱼、钓鱼、品鱼、赏鱼等渔事体验休闲活动。深入挖掘"渔"文化,使游客不仅能在游玩中愉悦地观水、赏鱼而且还能亲自体验钓鱼、品鱼、购鱼的乐趣。二是,樵,在渔村内的南山,游客可进行穿越、徒步、攀岩、山地自行车等山地户外运动和体育休闲运动。三是,耕,在渔村内开展以农耕农事体验和农业主题公园为主的休闲活动。如:春季的农耕,夏季的播种,秋季的收获等。渔村专门为游客开辟出开展各项农事活动的土地及菜园供游人体验和领种。四是,读,渔村为游客安排了去古北口古镇、古寺庙及镇域内的大石岭村等有历史文化资源和历史故事及传说的村庄,进行历史文化体验休闲活动。

图6-3 密云县圣水渔村

资料来源:北京市旅游业培训考试中心.北京京郊旅游发展实践

第三节 乡村旅游目的地品牌建设

一、乡村旅游目的地品牌认知

(一) 旅游目的地品牌概念

根据美国市场营销协会(American Marketing Association, AMA)的定义,"品牌是一个名称、专有名词、标记、标志、设计,或是将上述总汇,用于识别一个销售商或销售商群体的商品和服务,并使之同其竞争的商品和服务区分开来"。由定义可知,一个品牌关键是由组成品牌的这些要素决定的,也正是与其他品牌的产品区分开来的关键之所在。而提及一个地区或城市时,人们同样也会产生一种印象,正如美国杜克大学富奎商学院Kevin Lane Keller 教授在其《战略品牌管理》著作中提到的"区域品牌"概念,也即"像产品和人一样,地理位置或某一空间区域也可以成为品牌"。Ritchie 在国际市场营销协会对品牌定义的基础上延伸出旅游目的地品牌的定义,即"目的地品牌是用名称、符号、标志或其他图形系统来识别和区分不同目的地。它给予独特旅游经历的承诺,也可以用于加强和巩固目的地经历的愉悦记忆"。

(二) 旅游目的地品牌特征

1. 旅游目的地品牌是外在物质与内在文化深度结合的产物

首先,旅游目的地品牌是以高品位的旅游资源、高质量的基础设施和高效率的旅游服务为基础,并通过一定的物质形式外化出来。其次,旅游目的地品牌蕴涵着独特的文化魅力。在体验经济和休闲时代的背景下,越来越多的旅游者已不满足于浮光掠影的"到此一游",而是注重深度体验,以此获得深刻的文化感知,激发内在的共鸣,实现精神的升华。这种感知、共鸣和升华的点滴积累和广泛传播,是形成旅游品牌的重要因素。

2. 旅游目的地品牌具有特别的识别系统

旅游目的地品牌像其他品牌一样,通过名称、标记、标志、图像等视觉设计因素和语言词汇综合表达出来,有着看不见的价值附加过程。旅游者往往会因某一旅游目的地的品牌对其产生第一印象,并由此而生出一定的心理依赖。

(三)品牌对乡村旅游目的地发展的作用

品牌作为乡村旅游目的地的一种无形资产,能为其提供巨大的附加价值,并在一定程度上强化了旅游目的地在游客心中的形象。游客在经历体验、享受服务的过程中,深化品牌价值感知,自觉产生一种共鸣感,易建立起游客与旅游目的地之间的情感联系,形成品牌忠诚。

1. 区分、识别乡村旅游目的地

乡村旅游目的地品牌是其与其他旅游目的地之间差异化的直接显现,是旅游地的综合象征。游客通过对某一乡村旅游目的地的整体感觉,获得品牌认知,在旅游活动结束后,强化品牌形象,易形成其美好的回忆,而后可能会再次重游或在亲朋好友间自发地进行宣传。

2. 有助于乡村旅游产品的促销

就游客而言,品牌往往意味着产品质量的可信度。游客在选择旅游产品时,往往会减少搜索次数,依据品牌来选择,从而实现乡村旅游产品的扩大营销。就乡村旅游目的地而言,单个经营主体的力量是有限的,通过整个乡村旅游目的地品牌的联合打造,为单个经营主体节省了大量的物力、财力与人力,有助于旅游目的地旅游产品的促销。

3. 促进乡村旅游目的地的内部革新

乡村旅游目的地品牌的建立与传播需要多个部门、相关经营单位、众多团体以及各种旅游营销渠道相互协调与共同合作。旅游目的地品牌在这个庞大的系统运转过程中所产生的一系列问题,促使品牌建立者与传播者不断推行内部的革新,开发新产品、提升服务水平,最终达到旅游目的地品牌良性运转的目的。

二、乡村旅游目的地品牌打造

(一)旅游目的地品牌建设的前期准备

1. 旅游资源调查

旅游资源调查是旅游资源开发与规划的基本准备工作。查清旅游资源的赋存状况、集群状况、质量、数量、特色、等级、价值、成因以及周围的自然人文环境,为旅游目的地品牌建设提供科学详尽的事实依据。

2. 客源市场调查

通过对客源市场状况、当地的风俗文化和生活习惯以及当地居民消费的行为特征等进行深入研究分析并提炼,有助于旅游目的地的品牌定位和相关旅游产品的设计等。

(二)旅游目的地品牌定位

品牌定位就是产品在消费者眼中是一种怎样的形象以及在其心中占据着一个什么样的位置,是市场细分与选择的结果延续。一般产品品牌定位要考虑的原则有:企业的资源条件、产品本身的条件、目标顾客的心理特征、竞争者的定位、价格与收益等。

乡村旅游目的地品牌定位是指综合考虑乡村旅游的资源特色、产品竞争优势以及旅游者的市场需求动机,确立其在旅游业的形象,并通过品牌形象设计鲜明地表达出来,以供游客选择。整个旅游目的地品牌的定位是一个涉及多方面因素且比较复杂的系统过程。

(三)乡村旅游目的地定位的基本原则

1. 资源原则

乡村旅游目的地品牌定位可以占主导地位且具有鲜明特色并构成关键吸引力的核心资源为基础。由于这些资源的垄断性、唯一性、排他性,很容易使消费者对其形成一种鲜明的形象认知。每个乡村旅游目的地特殊的生态自然环境、历史文化传统、民风民俗以及当地长期沉淀下来的独特的生活方式,相互作用,共同构成旅游目的地特有的"地格",就像一个人所具有的鲜明人格一样,形成自己特有的差异性。正是这种由资源而产生的差异性,才是旅游目的地品牌定位所要紧抓的核心。

2. 区域原则

旅游目的地是一个区域性的概念,但一个区域往往又被比之更大的区域所包含。因此,在乡村旅游目的地品牌定位时,不但要考虑其所在区域的地理环境、历史文化及其经济发展水平,更要将之放进更大的区域范围内考虑,以便其充分利用上一级区域环境的旅游形象优势,参与其旅游产品网络。

3. 系统性原则

乡村旅游目的地品牌建设要坚持系统性的原则,综合考虑旅游资源的特色与客源市场的需求,从多角度、多层级、系统地构建旅游目的地品牌。另外,整体旅游目的地品牌并不是一个具体化的概念,要在整体性的统领下,针对不同等级的客源市场和不同开发阶段,建设系列支持性的子品牌,并通过其深化和完善整体旅游目的地品牌。

4. 竞争性原则

乡村旅游目的地之所以要进行品牌建设就是为了使其在旅游市场上获得一定的竞争优势。在乡村旅游目的地品牌建设的过程中,要全面调查分析所属旅游资源的特殊性、不可替代性与差异性,努力突破比其更高一级的旅游形象的屏蔽限制,或是其他形象相似的旅游目的地品牌的竞争。

(四)旅游目的地品牌定位的主要步骤

依据美国旅游营销学专家 Morri Sno 提出的旅游目的地品牌定位 DSS 模型,旅游目的地品牌定位主要分为4个步骤。

1. 明确游客的需求

随着体验经济时代的到来,游客不再仅仅满足于简单的观光,而是越来越多地追求精神层面的享受。因此,对旅游目的地来说,要充分了解游客的需求,形成独特的品牌诉求,才是旅游目的地品牌可能走向成功的关键。

2. 在满足游客需求的基础上,形成独特的差别化旅游产品体系

在综合分析、提炼与整合旅游资源特有属性的基础上,选择关键的旅游吸引物规划开发旅游产品体系。根据独特性、垄断性与竞争性三条标准,提炼出旅游目的地吸引物的特有属性,从而最终构成旅游目的地品牌的属性特征、化品牌的吸引力。

3. 打造旅游目的地品牌的核心价值与品牌形象

旅游目的地品牌的核心价值应能准确并清晰地表达出旅游目的地发展的愿景,各种视觉或形象的设计要反映出品牌的核心价值。

4. 设计传递品牌的核心价值与形象

将旅游目的地品牌相较于其他品牌的差别性优势,通过旅游营销策略组合,传达到客源市场,并经过反复传播,在游客脑海里留下深刻"烙印"。

三、乡村旅游目的地品牌传播

乡村旅游目的地品牌的传播主要包括对内传播和对外传播两部分,对内主要是以当地居民为对象,传播品牌的核心价值与

形象,强化当地居民的认同感与自豪感;对外主要是客源市场,通过各种渠道向游客传播品牌,获得游客的认同感,进而影响其消费偏好与选择。品牌传播方法大致可分为两种,即控制系统和传播工具。

品牌传播方法的控制系统包括销售过程控制和消费过程控制。品牌的销售过程控制,主要是指对营销策略组合进行控制,即对产品、价格、营销渠道、促销这4个方面进行整合。由于在品牌塑造阶段,已经实现了对产品品牌的打造,而价格、营销渠道、促销不仅会影响到乡村旅游产品的销售,同样会影响到乡村旅游目的地品牌的形象传播。乡村旅游目的地应建立专门的销售机构,统一实现旅游产品的销售,避免因参与主体的不同、利益的不同而导致的恶性竞争,最终影响旅游目的地品牌的形象。品牌的消费过程控制,主要是指在游客消费的过程中,旅游目的地相关经营主体通过提供高质量的服务来满足游客的需求,从而使游客不自觉地就建立起品牌的认同感和依赖感。在消费过程结束后,游客对旅游目的地品牌形象能有一个好的认知,而后激发起自觉口碑宣传和再次回游的动机。

品牌传播工具主要包括节事活动、媒体宣传、广告、公关活动、口碑和网络等。节事活动传播主要是指通过突发事件和大型商务活动进行品牌传播。在经济与科技高速发展的时代,"注意力经济"越来越成为人们争取的重要资源。通过偶然抑或精心策划的节事活动宣传品牌,往往能给旅游目的地带来意料之外的惊喜。媒体宣传,主要是指巧借亮点事件进行媒体宣传以及通过最近比较流行的电影、微电影来实现宣传目的。广告,主要是通过媒体广告与路牌广告来实现多主体参与、立体化的品牌宣传。公关活动,通常是利用新闻发布会、名人效应、旅游产品展览会等形式扩大品牌影响力。口碑,是指游客在结束旅游过程后,因获得满意的旅游经历而自觉向他人介绍与宣传品牌。网络,是比较流行且应用广泛的一种品牌宣传形式,可综合运用微博、网站、网页、社区论坛等途径,顺应时代潮流且营销范围较广。

四、乡村旅游目的地品牌管理

乡村旅游作为一种新兴的而又具有巨大潜力的旅游形式,具有综合性、服务性、依托性等旅游业的一般特点,而作为在农村地区发展的一种旅游形式,农村地区的经济文化发展水平导致的独特自然环境和社会环境,既是乡村旅游的吸引点,也是实现乡村旅游发展目标的阻碍因素。乡村旅游目的地品牌建设比一般的旅游目的地建设的难度要更大,乡村旅游品牌的建设必须要发挥政府的主导作用,政府参与乡村旅游品牌的维护和管理,不是以利润最大化而是社会效益最优化原则,其目的就是促进乡村的整体发展。

(一)乡村旅游品牌管理的内容

政府主导的旅游品牌管理支持系统应该从以下几个领域重点建设。

1. 加强政策支持

土地政策:土地是农民安身立命的根本,关系到农民的生计问题,而且关系到国家的粮食安全和社会稳定,所以,我国对农用土地向非农业用途转移进行了严格的控制。根据《中华人民共和国土地管理法》的规定,"旅游用地"属于建设用地的范畴。这一规定在一定程度上限制了乡村旅游规模的扩大和产品的多样性。因此,政府在具体的操作过程中,应灵活对待"旅游用地",在促进乡村旅游发展的同时,切实保护好农民的利益。另外,农民利用拥有的土地经营权作为入股参与旅游项目时,要科学评估土地的价值,不但要评估土地的经济价值还要考虑土地的生态价值、社会价值和审美价值,真正让利于农民,让农民得到实惠,提高农民开展乡村旅游的积极性。

经济政策:政府对发展乡村旅游的经济政策主要体现在财政、税收、工商管理和金融政策等方面。在财政上,政府应增加对乡村旅游的财政预算和开发促销资金,建立专门的发展基金;在税收和工商管理方面,可以减免参与乡村旅游开发的企业和农民部分相关税种和行政性收费,如所得税、营业税、耕地占用税、客运附加费、管理费等;在金融方面,可以对农民发放小额贷款、对旅游企业优先贷款、建立多样的融资机制、支持旅游企业发行债券股票等。总之,政府应尽力帮助旅游企业和农民解决资金问题,降低农民参与旅游开发的成本,提高其参与乡村旅游的开发与经营的积极性。

2. 完善行业管理

依法治旅:社会主义市场经济是法制经济,旅游业的发展需要良好的法制环境。发展乡村旅游要制定相应的旅游法令法规,使保护自然环境、营造公平竞争的社会环境、维护农民和企业的正当利益和消费者的合法权益都有法可依,同时对不法现象加大查处和执法力度,切实维护和保障旅游者、旅游企业、农民等相关利益者的合法权益。

有效的行业管理:乡村旅游作为旅游业一种形式,同样具有综合性,涉及行业、部门较广,但各行业均有自己的主管部门,旅游管理部门不能替代其他部门的管理职能,因而职能上重复交叉,管理上政出多门,条块分割,使得管理效率降低。政府必须协调好各个部门之间的工作,同时,政府必须升级旅游管理机构,客观上减少乡村旅游发展中管理的缺位现象,使旅游管理部门形成有效的管理手段,健全管理体系,树立管理权威、拓展管理领域。旅游管理部门自身要以繁荣乡村旅游市场为己任,重点做好信息引导、行业标准、市场准入、动态管理、市场监督、宣传促销等方面的工作,使乡村旅游能够健康持续地发展。

3. 重视乡村旅游规划

要想发展好乡村旅游,首先要对其发展目标进行设定并制定实现这一目标的一系列措施,即做好旅游规划工作。我国各地区经济发展的不平衡性、差异性以及市场需求的多样性,要求在制定旅游规划时必须坚持因地制宜、实事求是的原则,避免盲目跟风现象的发生。各地政府应根据已有的资源条件、市场需求、区位条件和社会发展要求,应立足于本地农村社会经济发展的现实,以投资少、见效快、占有耕地少、容易组织、农民直接参与为出发点,以本地城镇居民为主要市场对象,在突出保持乡村特色和可持续发展的前提下,以低收费、多层次为原则,确定本地区的重点乡村旅游开发模式,保障本地区乡村旅游健康有序地发展,有效防止旅游开发中的低档次重复建设的盲目行为、急功近利的短期行为及滥开乱建的破坏行为。另外,乡村旅游规划要和国家和地区的宏观旅游发展规划以及当地的农村发展规划相结合,以促进农村各产业的协调发展。

4. 加强资金支持

首先,提供公共产品。政府应对重大建设项目提供启动资金,以期带动私人资本的更大规模的投入,构建快速便捷的交通网络,提升乡村的可进入性能力,完善各农村地区的通讯网络、供水、电力、排污设施、景区环保系统建设。另外还应该加大教育的投入力度,在完善农村基础教育的基础上,为农民提供不同层次、形式多样的免费培训,提高农民的文化素质、市场意识和服务技能。其次,旅游地形象宣传。政府对于乡村旅游的宣传主要体现在旅游区域整体形象的宣传上,提高区域的知名度,以营造更浓气氛,产生更大声势。比较典型的是政府投资组织的两类大型活动,以造"市"为主旨的大型主题宣传促销活动,目的是以大手笔、大魄力刺激旅游市场的需求;以造"势"(声势)为主旨的大型活动(如旅游节庆活动),财政划拨专款、政府亲自指导、部门联合进行、社会参与,目的是以大声势、大人流营造有利于乡村旅游发展的社会氛围。

5. 维持社会秩序

发展乡村旅游在提高农村地区的经济水平、增强农民现代化意识的同时,也会带来一些不良的影响,如民俗文化的庸俗化、淳朴民风的退化和遗失,甚至于出现"黄、赌、毒"和坑蒙拐骗的现象。这些消极影响既不利于旅游业的发展,更严重的是会影响到社会的稳定,所以政府应该在提高农村地区物质文明的同时,抓好精神文明的建设。从法律、教育、宣传等各方面采取措施,规范引导农民和游客,形成良好的社会风气。

(二)品牌的监测

为了检测品牌成功程度和广告投放、公关活动、网络营销等传播活动的效果,需要品牌管理部门建立品牌监测系统,来监控品牌实施状况。通过系统地进行品牌信息的收集、整理分析,衡量市场对于品牌投放的积极程度和品牌有效性。评价新的品牌是否成功的指标有:品牌视觉系统认知度,游客对品牌的感知度,游客意见和态度,品牌忠诚度和旅游行为的变化。除了对品牌本身的监测,对整个消费市场、竞争者的动向也需要实时监测。快速而准确的反馈和预测消费市场的变化和竞争对手的战略调整,可以及时为品牌的调整、更新提供决策依据。

(三)危机管理

品牌的危机管理是指企业在品牌经营过程中针对该品牌可

能面临或正在面临的危机,包括危机防范、危机处理及危机利用等一系列管理活动的总称。就形成的原因而言,可分为自然危机、人为危机两大类。

1. 自然危机

主要是指由于自然原因而造成的品牌危机,如2003年"非典"的爆发对旅游业造成的冲击。乡村旅游是以乡村的环境及资源作为旅游吸引物的,容易受到自然灾害的影响,如旱涝、虫灾等自然灾害会对农作物造成影响,从而影响到采摘型的乡村旅游资源的质量。对于自然原因造成的危机,对于危机出现后的处理,一方面加强旅游项目的综合性开发,提高旅游产品的多样性,"东方不亮,西方亮";另一方面利用媒体宣传目的地的改善情况,重新吸引旅游者的眼球。

2. 人为危机

乡村旅游目的地的人为因素造成的品牌危机,主要表现在"公地悲剧"造成的乡村旅游竞争力的下降。"公地悲剧"是经济学中的专用名词,通常被用来指"理性地追求最大化利益的个体在没有相应制度约束下,其短期行为对公共利益造成的损失"。在开放式的乡村旅游目的地中,乡村旅游资源"公权"与"私权"混杂,房产及家庭生活是私有产权,而乡村文化、当地整体自然环境及人文环境、乡村旅游品牌等都是相关主体共同使用的公共产权。经营旅游的村民每个成员都可以用这些资源为自己服务,但都无权排斥其他成员行使同样权利。产权的复杂性,容易导致乡村旅游资源开发的外部性问题,从而产生"公地悲剧"现象。在乡村旅游地发展中,"公地悲剧"主要表现为外部不经济和环境退化,资源过度使用、退化、潜在毁灭和乡村性减弱而使乡村旅游品牌受损等。

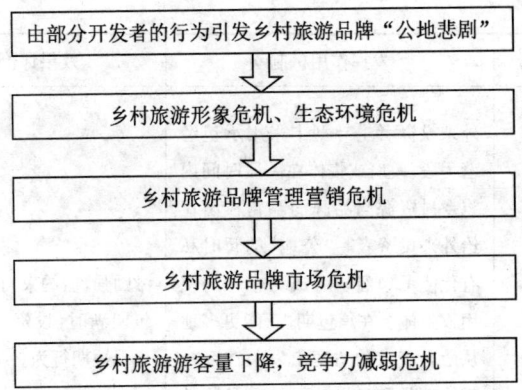

图 6-2　乡村旅游品牌"公地危机"的扩散

面对乡村旅游品牌"公地悲剧"带来的巨大冲击,怎样防患于未然,最大程度上保证乡村旅游品牌的品质是急待解决的问题,池静、崔凤军(2006)在总结了其他学者研究结果(政府强权参与管理、私有化及社区自主自治的三种制度)的基础上,提出了解决乡村旅游公地悲剧主要的三种模式,即地方政府主导型、外投资者主导型和农村集体组织主导型。

表 6-4　解决乡村旅游公地悲剧的三种模式

模式名称	发挥作用机制	效果评价
地方政府主导型	政府集中控制,如罚款、征税、补贴、行政管制避免乡村环境、文化和品牌被破坏性地使用。如制定规章条例对污染环境、乱搭乱建等行为实施经济惩罚、行政处罚等手段;用规划手段对当地建筑风貌、体量进行严格控制;用补贴方式加强当地基础设施建设。	约束力量强,激励弱,其他主体可能没有积极性,不能解决乡村旅游"软环境"的建设。

续表

模式名称	发挥作用机制	效果评价
外投资者主导型	外来投资者主导型中采用承包经营手段,政府或集体在一段时间内将乡村资源与品牌的经营权出让给外来投资者。"公地"的暂时私有化使承包经营者成为唯一的使用权主体。在承包期内,能更多地从游客需求的角度出发关注乡村整体文化和环境的保护和品牌的维护。从而做出保护和开发并举的决策,注意维护与当地居民的和谐关系。	激励强,但约束力弱,在承包期满时,投资者可能会出现短期行为。
农村集体组织主导型	由乡村委会直接管理的"乡村旅游客服中心"作为具体的开发、经营实体。全面负责乡村的旅游信息管理、培训、监督、咨询、宣传等方面的职能。人们希望能够通过游客服务中心的组织来为各个农户分配游客,从而避免农户间对客源的无序争夺。保护乡村自然、淳朴的特色,预防商业气氛的侵蚀。	但这种制度有很强的假设条件。首先当地居民要有足够强的自治意识和素质;其次,必须派出外来经营者取代当地居民的可能性;再次,管理委员会必须有足够权威、能够值得信赖。从目前的国情来看,运用这一模式虽然有农村村民自治制度作为制度铺垫,但村民和管理者素质的现状表明该模式的使用仍有一定的挑战性。

相比较而言,采用政府主导的模式来解决乡村旅游中的"公地悲剧"现象效果更明显。针对这一模式存在的不足,政府还应加强激励机制和教育机制,满足村民经济、心理、地位、荣誉等各方面的要求,引导实现村民品牌意识、文化意识的内增长,激发其营造乡村旅游品牌意识的积极性。

第七章
乡村旅游标准化管理

第一节 我国乡村旅游标准化历程
第二节 北京市乡村旅游标准发展现状
第三节 乡村旅游标准化特征
第四节 乡村旅游标准化的内容

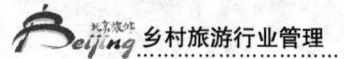

第一节 我国乡村旅游标准化历程

旅游标准化是我国旅游业发展的重要技术支撑,是提高旅游产品和服务质量,规范旅游市场秩序、强化行业监督管理,推动旅游产业转型升级,提升旅游产业总体素质和提高国际竞争力的重要手段,也是旅游业落实科学发展观,实现行业又好又快发展的必然要求。

我国乡村旅游标准属于旅游标准的分支,其起源可以追溯到1995年,经国务院标准化主管部门批复,国家旅游局成立了旅游标准化专业机构——全国旅游标准化技术委员会,负责旅游标准化各个方面的研究工作和标准编制的组织工作。截至2011年底,我国旅游业已有国家标准22项、行业标准18项,地方标准达200多项,旅游企业标准达2万多项,初步形成了由国家和行业标准、地方标准、企业标准共同组成的旅游业标准体系。

同时,我国将形成以国际标准、国家标准、行业标准、地方标准、职业标准、协会标准和企业标准为层次分类,以基础标准、设施标准、服务标准、产品标准、方法标准为横向分类,以吃、住、行、游、购、娱和综合类为纵向分类的旅游标准体系。

按照管理对象分类,我国现有旅游标准可分三类:①为规范旅游管理而制定的基础标准;②旅游饭店、旅游厕所等旅游设施标准;③旅行社、导游等服务标准。

2003年,上海市颁布实施《农家乐旅游服务质量等级划分》,是我国第一个地方性乡村旅游标准。依据在国家标准网和各省、直辖市旅游局主页上查询到的信息,截至2013年,我国共有包括北京、上海、四川、浙江、广东等27个省、直辖市制定了乡村旅游或农家乐旅游的相关规范与标准,其余几个省市,如云南、西藏等地也已将提升乡村旅游服务质量纳入重要议事日程，制订乡村旅游评定划分标准。

表7-1　省级乡村旅游标准制定情况

时间	地区	名称	归口单位
2007	全国	农家乐经营服务规范（SB-T10421-2007）	全国饮食服务业标准化技术委员会
2003	上海	农家乐旅游服务质量等级划分（DB31/T299-2003）	上海市旅游事业管理委员会
2004	贵州	贵州省乡村旅舍等级评定与管理（DB52/T466-2004）	贵州省旅游局
2005	浙江	乡村旅游点服务质量等级划分与评定（DB33/T589-2005）	浙江省旅游局
2005	江西	江西省农家旅馆星级的划分与评定（DB36/T458-2005）	江西省旅游局
2005	江西	江西省乡村旅游示范点检查标准（暂行）	江西省旅游局
2006	北京	乡村民俗旅游户等级划分与评定（DB11/T351-2006）	北京市旅游局
2006	北京	乡村民俗旅游村等级划分与评定（DB11/T355-2006）	北京市旅游局
2006	江苏	农业旅游服务规范（DB32/T940-2006）	江苏省旅游局
2006	江苏	农家乐旅游服务质量等级划分与评定（DB32/T941-2006）	江苏省旅游局
2006	辽宁	农家乐等级的划分与评定（DB21/T1440-2006）	辽宁省旅游局
2006	新疆	农家乐开业基本条件（DB65/T2616-2006）	新疆维吾尔自治区旅游局

续表

时间	地区	名称	归口单位
2006	新疆	农家乐旅游服务质量等级划分（DB65/T2617-2006）	新疆维吾尔自治区旅游局
	甘肃	旅游服务质量陇南农家乐等级标准（DB62/T1470-2006）	陇南市旅游局
	山西	山西省乡村旅游客栈服务规范（DB14/T149-2006）	山西省旅游局
2007	浙江	农家乐经营户（点）旅游服务质量星级评定办法（DB33/T669-2007）	浙江省农业和农村工作办公室
	甘肃	旅游服务质量甘南州农（牧）家乐等级标准（DB62/T1681-2007）	甘南州旅游局
	四川	四川省乡村旅游（含农业旅游示范点）质量等级评定标准（试行）	四川省旅游局
	四川	四川省乡村旅游示范村评定标准	四川省委农业办公室
	四川	四川省乡村旅游示范乡（镇）评定标准	四川省旅游局
	青海	乡村旅游质量等级划分与评定（DB63/T640-2007）	青海省旅游局
	河南	农家宾馆星级的划分与评定（DB41/T492-2007）	河南省旅游局
	安徽	农家乐旅游等级划分与评定（DB34/T755-2007）	安徽省旅游局
	宁夏	宁夏回族自治区农家乐旅游星级划分与评定标准（试行）	宁夏回族自治区旅游局
	宁夏	宁夏回族自治区"农家乐"旅游服务质量等级评定标准	宁夏回族自治区旅游局

续表

时间	地区	名称	归口单位
2008	广东	广州市特色乡村旅游区（点）服务规范（DBJ440100/T9-2008）	广州市旅游局、广州市农业局
	山东	旅游强乡镇评定标准（DB37/T1082-2008）	山东省旅游局
	山东	旅游特色村评定标准（DB37/T1083-2008）	山东省旅游局
	甘肃	临夏州农家乐服务质量等级评定（DB62/T1708-2008）	临夏州旅游局
	广西	广西乡村旅游区(点)质量等级划分与评定（DB45/T563-2008）	广西壮族自治区旅游局
2009	北京	乡村旅游特色业态标准及评定（DB11/T652.6-2009）	北京市旅游局
	北京	乡村旅游特色业态标准及评定（DB11/T652-2009）	北京市旅游局
	贵州	贵州省民族村寨旅游设施与服务规范（DB52/T570-2009）	贵州省旅游局
	重庆	重庆市乡村旅游示范区评定标准（DB50/T314-2009）	重庆市旅游局
	海南	文明生态村旅游服务质量等级划分与评定（DB46/T151-2009）	海南省旅游局
	海南	渔家乐经营与服务质量规范（DB46/T143-2009）	海南省旅游局
	河北	河北省乡村旅游服务质量标准（DB13/T1009-2009）	河北省旅游局

续表

时间	地区	名称	归口单位
2010	福建	福建省乡村旅游经营单位服务质量等级划分与评定（DB35/T 1051－2010）	福建省旅游局
2011	湖北	湖北省农家乐星级的划分与评定（DB42/T732－2011）	湖北省旅游局
	陕西	陕西省农家乐旅游星级划分与评定标准	陕西省旅游局
2013	吉林	吉林省乡村旅游经营单位服务质量等级划分与评定标准	吉林省旅游局

随着旅游标准化工作的深入开展，各级旅游部门和相关旅游企事业单位对旅游标准化工作的认识由浅入深、由被动学标准到主动建标准，旅游标准化意识普遍增强，"标准化管理、人性化服务"的观念深入人心。各级旅游部门已经认识到旅游标准化工作是转变政府职能的重要抓手，是为旅游企业提供服务的重要载体，很多旅游企业也深刻认识到标准化是强化企业管理、提高竞争力、树立形象品牌的重要手段。

第二节　北京市乡村旅游标准发展现状

一、相关标准领全国之先

为了指导北京市乡村旅游的有序、健康发展，北京市旅游发展委员会制定了一系列相关标准。1998 年 6 月正式出台的《北京市观光农业发展总体规划》标志着北京市乡村旅游从自发发展的阶段进入到了行业规范管理的阶段，北京市旅游局积极贯彻实施旅游业国家标准、行业标准,积极参与国家标准、行业标准的起草工作,自主创新地制订多项地方标准,旅游标准化工作取得了较大成绩,相关标准领全国之先。截止到2014年4月,北京市制定和发布的与旅游相关的标准共35个。

表7-2 北京市旅游相关地方标准

编号	标准号	标准名称	颁布日期
1	DB11/T 138-2002	旅游餐馆星级的划分及评定	2002-9-10
2	DB11/T 334.1-2006	公共场所双语标识英文译法 第1部分:道路交通	2006-3-22
3	DB11/T 350-2006	乡村民俗旅游村等级划分与评定	2006-6-1
4	DB11/T 351-2006	乡村民俗旅游户等级划分与评定	2006-6-1
5	DB11/T 357-2006	住宿业服务质量标准与评定	2006-8-1
6	DB11/T 334.2-2006	公共场所双语标识英文译法 第2部分:旅游景区	2006-12-1
7	DB11/T 334-2006	公共场所双语标识英文译法通则	2006-12-1
8	DB11/T 334.3-2006	公共场所双语标识英文译法 第3部分:商业服务业	2006-12-1
9	DB11/T 334.4-2006	公共场所双语标识英文译法 第4部分:体育场馆	2006-12-1
10	DB11/T 334.5-2006	公共场所双语标识英文译法 第5部分:医疗卫生	2006-12-1
11	DB11/T 473-2007	旅游景区服务质量	2007-9-1
12	DB11/T 640-2009	旅游咨询服务中心设置与服务规范	2009-6-1

续表

编号	标准号	标准名称	颁布日期
13	DB11/T 652.1－2009	乡村旅游特色业态标准及评定 第1部分:通则	2009－11－1
14	DB11/T 652.2－2009	乡村旅游特色业态标准及评定 第2部分:国际驿站	2009－11－1
15	DB11/T 652.3－2009	乡村旅游特色业态标准及评定 第3部分:采摘篱园	2009－11－1
16	DB11/T 652.4－2009	乡村旅游特色业态标准及评定 第4部分:乡村酒店	2009－11－1
17	DB11/T 652.5－2009	乡村旅游特色业态标准及评定 第5部分:养生山吧	2009－11－1
18	DB11/T 652.6－2009	乡村旅游特色业态标准及评定 第6部分:休闲农庄	2009－11－1
19	DB11/T 652.7－2009	乡村旅游特色业态标准及评定 第7部分:生态渔家	2009－11－1
20	DB11/T 652.8－2009	乡村旅游特色业态标准及评定 第8部分:山水人家	2009－11－1
21	DB11/T 652.9－2009	乡村旅游特色业态标准及评定 第9部分:民族风苑	2009－11－1
22	DB11/T 657.4－2009	公共交通客运标志 第4部分:道路旅客运输站	2010－1－1
23	DB11/T 665－2009	工业旅游区(点)服务质量要求及分类	2010－4－1
24	DB11/ 666－2009	游船码头安全设置规范	2010－9－1
25	DB11/ 713－2010	大型游乐设施维护保养规则	2010－11－1

续表

编号	标准号	标准名称	颁布日期
26	DB11/T 187-2010	旅游星级饭店服务质量要求	2010-12-1
27	DB11/T 733-2010	旅店业用纺织品标准	2010-12-1
28	DB11/T 732-2010	"北京人家"服务标准与评定	2010-12-1
29	DB11/T 744-2010	"一日游"服务质量要求	2011-1-1
30	DB11/T 393-2012	旅行社等级划分与评定	2013-1-1
31	DB11/T 1015-2013	科教旅游示范单位服务质量与评定	2014-2-1
32	DB11/T 1016-2013	登山旅游步道设置与服务规范	2014-2-1
33	DB11/ 554.11-2013	公共生活取水定额 第11部分：星级以下旅馆	2014-3-1
34	DB11/T 1057-2014	自行车骑游设施与服务规范	2014-6-1

资料来源：http://www.bjtsb.gov.cn/北京市质量技术监督局

二、通过标准化促转型，突出特色和差异化发展

为引导乡村旅游由数量增长型向效益增长型转变，突出特色和差异化，近年来，北京市旅游局制定了《北京市乡村民俗旅游村（户）等级划分与评定》。国际驿站、养生山庄、休闲农庄、旅游观光示范园、乡村酒店、满乡篱园、生态与渔村、山水人家等8个乡村旅游新型业态的标准于2009年出台。为促进北京市工业旅游的发展，北京市旅游局制订了《北京市工业旅游区（点）服务质量规范》。同时，还有相当一批地方标准的起草制订已经列入旅游行政管理机关的议事日程。北京旅游标准化体系作为地方标准体系，还必须要能突出北京的地方特色。2011

年北京市出台《关于加快推进京郊旅游发展的指导意见》,突出北京都市旅游与京郊旅游并举的两大旅游格局,将在区域开发、环境建设、品牌培养、宣传推介、素质提升等5个方面19个大项的重点工程建设,建设一大批投资规模大、旅游品质高、市场前景看好的旅游项目,其乡村旅游逐步走上了品牌化的发展的道路。因此标准化工作应该将力量集中于如何展现京郊风貌、提升京郊旅游风光、京郊旅游业上的服务水平和服务质量,建立相应的京郊旅游标准。比如《汽车营地设施与服务标准》《登山旅游健身步道设施规范》《自行车骑游设施与服务规范》等特色地方旅游类标准。

第三节 乡村旅游标准化特征

一、类型划分

基于不同的标准,可以划分为不同的管理类型。

(一)规范对象分为"村"和"接待户"两种类型

"村"的规范和标准主要规定了乡村旅游接待村所应具备的基础设施、环境等宏观条件,以及管理机构、安全、卫生等旅游管理和服务基本要求。"接待户"的规范较为细致地规定了接待户应具备的基本条件,并在住宿、餐饮等方面做了详细规定。近年来,随着乡村旅游的发展,"特色村、示范区、乡镇"等名词开始出现在乡村旅游规范名称中,成为规范作用的主体,反映了我国乡村旅游由单体经营向集聚发展转变的趋势。

(二)规范目的分为评比标准和服务规范两类

一是评比标准,主要是从环境、软硬件设施、卫生安全、活动等方面对乡村旅游点评比打分、划分等级,以便规范化管理,引导设施建设和增强服务水平。二是服务规范,主要是规定乡村旅游点的经营服务基本要求和管理原则,以规范服务管理,提高服务质量。等级评定标准和规范要求标准的区别之一在于前者是对不同等级的旅游企业规定不同的服务要求,而后者却是对所有旅游企业提出共同的服务准则;区别之二在于等级评定标准主要是通过激励间接规范旅游企业的行为,而规范要求标准却是试图直接促进旅游企业改善质量;区别之三在于等级评定标准更具灵活性,而规范要求相对比较固化。

二、规范内容

我国现有规范主要涉及以下三方面内容。

(一)乡村旅游接待设施的构成要求

衡量满足游客需求的设施质量和能力,包括客房、餐饮、卫生间、会议等设施。住宿设施方面,主要对住宿设施的规模、基本配套、特色进行了规范;餐饮方面主要是规定了餐厅的特色和设施、厨房的卫生条件等。

(二)乡村旅游接待内在要求

保障旅游服务质量而具有的内生性要求,包括服务质量和卫生、安全、从业人员素质等方面要求。

(三)乡村旅游发展外围因素评估

外围因素是指作为乡村旅游发展的基础和背景,影响乡村旅游的开发和发展,并对乡村旅游的档次和质量产生重要影响的因素。主要包括环境质量、基础设施、可达性等。

总体来说,乡村旅游接待服务设施基本组成是早期(2005年以前)规范和标准的主体内容,从客房、餐厅、厨房、卫生间等几方面作了细致的要求;旅游服务、人员培训、旅游活动和发展条件等内容虽然有所体现,但相对简单和概括。这种内容上的倚重体现了我国早期乡村旅游发展是以完善接待设施为主的,设施条件落后或不足是主要矛盾所在。

在后期(2005年以后)制定的规范和标准中,逐渐强调旅游活动、规范服务等内容,对于活动的规定不仅要求活动的类型更多样化,而且详细规定了应具备活动的种类、数量等。这种变化反映了我国乡村旅游从原有的设施为主向依靠活动和服务来提升吸引力的升级发展过程。

三、实施主体

现有标准和规范的归口单位主要有两大类:一类是各地的旅游部门;另一类就是农村工作办公室等农业部门。我国乡村旅游主要由旅游和农业两大部门进行管理的现状,是由乡村旅游性质决定的。

第四节 乡村旅游标准化的内容

一、乡村旅游服务基础标准化

乡村旅游服务基础标准是乡村旅游标准化的基础性工作,应具有较强的原则性和指导性。乡村旅游服务基础标准是该行业的通用标准,其主要内容是制定乡村旅游服务标准化工作指南和乡村旅游服务分类标准,规定为乡村旅游者提供信息服务的指南和标准的内容及样式,规范乡村旅游服务中使用的术语。

首先,乡村旅游服务基础标准应通过制定乡村旅游服务标准化工作指南的方式为乡村旅游标准化之路指明方向。工作指南应明确乡村旅游标准化实施的目的和方针,具体提出乡村旅游标准化工作的步骤和重点,还应注意对乡村旅游标准化工作中的影响因素和可能出现的问题进行简要分析,最终确保乡村旅游标准化工作协调一致、步调统一的顺利进行;其次,乡村旅游基础标准应包括乡村旅游服务的分类标准。乡村旅游服务分类标准是促进乡村旅游服务业向现代化、高水平快速发展的有效手段,也是乡村旅游服务标准化体系中重要的组成部分和乡村旅游服务业现代化管理的基础;最后,为便于乡村旅游者正确识别和直观了解乡村旅游服务产品,乡村旅游服务基础标准还应规范乡村旅游服务设施所使用的各种标志和指南的式样以及乡村旅游服务中使用的术语。

二、乡村旅游服务管理标准化

乡村旅游服务管理的标准化应当以乡村旅游服务组织为基本单位进行。乡村旅游服务组织管理标准化是乡村旅游标准化的核心内容,它的实现对于提高乡村旅游服务组织的管理水平具有重要意义。

乡村旅游服务管理标准化的关键在于接受现代管理思想。将标准化工作贯穿于管理的各个环节当中,在服务组织的运作过程中采用标准化理论和方法规范操作程序,进而建立标准化体系,实现科学管理。

乡村旅游服务管理标准对乡村服务组织管理体系中的服务运营策略规划、服务流程管理和顾客信息管理等作出规定。乡村旅游服务管理标准具体内容是:乡村旅游服务组织提供服务的等级,通过加强内部管理和内外部营销活动使乡村旅游服务组织在质量和信誉方面达到应达到的水平,乡村旅游服务组织质量管理的阶段性目标;在组织内部,通过合理分工、明晰权责建立完善的乡村旅游服务组织机构,采用旅游服务业通用操作方法来规范乡村旅游服务组织的服务流程,建立乡村旅游服务组织内部质量管理自我评价体系;在组织外部,规范乡村旅游服务组织合同文本的格式以便与旅游业其他部门接轨,同时注意及时有效地获取各种服务质量评价与认证信息。

三、乡村旅游服务质量标准化

作为服务产品的一种,乡村旅游服务产品包括吃、住、行、游、购、娱6个部分,每个部分又有各自的生产流程。这些多元化的服务产品生产流程都是为了满足乡村旅游者多方面的旅游需求,因此它们必然相互作用、统一于一个整体,形成乡村旅游服务系统及其子系统。同时,乡村旅游服务产品生产流程的多元性必然导致服务过程中接口错综复杂,形成乡村旅游各部门之间的多重甚至多维接口网络。乡村旅游服务至少应当包括咨询服务、往返旅游地交通服务、导游服务、住宿餐饮服务、旅游地内部交通服务、娱乐购物服务等方面的内容。这些服务产品分别由不同的服务组织或者同一服务组织的不同部门提供,构成旅游者购买的一次完整的乡村旅游产品。为了保证乡村旅游的服务质量,更好地满足乡村旅游者的需求,乡村旅游服务的多重接口必须得到充分的重视。

基于乡村旅游服务的以上特征,乡村旅游服务质量标准至少应当包括服务规范和服务提供规范两方面的内容。前者是对乡村旅游服务所具有的固有特性满足乡村旅游者要求的程度和乡村旅游服务提供过程中所采用的方法和程序的规定;后者则将乡村旅游服务的全过程按先后步骤分为若干工作阶段,进而规范每一阶段的服务内容。

(一)乡村旅游服务规范

乡村旅游服务规范应重点针对乡村旅游服务必须具备的特性提出要求。乡村旅游服务产品的特性包括:乡土气息、家庭氛围和强参与性。①乡村旅游服务的乡土气息主要体现在乡村旅游服务所凭借设施的建筑、装饰风格和周边环境等方面。乡村旅游服务规范规定乡村旅游服务设施应选址于乡村社区,建筑装饰风格力求融入当地乡村社区的社会、自然环境当中,乡村旅游服务人员在服务提供过程中应穿着当地乡村社区的传统服装。②乡村旅游服务的家庭氛围主要体现在无形的主客关系和有形的服务内容上。乡村旅游服务者应力求以亲人般的亲切态度对待旅游者,应当将一些有乡村生活情趣的内容纳入乡村旅游服务之中,真正让旅游者有家一般的亲切感受。③乡村旅游不同于纯粹的观光旅游,是具有度假性质的对参与性要求很高的旅游服务产品。因此,乡村旅游服务产品应当发掘自身特色,结合旅游需求的变化,为乡村旅游者量身打造一些参与性较强的旅游服务项目。除了以上提到的"谈家常""赶墟(集)"外,还可结合实际情况开展田间劳作、采集、放牧、捕捞、打猎,以及学做家常菜、学用农具等乡村旅游服务项目。

(二) 乡村旅游服务提供规范

乡村旅游服务提供规范提出对乡村旅游各服务组织和乡村旅游服务组织内部各部门在同一服务流程中多重接口的重视,从而确保一次乡村旅游服务步骤和内容的完整性及质量的稳定性。

四、乡村旅游服务资质标准化

乡村旅游服务资质标准对乡村旅游服务组织的服务能力和从业人员的职业资质做限制性规定。乡村旅游服务能力方面的规定应包括:服务硬件能力和服务软件能力两个方面的内容。其中乡村旅游服务的硬件能力包括:服务经营的场所要求,服务的设备、设施、器材、用品配置的基本条件、数量和技术要求,用

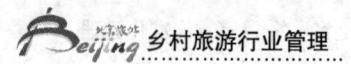

于进行服务质量评定检测的设备、仪器和信息系统的要求。乡村旅游服务的软件能力包括:乡村旅游服务运营管理要求,卫生、环保方面的目标要求,安全防范的相关规定等。

五、乡村旅游服务设施标准化

乡村旅游服务设施标准的基本内容包括:乡村旅游住宿设施标准、乡村旅游餐饮设施标准、乡村旅游交通设施标准和乡村旅游社区服务设施标准。①乡村旅游住宿设施标准规定乡村旅游住宿设施进行旅游接待必须具备的基本条件。具体包括:乡村旅游住宿设施拥有的客房数量、客房中必需的设备和物品、设施等级的划分标准和技术安全方面的规定。②乡村旅游餐饮设施标准规定乡村旅游餐饮经营所凭借的硬件方面的要求。这包括:对乡村旅游餐饮设施的场所和内部环境的要求,对食品卫生和安全保障配套设施的要求,以及评定乡村旅游餐饮服务设施等级的标准等。③乡村旅游交通设施解决乡村旅游的可进入性问题,是乡村旅游取得跨越式发展的制约性因素。乡村旅游交通设施标准化工作的中心是乡村旅游社区道路交通设施的标准化,尤其要加快道路交通标识的标准化,确保游客旅途的安全快捷。④乡村旅游社区服务设施标准对乡村社区医疗卫生、通讯、教育、治安保障等设施提出基本的要求,以适应乡村旅游的发展。

六、乡村旅游服务卫生安全标准化

乡村旅游以乡村社区为主要活动场所,所处环境卫生条件相对较差,这对乡村旅游卫生安全工作提出了很高的要求。乡村旅游卫生安全标准化包括以下几方面。

(一) 乡村旅游住宿卫生标准

乡村旅游住宿设施新建、改建、扩建工程的选址、设计应符合国家有关的卫生标准和要求,必须执行建设项目评价报告书制度;卫生评价报告书应在建设项目可行性研究阶段进行,施工设计前完成。乡村旅游住宿设施的设计必须经过公共卫生监督部门的预防性卫生审查后再施工,不能匆忙兴建,以免留下后患。新建住宿设施选址要选择地势高、干燥、通风、水源充足、交通方便的地点,应远离垃圾场、养殖场、采石场、机械加工和金属冶炼等场所,防止各种工业性污染。在客房设计时,必须考虑采光、取暖、通风、防噪、排污、紧急疏散等与人体健康和生命安全有关的卫生要求,做到科学合理。

(二)乡村旅游餐饮卫生标准

硬件设施建设方面:乡村旅游餐饮设施的新建、改建、扩建工程,必须严格按照国家《饮食建筑设计规范》选址和设计,经过公共卫生监督部门的预防性卫生审查。对于乡村旅游从业人员应定期进行身体检查和卫生检查,以防止有传染病者上岗,保证乡村旅游的饮食卫生。建立乡村旅游餐饮卫生培训制度,定期对从业人员进行卫生知识培训,使他们了解工作岗位的卫生管理制度,懂得国家餐饮卫生法规,并且纠正乡村旅游餐饮卫生存在的问题。完善餐具消毒制度,乡村旅游餐饮设施的餐具可以采用集中消毒的办法降低消毒成本,保证用餐卫生。要建立乡村旅游餐饮设施卫生考核和评价体系。

(三)乡村旅游饮用水卫生标准

在乡村旅游发展过程中,需根据国家饮用水标准的有关规定,选择水源,建设安全卫生的供水系统。

(四)乡村旅游环境卫生标准

乡村旅游景区必须建有符合国家环境保护和卫生防病法律法规的生活排污设施,在合理位置设置足够数量的公共厕所和垃圾容器,厕所应配有洗手设施,垃圾桶应及时清理。

（五）做好乡村旅游流行病学调查和预防，完善乡村旅游医疗和急救设施

七、乡村旅游消费者权益的保护标准

对乡村旅游者权益的保护也是乡村旅游标准化的重要内容。乡村旅游者权益保护标准规定乡村旅游者享有的权利，保护乡村旅游者个人隐私，为保障乡村社区的公众利益提出基本要求。它规定在乡村旅游过程中旅游者享有的权益包括：人身财产安全不受损失的权利；接受乡村旅游服务时享有知情权；对乡村旅游服务享有自主选择权；购买乡村旅游产品时享有公平交易权；接受乡村旅游服务时享有获得赔偿的权利；享有获得乡村旅游有关知识和教育的权利；接受乡村旅游服务时享有受尊重的权利；享有对接受的乡村旅游服务进行监督和建议的权利。

附件　北京市乡村民俗旅游村等级划分与评定标准(修订版)

1. 范围

本标准规定了乡村民俗旅游村等级划分的依据、条件及评定的基本要求。

本标准适用于从事旅游接待的乡村民俗旅游村。

2. 规范性引用文件

下列文件对于本文件的应用是必不可少的。凡是注日期的引用文件,仅所注日期的版本适用于本文件。凡是不注日期的引用文件,其最新版本(包括所有的修改单)适用于本文件。

GB 3095　　环境空气质量标准

GB 3096　　声环境质量标准

GB 3838　　地面水环境质量标准

GB 5749　　生活饮用水卫生标准

GB 8978　　污水综合排放标准

GB/T 10001.1　　标志用公共信息图形符号 第1部分:通用符号

GB/T 10001.2　　标志用公共信息图形符号 第2部分:旅游设施与服务符号

GB/T 16766　　旅游服务基础术语

GB/T 18973　　旅游厕所质量等级的划分与评定

3. 术语和定义

下列术语和定义适用于本文件。

乡村旅游(rural tourism)：指以农村社区为活动区域，以乡村田园风光、森林景观、农林生产经营活动、乡村自然生态环境和社会文化风俗等为吸引物，吸引游客领略农村田野风光、体验农事生产劳作、了解风土民俗和回归自然为主要旅游目的的旅游方式。

民俗旅游村(rural tourism village)：指区域相对独立，乡村民俗文化鲜明，拥有一定数量民俗旅游户的行政村或自然村。

民俗旅游户(rural tourism households)：指以乡村自然、人文旅游资源为依托，以农家民俗生活方式为特色，以当地人为经营主体，为游客提供餐饮、住宿、观光、休闲、娱乐等服务的乡村旅游独立经营户。

4. 等级划分

乡村民俗旅游村质量等级划分为三个等级，分别是三星级、四星级和五星级，星级越高表示乡村民俗旅游村的旅游设施和服务品质越高。

星级以金色月季花(北京市花)为标志，三支月季花表示三星级、四支月季花表示四星级、五支月季花表示五星级。

5. 基本条件

村庄有特色历史文化背景，丰富的自然人文旅游资源，能够较完整真实地体现地方、民族特色、民俗风情和传统乡村特色、自然风貌。

有机构健全、职责分明、统一管理旅游业的管理机构。

有安全组织和安全制度，有必要的旅游安全设施，危险地段有醒目的警示牌。

村容村貌干净整齐,布局合理,村内无私搭乱建、乱设摊位、乱堆乱放现象。

村庄编制有建设规划和旅游规划且科学有效。

从事旅游接待民俗旅游户不低于10户,且评为北京市星级民俗旅游户不低于5户。

民俗旅游村年游客接待数不低于1万人次。

近三年来无重大旅游安全事故发生,现场检查无安全隐患。

村内道路交通良好,通往民俗旅游村各主要路口有该民俗旅游村的旅游标志,包括中文的路标、导游图、民俗旅游村名称牌、游客服务中心标识牌。

有稳定的供水供电系统,用水符合生活饮用水卫生标准,有污水处理设施,并完好有效。

文化设施健全,无封建迷信、邪教会道门、聚众赌博等不良现象。

设有医务室,配有专业资质的医务人员和医疗设施。

6. 划分依据

必备项目:必备项目规定了星级民俗旅游村应具备的硬件设施和服务项目,等级评定前需进行逐项确认满足后才具备评星资格。

等级评定:星级民俗旅游村的等级评定采用打分的方法进行划分。乡村民俗旅游村满足附录A所规定的所有必备项目后按照附录B的规定进行评分。乡村民俗旅游村等级划分评分总分为600分,各星级标准分值划分:

——三级民俗旅游村:附录B评定得分不能低于300分。
——四级民俗旅游村:附录B评定得分不能低于400分。
——五级民俗旅游村:附录B评定得分不能低于500分。

7. 评定与管理

(1)评定组织：

• 市、区(县)两级评定委员会具体负责乡村民俗旅游村等级评定工作。市评定委员会统筹全市民俗旅游村的评定工作,授权并督导区(县)评定委员会开展民俗旅游村等级评定工作。

• 市、区(县)现场评定专家组成员分别从市、区(县)评定委员会专家库中抽取,人数不少于6人,由农业、公安、食药、卫生、环保、旅游等相关领域专业人员组成。

• 乡村民俗旅游村等级评定工作实行分级负责制：市评定委员会负责四星、五星级民俗旅游村的评定工作；区(县)评定委员会负责三星级民俗旅游村的评定工作。区(县)评定委员会应将三星级民俗旅游村评定结果及时上报市评定委员会备案,并负责四、五星级民俗旅游村的初评和推荐工作。

• 乡村民俗旅游村等级评定工作每年组织一次,评定时间由市评定委员会书面告知区(县)评定委员会,并对外公告。

(2)评定程序

• 申请与受理

乡村民俗旅游村等级评定采取自愿申请的原则。由民俗旅游村对本村情况进行综合评估,提出申请,按《民俗旅游村等级划分评分细则表》(附录B)进行自评打分,填写《民俗旅游村等级评定申请表》(附录D)。

乡村民俗旅游村申报材料包括申请表、自评打分、游客满意度评价表及相关证照复印件等,经乡镇人民政府进行自评并统一向区(县)评定委员会提出申请。

附件 北京市乡村民俗旅游村等级划分与评定标准(修订版)

区(县)评定委员会负责监督申请评定民俗旅游村开展游客满意度调查评价,民俗旅游村将满意度调查结果提交区(县)评定委员会。

提供虚假材料者一经查实将不予受理,且此后三年内不再受理该村的申请。

● 评定

区(县)评定委员会负责对申报的三星级民俗旅游村组织评定,进行现场考察和打分评定,并将评定材料及结果报市评定委员会备案。

区(县)评定委员负责对申报四星、五星级民俗旅游村进行初评,形成初评报告,并向市评定委员会推荐四星、五星级的民俗旅游村。

市评定委员会派出专家组,对区(县)评定委员会推荐申报四星级、五星级民俗旅游村,进行现场考察和打分评审,提出评定报告。

经评定符合乡村民俗旅游村等级评定标准的星级民俗旅游村,在网络上进行公示,公示期为七天(设举报监督电话)。

公示期满后,无异议的,由市评定委员会发布公告,并适时授牌。

● 复核

三星级民俗旅游村的复核工作由区(县)评定委员会负责组织实施,向市评定委员会写出书面复核报告。

四星级、五星民俗旅游村的复核工作,由市评定委员会组织实施。

民俗旅游村等级实行五年一复核和不定期明察、暗访相结合制度。

复核结果分为四种:通过、限期整改、降级、取消星级。限期整改的民俗旅游村,应在半年内消除不合格项,重新申请复核,结果仍达不到要求的,将降级或取消星级。

- 处理

民俗旅游村在经营过程中,遇消费者投诉,经市或区(县)评定委员会查实后,根据情节和影响程度,可降低或取消其星级。

民俗旅游村在经营过程中发生安全、消防、食药、食品安全、突发公共卫生事件等重大责任事故或造成严重环境污染,直接取消星级。

被取消等级的民俗旅游村,自取消等级之日起三年后方可申请重新评定等级。

- 标志管理

标志牌和证书有效期为五年。

标志牌和证书由市评定委员会统一设计、制作、发放,标志牌上应标注有效期限。

标志牌应置于民俗旅游村入口、接待服务中心等明显位置。

被降低等级的民俗旅游村,由区(县)评定委员会负责收回原等级标志牌和证书,上交市评定委员会,并换发降低后的等级标志牌和证书。

取消等级的民俗旅游村,由区(县)评定委员会负责收回标志牌和证书,并交还市评定委员会。

附录 A 乡村民俗旅游村等级划分必备项目

星级	五星级	四星级	三星级
基本要求	1. 村庄有特色历史文化背景，丰富的自然人文旅游资源，能够较完整真实地体现地方、民族特色、民俗风情和传统乡村特色、自然风貌。 2. 有机构健全、职责分明、统一管理旅游业的管理机构。 3. 有安全组织和安全制度，有必要的旅游安全设施，危险地段有醒目的警示牌。 4. 认真执行有关旅游统计调查制度，承诺履行向有关机构提供经营管理真实数据的义务。 5. 村容村貌干净整齐，布局合理，村内无私搭乱建、乱设摊位、乱堆乱放现象。 6. 村庄编制有建设规划和旅游规划且科学有效。 7. 近三年来无重大旅游安全事故发生，现场检查无安全隐患。 8. 村内道路交通良好，通往民俗旅游村各主要路口有该民俗旅游村的旅游标志，包括中文的路标、导游图、民俗旅游村名称牌、游客服务中心标识牌。 9. 有稳定的供水供电系统，用水符合生活饮用水卫生标准，有污水处理设施，并完好有效。 10. 文化设施健全，无封建迷信、邪教会道门、聚众赌博等不良现象。 11. 设有医务室，配有专业资质的医务人员和医疗设施。			
游客满意度调查得分	≥38	≥32	≥26
民俗旅游户数或民俗旅游户占全村农户数比例	≥30 户或≥25%	≥20 户或≥15%	≥10 户或≥10%

续表

星级	五星级	四星级	三星级
星级民俗旅游户数	≥15 户	≥10 户	≥5 户
五星级民俗旅游户数	≥1 户		
年旅游接待游客数	≥5 万	≥3 万	≥1 万
级别要求	1. 旅游服务公共基础设施完善,有能容纳200人以上的室内演出文化娱乐场所,有封闭水冲式公厕,有能容纳不少于90辆A级轿车的规范停车场,有游客服务中心,有多功能会议中心; 2. 村庄主要出入口、重点旅游项目位置建设视频监控设施; 3. 村域范围内旅游产品丰富,有被评为乡村旅游新业态产品或市级以上的农业观光采摘园; 4. 村集体能组织观赏性或参与性的农村民俗节庆文化活动,有文化传承载体,建有文艺演出团队,文化活动丰富; 5. 有体现本村特色旅游形象标识、宣传口号及形象定位,在市级以上新闻媒体上做过旅游宣传广告。	1. 旅游服务公共基础设施完善,有室内演出文化娱乐场所,有封闭水冲式公厕,有能容纳不少于60辆A级轿车的规范停车场; 2. 在区(县)级以上新闻媒体上做过旅游宣传广告。	

附件 北京市乡村民俗旅游村等级划分与评定标准(修订版)

附录 B1 乡村民俗旅游村等级划分评分细则表

序号	评定内容	项目分值	评定分值	分项分值	分档得分	自评得分	备注
1	经济指标	55					
1.1	上年接待游客数		10				1万~2万得1分,2万~3万得2分,以此类推,10万以上得10分,1万以下不得分
1.2	上年乡村旅游收入		15				1000万及以上得15分,999万~800万得12分,799万~500万得8分,499万~200万得4分、200万以下不得分
1.3	民俗旅游户年户均旅游收入		15				10万及以上15分、9.9万~8万得12分、7.9万~5万得8分、4.9万~2万得4分、2万以下不得分
1.4	民俗旅游户户数		10				50户及以上得10、30户及以上得6、10户及以上得2分
1.5	从事民俗旅游户数占全村农户总数的比例		5				50%及以上得5分、20%及以上得2分、20%以下不得分
2	旅游产品	148					
2.1	村内旅游资源		32				

— 299 —

续表

序号	评定内容	项目分值	评定分值	分项分值	分档得分	自评得分	备注
2.1.1	有具备游览休闲价值的山地、河流、湖泊、峡谷、洞穴、湿地、温泉等			8			
2.1.2	有古民居建筑、古井、古桥、古牌坊、古遗址等			8			
2.1.3	有革命遗址、名人故居、宗教遗存等			8			
2.1.4	有独特的农业文化遗产、民间文学、艺术、服饰、饮食等			8			
2.2	旅游景区		15				位于AAAA及以上的旅游区、国家级风景名胜旅游区、森林公园等国家级旅游景区附近得15分;AAA级、省级风景名胜区、森林公园附近得10分;AA级、区县级旅游景区附近得5分

附件 北京市乡村民俗旅游村等级划分与评定标准(修订版)

附录 B2 乡村民俗旅游村等级划分评分细则表

序号	评定内容	项目分值	评定分值	分项分值	分档得分	自评得分	备注
2.3	旅游活动		61				
2.3.1	能组织观赏性或参与性的农村民俗节庆文化活动。(篝火、戏曲表演、皮影戏、射箭、歌会、灯会、婚嫁迎娶、节庆礼仪等)			15			5项及以上的15分,4项得12分,3项得8分,2项得5分,低于2项不得分
2.3.2	能提供体验或参与性的农事体验活动。参考项目:耕作、除草、收割、扬谷、脱粒、推磨、施肥、育苗、栽培、纺纱、织布、踏水车、垂钓、捕捞、养殖、采摘、养生、烧烤、漂流、登山等			15			8项及以上的15分,6~8项得12分,4~6项得8分,低于4项不得分
2.3.3	能展示民间技艺(踩高跷、耍杂技、唱皮影戏、变魔术等),能传授民间手工艺(剪纸、编织、陶艺、面塑、彩塑、雕刻、蜡染、刺绣、捏糖人、编中国结、制皮影、扎风筝、织布、打铁、纺织、推磨等)民俗村特色旅游产品			15			5项及以上的15分,4项得12分,3项得8分,2项得5分,低于2项不得分
2.3.4	有列入市级或区(县)级品牌旅游节庆活动			16			市级品牌旅游节庆活动得16分,区(县)级品牌旅游节庆活动得10分

续表

序号	评定内容	项目分值	评定分值	分项分值	分档得分	自评得分	备注
2.4	休闲农业园区(包括观光农园、观光果园、垂钓渔场、休闲农庄等类型)		26				
2.4.1	园区主题鲜明,特色突出,文化内涵丰富,具有一定的科普、教育功能			6			
2.4.2	园区环境优美,绿化美化好,生态环境优良			4			
2.4.3	园区公共服务设施较完善,有示意图、生态停车场、公共厕所、指示牌			4			
2.4.4	园区内生产、接待、休闲等功能区布局合理,种养殖结构优化,年对外营业时间在6个月以上			3			
2.4.5	应用现代高新技术,引进农业新品种、新技术,有产品说明牌			4			
2.4.6	观光活动、游客参与性项目丰富,观光线路合理			2			

附件　北京市乡村民俗旅游村等级划分与评定标准(修订版)

附录 B3　乡村民俗旅游村等级划分评分细则表

序号	评定内容	项目分值	评定分值	分项分值	分档得分	自评得分	备注
2.4.7	拥有2名以上解说员,受过专业培训,能提供较满意的服务			3			
2.5	旅游购物		14				
2.5.1	有相应的旅游购物场所,购物场所布局合理,建筑造型、色彩、材质与环境较协调			5			
2.5.2	旅游商品种类较多,具有本地区乡土特色			5			
2.5.3	旅游商品不含濒危物种等禁止出售的物品			4			
3	旅游管理	123					
3.1	村容村貌		7				
3.1.1	村容村貌较干净整齐、无废弃物、无乱堆乱放无积水、无油污			4			
3.2.2	村旅游管理部门督促旅游接待户门前三包并有专人管理			3			
3.2	旅游管理机构		28				
3.2.1	有机构健全、职责分明、统一管理旅游业的管理机构			4			

303

续表

序号	评定内容	项目分值	评定分值	分项分值	分档得分	自评得分	备注
3.2.2	成立村级专业合作社,建立章程,并对社内民俗户实行统一管理,专业合作			8			
3.2.3	管理机构专业技术人员和管理人员配备合理,维护正常合理旅游经营秩序			4			
3.2.4	定期举办旅游经营管理知识、服务技能、农业科技等培训			4			
3.2.5	有定期监督检查制度,有完整的书面记录档案材料			4			
3.2.6	每年有乡村旅游总结材料			4			
3.3	旅游营销		16				
3.3.1	村庄有特色历史文化背景,并进行了宣传和展示			4			
3.3.2	在区级以上新闻媒体上做过宣传			4			
3.3.3	有介绍本村旅游小册子或折页或视频光盘			4			
3.3.4	有体现特色的乡村旅游徽标、宣传口号和形象定位			4			
3.4	乡村旅游发展规划		15				

附录 B4 乡村民俗旅游村等级划分评分细则表

序号	评定内容	项目分值	评定分值	分项分值	分档得分	自评得分	备注
3.4.1	编制了村庄建设规划			5			
3.4.2	编制了村庄旅游发展规划			5			
3.4.3	规划实施情况			5			按照规划严格实施得5分,按照规划基本实施得3分
3.5	村域内各类项目符合规划,经旅游、环保等相关部门审批,手续齐全,无乱搭、乱建现象		5				
3.6	新建建筑与旅游村整体风貌协调统一		5				
3.7	后续可开发利用的乡村旅游资源和项目不少于3个		8				少一个减3分,最低为0分
3.8	安全管理		39				
3.8.1	建立有突发事件处理应急机制			4			
3.8.2	配备有足够的保安安全人员,以保证秩序和维护安全			4			

续表

序号	评定内容	项目分值	评定分值	分项分值	分档得分	自评得分	备注
3.8.3	村庄主要出入口、重点旅游项目位置建设视频监控设施			5			
3.8.4	定期开展旅游安全教育活动			5			
3.8.5	危险地带有安全防护设施，安全警示明显、必要时有专人看守			4			
3.8.6	有消防、防火、救护等设备			5			
3.8.7	近三年无重大旅游安全事故发生			8			
3.8.8	现场检查无安全隐患			4			
4	公共服务设施	126					
4.1	旅游交通		24				
4.1.1	有公路通达旅游村，公路状况良好			4			
4.1.2	有客运公交通达旅游村			4			
4.1.3	道路路面硬化率不低于90%			4			
4.1.4	主道路整洁卫生			4			
4.1.5	道路交通标志设置科学、合理、美观，符合国家有关标准			4			
4.1.6	村内主要道路配有太阳能路灯			4			

续表

序号	评定内容	项目分值	评定分值	分项分值	分档得分	自评得分	备注
4.2	旅游服务中心		28				
4.2.1	旅游服务中心中英文标志醒目清楚,便于旅游者寻找			4			
4.2.2	配备专职旅游咨询人员			4			
4.2.3	有能用中英文双语服务工作人员			4			

附录 B5 乡村民俗旅游村等级划分评分细则表

序号	评定内容	项目分值	评定分值	分项分值	分档得分	自评得分	备注
4.2.4	咨询人员服务热情,能向游客比较系统地介绍民俗旅游村情况、当地风土人情及游览注意事项			4			
4.2.5	设有面向公众的旅游投诉、咨询电话。			4			
4.2.6	投诉处理制度比较完善,能及时处理纠纷			4			
4.2.7	张贴中文本村旅游服务项目表和价格表,并配有宣传品			4			

续表

序号	评定内容	项目分值	评定分值	分项分值	分档得分	自评得分	备注
4.3	停车场		15				
4.3.1	村内有独立设置的停车场			3			
4.3.2	停车场标志规范醒目			3			
4.3.3	生态、透水式停车场			3			水泥硬化式停车场不得分
4.3.4	可以停放大中型汽车			3			
4.3.5	车位数为民俗接待户的两倍以上			3			
4.4	旅游厕所		15				
4.4.1	厕所标识明显,顾客方便寻找			2			
4.4.2	厕所为封闭水冲式			2			
4.4.3	厕位充足且男女厕位比例合适			2			
4.4.4	有防滑设施,室内设施齐备,盥洗室有门、水冲、通风良好、光线明亮			2			
4.4.5	有无障碍设施			3			
4.4.6	有管理制度和服务标准			1			
4.4.7	专人管理			1			

附件　北京市乡村民俗旅游村等级划分与评定标准(修订版)

续表

序号	评定内容	项目分值	评定分值	分项分值	分档得分	自评得分	备注
4.4.8	定时清洗、打扫,环卫要达标			1			
4.4.9	除臭效果良好、无异味、蚊蝇等			1			
4.5	旅游救助服务设施		15				
4.5.1	有村级医务室,有专门的工作人员及配备常用药品,为游客提供医疗及简单急救服务			5			
4.5.2	遇到复杂情况,可以迅速向有条件急救的医疗机构及时转移			5			
4.5.3	医务室24小时提供服务			5			
4.6	旅游标识		12				
4.6.1	通往民俗旅游村各主要路口有旅游村的中文的路标、旅游导游图、民俗旅游村名称牌			4			

— 309 —

附录 B6 乡村民俗旅游村等级划分评分细则表

序号	评定内容	项目分值	评定分值	分项分值	分档得分	自评得分	备注
4.6.2	各种公众信息、资料如导游全景图、导览图、标识牌、景物介绍等与整体环境协调			4			
4.6.3	各种图上的公共信息图形符号设置基本合理。符合GB1000 1.1和GB1000 1.2的规定			4			
4.7	旅游接待设施		17				
4.7.1	有为游客服务的旅游娱乐设施或场地，可以组织文娱表演			3			
4.7.2	有能村庄历史文化和民俗风情一体的室内演出文化娱乐场所			6			
4.7.3	建设有多功能一体会议室			6			
4.7.4	旅游公共休息设施布局合理，数量满足要求			2			
5	环境保护	60					
5.1	村域范围内无污染企业			5			

续表

序号	评定内容	项目分值	评定分值	分项分值	分档得分	自评得分	备注
5.2	沿线绿化好,绿化率不低于45%		5				
5.3	有垃圾收集装置,垃圾箱数量充足,垃圾分类收集,定期清运		5				
5.4	有污水处理设施,并正常运行		5				
5.5	有清洁能源、环保技术的利用,倡导使用太阳能、风能、生物质能等环保可再生能源		5				
5.6	发展生态农业,推行节水灌溉,科学使用肥料、农药等		5				
5.7	严格实施基本农田保护措施		5				
5.8	划定生态敏感区域,森林、湿地和生态脆弱区等特殊生态系统得到有效保护		5				
5.9	没有乱砍树木、捕猎珍稀动物等行为发生		5				

续表

序号	评定内容	项目分值	评定分值	分项分值	分档得分	自评得分	备注
5.10	乡村旅游区内没有严重破坏环境或游览气氛的设施、设备、材料		5				
5.11	对具有旅游价值的保护区，制定相应的游客管理措施		5				
5.12	每年有一定比例的旅游收入用于环境保护		5				环境保护投资占旅游收入的比例为15%及以上得6分,10%~15%得4分,5%~10%得2分,低于5%不得分

附录 B7　乡村民俗旅游村等级划分评分细则表

序号	评定内容	项目分值	评定分值	分项分值	分档得分	自评得分	备注
6	市场美誉度	50					
6.1	游客满意度调查得分（现场调查）		20				游客满意度调查得分45分及以上得20分。40~44.9分得16分。35~39.9分得12。30~34.9分得8分。25~29.9分得4分

续表

序号	评定内容	项目分值	评定分值	分项分值	分档得分	自评得分	备注
6.2	旅游经营获得国家、市、区相关荣誉称号		20				
6.2.1	获得国家级及以上荣誉称号			10			
6.2.2	获得市级荣誉称号			6			
6.2.3	获得区级荣誉称号			4			
6.3	被评为北京新型乡村旅游特色业态		6				
6.4	含有被评为北京新型乡村旅游特色业态的旅游接待单位		4				
7	智慧旅游	38					
7.1	村内民俗旅游接待户客房、休闲渔场、观光果园和观光农园等各乡村旅游接待单位实现室内有线网络的无线覆盖,并免费向游客提供无线上网服务		8				

续表

序号	评定内容	项目分值	评定分值	分项分值	分档得分	自评得分	备注
7.2	在游客服务中心、重点旅游项目等位置设置信息触摸屏,提供自助导游导览信息、旅游资讯信息、地图交通信息、天气预报等信息查询、语音公用电话服务和免费上网服务		6				
7.3	有独立网页或门户网站有链接,能够提供网上订餐、订房服务		6				
7.4	能够支持游客在网上购买电子票,能够扫描识别二维码电子票或其他形式的电子票		6				
7.5	可通过扫描二维码实现本民俗村互联网连接、介绍、预订、导游讲解等功能		6				
7.6	通过app等手机软件形式向游客手机提供包括民俗村介绍信息、周边餐饮住宿游玩信息。		6				
总计		600					

注:任何项目只有一档分数时,如不完全具备项目要求,则减半给分或1/3给分

参考文献

[1] DERNOI L. A. Canadian country vacations: the farm and rural tourism in Canada [J]. Tourism Recreation Research, 1991, (16):15-20.

[2] FLEISCHER A, FELSENSTEIN D. Support for rural tourism [J]. Annals of Tourism Research, 2000, (4):1007-1024.

[3] http://fr. wikipedia. org/wiki/

[4] http://wenku. baidu. com

[5] PEGGY PETRZELKA, RICHARD S KRANNICH. Rural tourism and gendered nuances [J]. Annals of Tourism Research, 2005, 32(4):1121-1137.

[6] REICHEL A, LOWENGART O, MILMAN A. Rural tourism in Israel: service quality and orientation [J]. TourismManagement, 2000, 21(5).

[7] RITCHIE, J. R. & R. J. B. Ritchie. The branding of tourism destinations: Past achievements and future chanllenges. September, Marrakech, Morocco.

[8] World Tourism Organization. Rural Tourism in the Americas and its Contribution to Job Creation and Heritage Conservation [R]. 2003.

[9] TOSUN C. Limits to community participation in the tourism development process in developing countries [J]. Tourism Management, 2000, 21(6).

[10]安吉县风景与旅游管理委员会.浙江省安吉县乡村旅游发展情况简介[Z].安吉:安吉县风景与旅游管理委员会,2010.

[11]北京市旅游业培训考试中心.北京京郊旅游发展实践[M].北京:旅游教育出版社.2013.

[12]北京市旅游业培训考试中心.乡村旅游发展基本原理[M].北京:旅游教育出版社.2013.

[13]蔡家成.我国旅游行业管理体制建设的基本思路[J].旅游学刊,1998(5):14-17.

[14]陈放.品牌策划[M].北京:蓝天出版社,2005.

[15]陈俊红,易芷娟,曹均.基于典型调研的北京市沟域经济建设模式研究[J].中国农业科技导报,2012,14(6):12-18.

[16]陈树.乡村旅游发展中政府作用研究——以陕西省安康市农家乐为例[D].西北大学,2008.

[17]陈雪钧.重庆乡村旅游微型企业发展策略[N].中国旅游报,2012-02-08(11).

[18]崔林.我国乡村旅游发展中的政府行为研究[D].西北大学,2007.

[19]党晴晴.国外乡村旅游成功开发模式对中国的启示[J].大众科技,2010(7):218-219.

[20]德清县旅游局.德清县农家乐乡村旅游介绍[Z].德清县:德清县旅游局,2010.

[21]杜江在2012年全国旅游标准化工作会议上的讲话.

[22]菲利普科特勒.旅游市场营销[M].北京:旅游教育出版社,2002.

[23]高浪琴.国外乡村旅游发展的成功经验对我国的启示[J].科技广场,2009,(8).

[24]国家旅游局.中国乡村旅游指南[M].北京:中国旅游出版社.2009:37-41.

[25]郭焕成.我国乡村旅游发展现状、问题与途径[A].休闲农业与乡村旅游发展———第二届"海峡两岸休闲农业与观光旅游学术研讨会"论文集,2003(3):3-5.

[26]郭剑英,王瑛.城乡统筹下的旅游发展——以成都综合配套改革试验区为例[J].特区经济,2009,(6):185-187.

[27]韩笑.国内外乡村旅游开发模式对比研究[A].改革与战略,2011,9(27).

[28]郝索.外国旅游管理体制研究及对我国旅游业改制的启示[J].人文杂志.2001,(3):79—83.

[29]何景明.国外乡村旅游研究评述[J].旅游学刊,2003,(1):76-80.

[30]何婉.法美两国乡村旅游的发展及对我国的启示[J].中共杭州市委党校学报,2006(2):84-87.

[31]黄琅.中国旅游行业协会研究[D].四川大学2006.

[32]黄艳华,张兵,李佳.北美乡村旅游发展特点及对我国的启示[J].昆明大学学报,2006,(2):53-56.

[33]贾跃千,周永广,吴文静.基于盈利模式与开发模式相匹配的乡村旅游开发研究———以黄山市乡村旅游国家示范区为例[J].旅游论坛,2009,2(2):238-242.

[34]况既明.试论旅游行业组织的地位与作用[J].社会科学家,1990(3):38-40.

[35]Kevin Lane Keller.战略品牌管理[M].北京:中国人民大学出版社,2004.

[36]雷鸣.日本观光农业旅游经济的发展及启示.商业时代,2009(2):93-94.

[37]李甲贵,贾金荣.澳大利亚葡萄酒产业发展政策与启示·农业经济问题,2010(6):106-109.

[38]林国华,曾玉荣等.台湾休闲农业发展模式与经验探讨[J].台湾农业探索 2007(4):16-21.

[39]林辉,金颖若,何玲玲.国内外乡村旅游对比的启示[J].山西农业大学学报 2009(4):356-358.

[40]凌强.日本观光农业的特点及启示[J].农业科技管理,2007,26(4):11-13.

[41]刘斯乔.转型期中国旅游行业协会发展研究[D].西南财经大学 2007.

[42]龙茂兴,张河清.乡村旅游发展中存在问题的解析[J].旅游学刊,2006,21(9):75-81.

[43]马勇,赵蕾,宋鸿,等.中国乡村旅游发展路径及模式——以成都乡村旅游发展模式为例[J].经济地理,2007(2):336-339.

[44]潘顺安.中国乡村旅游驱动机制与开发模式研究[M].北京:经济科学出版社.2009.

[45]钱津.产业集群与乡村旅游发展[J].广州大学学报(社会科学版),2007,04.

[46]阙丽萍,陈兴祖.政府及行业协会与我国旅游行业管理[J].商业研究,2002(6):147-149.

[47]沈中印.乡村旅游产业集群发展研究:政府与政策的视角[J],安徽农业科学,2011,39(33).

[48]石玲.法国农会及其推行的旅游观光农场情况介绍[J].旅游调研,2003(12):51-57.

[49]遂昌县风景旅游局.遂昌县农家乐现状况[Z].遂昌县:遂昌县风景旅游局,2010.

[50]田世政.论中国旅游行业管理制度的改革[J].西南师范大学学报(人文社会科学版),2003(7):88-92.

[51]王波.发展乡村旅游推进"美丽乡村"建设[N].中国旅游报,2011-11-09(24).

[52]王琼英,冯学钢.乡村旅游研究综述[J].北京第二外国语学院学报,2006(1):115-120.

[53]王永江,刘万兆.北京市山区沟域经济主要特征及发展模式分析[J].沈阳农业大学学报(社会科学版),2012-01,14(1):34-36.

[54]王云才.国际乡村旅游发展的政策经验与借鉴[J].旅游学刊,2002,17(4):45-50.

[55]魏薇,王金叶.乡村旅游发展模式与运行机制研究——以成都五朵金花为例[J].乡镇经济,2009(7).

[56]吴必虎,伍佳.中国乡村旅游发展产业升级问题[J].旅游科学,2007,21(3):11-13.

[57]吴人韦,凌诗佳.台湾乡村旅游的发展及启示[J].台湾农业探索,2006(3):32-35.

[58]向才德.论旅游行业管理[J].社会科学家,1989(4):60-63.

[59]杨晓云.乡村体验旅游开发初步研究[J].昆明大学学报,2007.18.

[60]詹昱,刘堂发,李艳.美国乡村旅游的发展及其对江西的启示[J].科技广场,2011,(02):182-184.

[61]张蓓,万俊毅,文晓巍.国外农业旅游的模式比较与经验借鉴[J].农业经济问题,2011(5):103-104.

[62]张洪.我国乡村旅游发展中的政府职能定位[J].经济管理,2008,17.

[63]张琳.农业观光园的规划理论研究[D].东北林业大学 2006.

[64]赵夏媚,程姗姗.国外乡村旅游研究综述[J].中国经贸,2010(127).

[65]周刚.六安市旅游行业管理研究——政府治理视角[D].安徽大学 2013.

[66]周建明,蔡晓霞,宋涛试论我国乡村旅游标准化发展历程及体系架构[J].旅游学刊.2011(2).

[67]周永博,谢雨萍.乡村旅游标准化研究[J].桂林旅游高等专科学校学报,2005-08,16(4).

[68]朱姝.中国乡村旅游发展研究[M].北京:中国经济出版社,2009.

[69]邹统钎.乡村旅游:理论.案例[M].天津:南开大学出版社.2008(1).

[70]邹统钎.乡村旅游推动新农村建设的模式与政策取向[J].福建农林大学学报(哲学社会版),2008,11(3):31-34.

[71]邹统钎.中国乡村旅游发展模式研究[J].旅游学刊,2005,20(3).

后 记

针对"百千万"京郊旅游培训,北京市旅游行业培训中心特意组织专家及相关专业人士,编写了京郊旅游培训教材。本套教材力图呈现一个相对完整的京郊旅游知识体系,展示京郊旅游的发展成果及未来发展方向;内容设计遵循"理论—实践—专题—案例—管理"五个层面,给予参与培训的京郊旅游各层次管理者及参与者以切实指导。

《乡村旅游行业管理》针对京郊旅游管理者编写,引入最前沿的管理理论,介绍国内外最成功的行业管理经验,从乡村旅游发展规划、基础建设、公共服务、营销、标准化管理等多个管理板块提供方法和思路,适合京郊旅游各层次管理者学习使用。本书由邹统钎教授主编,他负责本书的基本思路、框架设计与写作主持工作。书稿具体写作分工为:第一章,蔡锐;第二章,龚丽;第三章及第七章,邹兆莎;第四章及第五章,陈奕捷;第六章,郝玉兰。蔡锐负责文字统稿。

本套教材编写人员由旅游院校知名教授、旅游规划设计单位及京郊旅游基层管理者构成,充分体现了教材设计初衷——理论和实践相结合。

北京市旅游委领导、各职能处室,以及京郊旅游相关区县旅游委(局)、各村镇、旅游企业,均给予教材编写工作有力的指导和支持,在此表示感谢。另外,旅游教育出版社及北京二外旅游教育培训中心也全程参与了教材策划,在教材付印之际,一并表示谢意。

北京市旅游业培训考试中心

2014 年 7 月

总 策 划:刘　权　丁海秀
执行策划:马　瑞
责任编辑:马　瑞

图书在版编目(CIP)数据

乡村旅游行业管理／北京市旅游业培训考试中心编. ——北京：旅游教育出版社,2014.7
北京旅游业培训系列教材.京郊旅游
ISBN 978-7-5637-2970-8

Ⅰ.①乡… Ⅱ.①北… Ⅲ.①乡村—旅游业—行业管理—北京市—技术培训—教材　Ⅳ.①F592.71

中国版本图书馆 CIP 数据核字(2014)第 146744 号

北京旅游业培训系列教材·京郊旅游
乡村旅游行业管理
北京市旅游业培训考试中心　编

出版单位	旅游教育出版社
地　　址	北京市朝阳区定福庄南里1号
邮　　编	100024
发行电话	(010)65778403 65728372 65767462(传真)
本社网址	www.tepcb.com
E-mail	tepfx@163.com
印刷单位	河北省三河市灵山红旗印刷厂
经销单位	新华书店
开　　本	850毫米×1168毫米　1/32
印　　张	10.375
字　　数	204千字
版　　次	2014年7月第1版
印　　次	2014年7月第1次印刷
定　　价	30.00元

(图书如有装订差错请与发行部联系)